細說中國人

上官子木 著

三聯書店(香港)有限公司

責任編輯	陳翠玲
裝幀設計	朱桂芳

書　　名	細說中國人
著　　者	上官子木
出版發行	三聯書店(香港)有限公司
	香港域多利皇后街九號
	JOINT PUBLISHING (H.K.) CO., LTD.
	9 Queen Victoria Street, Hong Kong
印　　刷	陽光印刷製本廠
	香港柴灣安業街三號七樓
版　　次	2000年5月香港第一版第一次印刷
	2000年11月香港第一版第二次印刷
規　　格	大32開 (140×203mm) 368面
國際書號	ISBN 962·04·1766·6

© 2000 Joint Publishing (H.K.) Co., Ltd.
Published & Printed in Hong Kong

自 序

關注於中國人的國民性研究已有十幾年了,有關的書也看了不少,但我始終沒想過自己也寫一本,因爲面對這麼大的題目,自覺學識有限、文化功底不夠。

1996年,《中國青年報》"青春熱線"版的編輯李玲約我辦個專欄,沒有任何限定,可以自由選題,只是希望能把專欄辦得長一些。我當時勉強答應,但表示只寫七八篇,不做"長"打算,一來是因爲不想讓這些小文章佔用自己太多的時間,二來是因爲當時我對辦無論什麼樣的專欄都沒有系統的想法,也就是說,我不知道自己是否有那麼多可寫的東西。

頭一批稿子大都是寫人際關係的,主要是考慮到"青春熱線"是個心理熱線,所以選題就定位在人際交往中的社會心理上。專欄的名稱我也想了幾個,都屬於小而具體的名字,這樣可使這個欄目隨時下馬而不顯得唐突。待我拿到該專欄的首期報紙時,一看欄目名就嚇了一大跳,因爲我成了"細說中國人"專欄的主持人。

"細說中國人"這個欄目名是由"青春熱線"的負責人陸小婭所起,客觀地說,她起的這一個名比我起的那一些名要好得多。只是"說中國人"已經很宏大了,再一"細說"就又大又長了,而若寫七八篇就結束,未免顯得太大題小做。於是,爲了使這個大題目消失得比較自然，我不得已決定做長遠打算。不過，即便如此，當時還是沒想到能長至今日。

每文一事一議是編輯的要求，對此，最初我並不喜歡。開始寫的那些稿子幾乎都是先有了觀點及論述，然後再找一個相適應的例子安在文章開頭。找例子這項工作則從此使我這個不大看報的人開始埋首於報刊且看出了很大的興致，結果後來寫的稿子逐漸變成看一事有感後才議出一文。現在回過頭來看，辦這個專欄於我是有很大收穫的，因其促使我仔細觀察中國人的各種行為表現，也促使我深入思考各種相應且合理的解釋。實際上，辦這個專欄促成了我在研究中國人方面的一大轉折，即從宏觀角度空洞抽象地評價中國人轉向從微觀角度具體細緻地思考中國人。

專欄辦了兩年之後，我開始考慮集冊出書，書名就定為《細說中國人》。不過，全書一百篇文章中屬於該專欄的只有一半，而這部份文章在本書中都已進行了改編和擴充，其餘的文章有些是在別的報刊發表的，還有一些則是從未發表過的。值得指出的是，儘管本書的很多內容與該專欄沒有關係，但各篇文章的結構及文字的風格都基本保持相互一致。當初專欄的定位正如版面編輯所云：

中國人的國民性早已為人們所探討。但面對社會的變革，這又是個說不完的話題。這個掛著"中國人"字樣的欄目，並不想大而化之地對"國民性"進行批判評說，更不想站在"中國人"的外面說三道四，只想通過生活中那些人人都能感受到的一件件"小事"，來剖析中國人的深層心理狀態和獨特的行為方式，看看哪些是值得我們珍惜的，而哪些則需要我們忍痛割愛。

這是編輯意圖，也是作爲專欄主持人的我最初的想法，同時也是作爲本書作者的我給這本書的定位。

有關評說中國人的書已有不少，流傳比較廣的幾本，作者不是早已作古的學問大家，就是港台學界的名流，要不就是不明底細的外國人。他們的書無疑對我理解中國人有很大的影響，但頗有感觸的是，那些書的內容總給人以隔世之感。也難怪，有的書寫於半個世紀甚至一個世紀以前，書裡面列舉的事例與我們當代人實在是離得太遠了。當然，此類書的作者中也有活於現世且年事不高者，但不知爲何卻偏喜歡舉古代的例子，再冠以抽象的哲學概念，似乎是寫給少數人看的。於是，我生出感慨，爲什麼我們不能就普通百姓周圍的生活小事來談論現實生活中的中國人？爲什麼我們不能從現代人的具體行爲來評說中國人？這就是我寫此書的目的，從我們自己具體的生活態度、行爲方式來瞭解和剖析我們自己。

需要特別說明的是，細說中國人的"細說"並不是將中國人的各方面都面面俱到地評說，這顯然是我力所不能及的，"細說"僅意味着就小事發小議論。另外，有關中國人的話題很多，而我只能說那些我想說且能說的內容，因而我說的內容就必然非常有限。其實，任何一個致力於評說中國人的作者都只能在有限的範圍內盡力而爲。國學大師們評論中國人多是站在高處，總結概括中國人的德行、中國人的人格、中國人的爲人處世之道，並從理論、概念上加以描述。本書是站在低處，就站在老百姓的人羣中，從普通人的日常生活來看今天的中國人是如何生存的。

人的社會化是我的關注重點，試想，新生兒無論是哪國人都沒什麼根本差別，然而經歷了一定時間的社會化之後，生長在中國的孩子就成爲典型的中國人，生長在日本的孩子便成爲典型的日本人，而生長在美國的孩子則成了典型的美國人。社會化的過程實際上就是一個國家、一個民族之國民性的傳承過程。因而，社會化的研究是探討國民性的重點領域，由此，本書中社會化的內容佔了較大的篇幅，包括家庭社會化與學校社會化，這是貫穿於全書的一條主線，以此反映中國人的國民性是怎樣經一代傳輸給下一代，每個普通人是如何在生長過程中被周圍的環境馴化成為具有中國人共同特點的社會人。本書力圖通過對現實生活中具體事例的思考，最終從思維方式的角度來解釋人們的行為表現，以及從社會化的角度來展現國民性的傳承過程。

　　一個人從小到大的成長過程就是在特定的社會文化背景下，形成思維方式、行為方式、性格特點、能力傾向的過程。而在這一過程中起着主要制約作用的是：兒童的養育方式、學校的教學體制以及大眾媒體的導向。譬如，我們民族特有的過度保護型的兒童養育方式決定了中國的孩子的相應特點，包括膽小、怕冒險；同樣，我們國家特有的重基礎理論、重記憶訓練的學校教育方式決定了我們的學生的相應特點，包括動手能力差、創造能力低；而中國人強烈的等級意識則是在家庭的家長意識、學校的師道尊嚴以及等級化的學生管理體制等綜合環境背景中逐漸形成的。

　　我國有重道德教育的傳統，各種傳統的價值觀從表面上看，主要是通過言傳的方式進行代際傳承，然而，這並不是國民性傳承的主渠道，真正起主導作用的是涉及個體切身利益的行為導向。譬如，我們從來也不會鼓勵幼小的孩子說假話，從來不會讚賞虛偽性格，但是，在強調統一的價值觀，否認個人私慾的合理性以及個人利益的合法性的前提下，孩子們為了獲得成人的讚許，說假話和虛偽的表現則成了必然的伴隨物。不難發現，我們的國民性不是在冠冕堂皇的言教中獲得的，而是在種種點滴細小的現實生活的情景中被潛移默化地促成的。

　　學校教育是社會化的重要一環，人們也許更多地是注意，學校教育向後代傳輸了多少知識，培養了哪些能力。我更關心的是，一定的教育制度、教學方法，形成和發展了什麼樣的思維類型、智力類型、能力類型、性格特徵，以及整個教育體制對國民性的傳承與強化起到了哪些具體的作用。

中國人的很多特點，尤其是弱點，被人們說得很多、也說得很久了，同時也已被衆學者們貶得很低、評得很濫且批得很透，但這些特點卻始終是作爲國粹、國寶而一代又一代地被傳下去。因爲這些特點無論是優是劣都是每個中國人生活所必需的，即源自社會環境的要求。這就意味着，即使是屬於國民劣根性的內容也有其存在的合理性。因此，去除國民劣根性的根本並不在於個體國民的精神改善，而是整個社會背景、文化背景的改善。我感興趣的是，我們中國人的這些特點或弱點是怎麼形成的，是由什麼樣的社會機制促成的，以及導致這些特點或弱點能夠不以人們的喜好爲轉移而長期存在的各種社會因素。

本書的局限性是不言而喻的，作爲一本散論的文集而不是專題的論著，全書的系統性和完整性必然是有限的。另外，在論及相近問題的不同側面時，個別篇幅存在着某些字句乃至內容上的重複。

我對跨文化的比較有很大的興趣，故本書中含有不少將不同文化背景的人進行比較的內容。面對同一個事物，中國人的所思所行與別國人有什麼區別，這對於分析和評價中國人來說無疑是個客觀的參照，而跨文化比較也的確是個很有意思的文化視角和思考基點。毫無疑問，在對照和反觀其他民族文化的過程中，很容易清醒而明瞭地認識我們自己，包括我們的優點、特點，也包括我們的缺點、弱點。

一個人要進步，就必須懂得多向別人學習，而不能固步自封。同樣，一個民族、一個國家要進步，就必須懂得向其他民族、其他國家學習，而不能閉關鎖國。我相信，在發揚中國良好文化傳統的同時，能學習和借鑒其他國家的文明成果，會使中國人的羣體形象更令我們每一個體滿意。

作 者
1998 年 10 月

目錄

一·國民性的基因傳承……001

中日兒童養育方式……001

從小學說大人話……004

中國的孩子不會歡呼？……007

男孩女性化現象……010

智力訓練的性別差異……013

可怕的策劃……016

不同國家的幼兒教育……019

國民性格的"遺傳"……024

個性化與社會化……028

生存能力與智慧……031

二·學校教育的鐵鎖牢籠……038

小學教育的中美差異……038

作文與八股文……042

"笨"不僅是一種恥辱……048

課堂上的枷鎖……052

作業"殺人"……056

"獨立王國"裡的"國王"……059

家長會怎樣開？……063

校園裡的官本位……065

小學題難倒留洋博士……069

素質教育的困境……075

考試弊端與能力缺陷……082

東西方考試的評分標準……087

考試制度如何面對新世紀……090

信息時代如何使用大腦……097

三・制約行為的思維魔方……102

發明家與書櫥……102

求同與求異……106

"奪冠"還是"參與"……109

解開神童現象之謎……112

遊戲的教益……121

一技之長與多方涉獵……124

興趣是最大的能源庫……127

麵包與獵槍……131

靈感的分量……133

該不該和別人比？……136

事例與數據……139

跳起來抓機遇……142

漢字與思維特點……145

科學的冷與熱……148

人性評價的困境……151

四・心理世界的逆向湍流……154

心理健康教育的死角……154

應試教育的雙重代價……156

望斷人生路……160

人際關係與心理困擾……163

洋為中用的心理諮詢……166

身病與心病……169

健心比健身更重要……172

退休綜合症……175

見面怎麼稱呼？……179

交換不僅以錢為媒……182

從大雜院到高層樓房……184

人際關係怪圈……186

什麼人好說話？……189

東西方人的社交之別……191

五・性格寫照的多角透鏡……195

謹慎至上……195

"老實"不再受誇獎……198

完美與缺陷美……201

自我是個多面體……203

尋找自己的最佳位置……207

愛面子與死不認錯……210

吃"大鍋飯"的後遺症……213

"忍"與生存……216

有口難吐眞言……219

可笑的僵化……222

從電視談話節目看中美兩國人……224

六・永繫心靈的血緣紐帶……229

男人和女人誰更累？……229

中國式的男子漢形象……233

婚姻危機中的永恆主題……237

浪漫愛情與現實擇偶……240

尋找生死戀……243

擇偶標準與社會潮流……246

過度緊密的代際關係……249

養老與靠老……252

代際間的錯位……256

今日做父母……259

兩代人的童年……262

當代父母對孩子的未來期望……267

孩子是中國人心中的神靈……271

七・潛在的傳統引力……276

單位的家族化……276

在論資排輩的背後……279

有得有失的人情網……281

科教界的近親繁殖……284

為文憑而讀書……286

新的求職熱點……289

都市裡的鄉情……294

職權培植的官氣……296

是誰把她逼向刑場？……299

年齡與人生安排……302

八・失落的精神家園……306

難以寬恕的職業冷漠……306

自律與他律……309

承諾面對的回應……314

從商家的笑臉談起……317

購物環境的軟件……320

偷書不算偷？……324

過度表揚的負作用……326

初生牛犢也怕虎……329

學雷鋒學出一場官司……331

編一個世界給你看……333

小議人權意識……335

孩子的權利誰保護？……338

圍觀現象探源……340

後　　記……345

一・國民性的基因傳承

中日兒童養育方式

　　關於中日兩國孩子參加草原夏令營的報道已被多家報刊轉載，其間披露的事實確實發人深省：

　　"野炊的時候，凡是抄着手啥也不幹的全是中國孩子。"

　　"中國的孩子病了回大本營睡大覺，日本的孩子病了硬挺着走到底。"

　　"日本家長乘車走了，只把鼓勵留給發高燒的孫子；中國家長來了，在艱難路段把兒子拉上車。"

　　…………

　　對比是鮮明的，這次活動顯示出中國孩子的生存能力低，依賴性強，缺乏堅韌的性格和吃苦耐勞的精神，而構成這一切的源頭卻是我們中國人特有的兒童養育觀念和養育方式。

　　作為中國近鄰的日本，雖與我國共有着許多東亞文化傳統，但在兒童養育方式上卻存在着許多極為明顯的差異，其根源在於養育觀的不同。

　　當中國的父母還在給他們的嬰兒餵糊狀食物時，日本人已開始給六個月的嬰兒餵成人的飯菜了。中國人想的是孩子沒有牙，吃不了硬東西。日本人想的是，吃硬東西有利於牙的萌出和發展咀嚼功能。

中國人認爲，小孩子嬌嫩，抗寒能力低，冬季只有多穿衣才能少生病，所以中國的小孩總是比成人穿得多。而日本人認爲，小孩子只有少穿衣，才能增强皮膚對溫度的調節能力，從而達到提高抗寒能力、防止生病的目的，所以，日本的小孩總比成人穿得少。

日本的"陽光幼兒園"已聞名於世，對於中國的家長來說，日本的孩子能於冬日光着身子在雪地裡玩而不生病，簡直是不可思議的奇聞逸事，因爲中國的孩子儘管已捂成了"棉球"，卻還是沒完沒了地生病。中國人多持有一種觀點，即病是凍出來的，感冒就是因爲着涼，而着涼是因爲穿得太少，於是對待孩子穿衣的態度是"多多益善"。雖然中國有句俗語"要想小兒安，常帶三分飢和寒"，但是照着做的家長卻微乎其微，問及原因都稱自己就怕冷。看來，"怕冷"是中國人代代相傳的一種民族習性。

在中國人的育兒方式中，"重飲食"是一大特點，成人們都認爲幼兒養得越胖越好，所以家長對待孩子吃飯的態度也總是"多多益善"。然而，與"生怕孩子瘦"的中國人正相反的是，日本人是"生怕孩子胖"，因爲"胖"是不健康的標誌。結果，被中國人視作胖瘦適中的孩子到了日本卻被診斷爲"輕度肥胖"。

中國人育兒除"重飲食"外，還有一大特點就是"輕鍛煉"。在多數成人看來，給幼兒良好的照顧，就是讓孩子多吃多穿，至於身體鍛煉則是可有可無的，結果，兒童醫院裡總是人滿爲患，父母們無不抱怨自己的孩子體弱多病。而日本人對兒童的身體鍛煉卻極爲注重，日本幼兒教育界曾提出過一個口號，即"培養不生病的孩子"，足可見日本人對兒童身體素質的重視程度。

很顯然，中日兩國成人在兒童養育方面的觀念存在着很大的差別。在中國人看來，讓幼小的嬰兒吃硬食着薄裝無異於讓孩子吃苦受罪；而日本人卻認爲這是兒童成長必經的自然過程。這種養育觀念的差別主要是出自兩國人對於兒童適應環境的生存能力有着極爲不同的認識。中國人認爲兒童因不具備成人的肌體和能力而需加倍的保護，以免夭折；日本人卻認爲要使兒童健全的成長則需加倍的鍛煉，以便盡快具備適應外界的體魄和性格。從提高兒童的生存能力來看，日本人的這種鍛煉型的養育方式無疑具有積極主動性，因爲這種養育方式是創造條件讓兒童適應環境，能使兒童在發展自身能力的過程中，依靠自己的力量走向成熟。相比之下，中國人的這種保護型的養育方式則具有消極被動性，因爲這種養育方式是創造條件讓環境適應兒童，使兒童因習慣於依賴外部力量，從而抑制和減慢了自身能力的發展，甚至使一些屬於人類本能的生存能力逐漸退化乃至消失。

中日兩國家長對待孩子經歷艱險的態度，反映出兩國成人養育孩子的目標不一樣。日本的父母希望孩子能從小經歷艱險，以便從中鍛煉出頑強的性格；中國的父母則希望孩子能一帆風順，並總是盡可能地幫助孩子避開逆境。也就是說，中國的父母對培養孩子頑強的性格並不太關心，而把孩子是否生活得平順安逸看作是兩代人共同的幸福。中國人希望自己的孩子從小到大都不要吃任何苦頭，這種意識貫穿在兒童養育的全過程中。

值得指出的是，日本人注重培養孩子頑強的意志，並通過讓孩子親身體驗逆境的方式來達到這一目的，這是我們中國人難以做到的。不言而喻，中國的家長是絕對不會眼看着自己的孩子在野營時發高燒卻仍把孩子留在艱苦的環境中，生性求安穩、怕風險的中國人既不忍於也不敢於將孩子置於艱險之中。所以，儘管中國的父母也教育孩子要不畏艱險、勇敢堅強，但這種教育只能停留在口頭上，僅僅是象徵性的，不可能產生真正的效果。相比較，日本人在兒童養育中，代代相傳了吃苦耐勞、堅韌不拔的民族精神，這種精

一・國民性的基因傳承 3

神不是靠說教來傳遞的，而是通過養育方式、通過具體的養育過程將其逐漸注入到兒童的"血脈"與"骨髓"裡，遂構成了日本民族特有的國民性格。這就是為什麼資源極為有限的日本能在短短的幾十年內，一躍成為世界經濟強國的一個重要原因。

兒童的養育方式所涉及的並不僅僅是兒童的養育習俗問題，而是一個國家的國民性格、國民素質的建構問題。遺憾的是，我們國人在培養下一代的過程中，不僅缺乏西方人的獨立性、自主性、冒險精神，同時也缺乏東亞鄰國日本人的頑強性、堅韌性。

從小學說大人話

某日看教育新聞，有一則消息是報導北京某幼兒園開展"今天我來當班長"的活動，記者配備的一組電視畫面相當有趣：

這是該幼兒園的一個班，看孩子的年齡，顯然是大班。在一個說話很大人氣兒的女孩作了這一天當班長的總結彙報之後，開始了競選下一任班長的演說活動。第一個站起來的是個小男孩，他的競選口號是"我想幫老師做點事情"。就這麼一句話，他邊說邊想，費了很大勁兒，顯然是在背"台詞"。第二個站起來的是一個胖胖的小女孩，她想當班長的理由是："我平時當不上班長，只有這時才有可能當上班長。"她的言語自然流暢，看來確是肺腑之言。第三個競選者也是個小女孩，她的競選口號是"我想為小朋友們做好事"。語言也非常流暢，只是不太自然，仍有背"台詞"之嫌。最後是由老師作了判決，認為第三個孩子的理由最完美，於是第三個孩子競選成功，就任新班長。

看到這個結果，我真為那第二個競選的小女孩的落選深感遺憾。想想看，要是為別人做好事，不當班長也一樣能做，而平時當不上班長的她可只有在這次活動中才有機會當班長，居然還是沒有如願。我猜想，這孩子當天回到家，父母們一定會指責她太傻，應該像別的孩子那樣說些冠冕堂皇的理由，而這孩子有過如此這番的經歷之後，再遇到同類的場合肯定會邁入"背台詞"的行列，她必將從此學會，為達到某一目的而掩飾自己真實想法的社會技能，顯然，這就是"虛偽"性格特徵形成的社會化過程。

從我國的文化傳統來看，老師的做法並沒有錯，她為孩子們確立了"公而忘私、助人為樂"的集體主義的價值觀，同時也意味着，代表個人慾望的價值觀是不受鼓勵的。問題的複雜性在於，相悖性的內容往往是並存的，即正向的價值引導常常會同時產生負向的行為暗示。

按照我們社會的價值標準，"想當班長"只是一種個人的私慾，從思想層次上看，這顯然是不能與"幫別人做事"、"為大家服務"的公益觀念相提並論的。矛盾的是，小孩子表達的是合情合理的個人願望，說出來的又是實心實意的大實話，這原本是無可非議的。於是，一種困惑便顯現出來，從感情而論，我很希望那第二個小競選者能如願以償，因為她的願望更符合孩子的真實想法；從理智而論，老師的做法似乎是無可指摘的，不確立公而忘私的價值觀，豈不是讓個人私慾當道？這種困惑促使我去觀察西方人是如何向下一代傳輸價值觀的。

西方國家在價值觀上，往往傾向於鼓勵孩子們按照自己的意願作出選擇，教師則因此被要求，不可把某種特定的價值觀傳授給孩子。譬如在美國，教師們所要做的不是對多種價值觀作出優劣評價，而是幫助孩子們在面臨選擇時盡可能多地發現各種可供選擇的項目，讓孩子們有機會自由選擇並珍視自己的選擇。重視培養孩子的選擇能力，要求每個人都尊重別人的價值觀，這顯然是與美國社會的"多元"性相適應的。

在我國，各種不同的價值觀並不是都受到同樣的認可，而是有着高低、優劣的等級之分。也就是說，受到推崇的價值觀是單一的，這種價值觀不是經個體的自由選擇，而是被外在地灌輸，即每一個體都被要求確立統一的價值觀。

價值觀的確立是社會化的基本內容，相比較，西方文化比較強調個體主義的價值觀，強調個人意願的合理性；東方文化則比較強調集體主義價值觀，強調集體的利益高於一切。在西方文化的價值觀中，個人利益有着合法的位置，而在東方文化的價值觀中，個人利益則處於壓抑的地位。從實際生活來看，個人的意願與社會的價值觀之間往往是有差距的，如果社會完全否認個人利益的合法性，個體必將掩飾自己的真實意圖而採取表裡不一、言不由衷的表達方式，從而導致說假話和虛偽的行為表現。

一般來說，西方人比較重視自我意識的個性發展，多鼓勵兒童自由且自然地表達自己的思想與情感；中國人則比較強調自我意識的社會性發展，多引導兒童逐漸學會在某些場合掩飾和控制自己的真實情感或真實想法。在表達自己的慾求這方面，西方的成人力圖使兒童發現自己的存在，並根據自己的心理願望來表達自己的真實需求；中國的成人則力圖使兒童發現社會的存在，並根據社會公認的標準期待來對自己提要求。

各國的年輕一代經歷着不同的社會化過程是因為各國的社會環境不同，西方社會是個求異的社會，也是一個充滿個人選擇機會的社會，因而個人的慾求有着較多的滿足渠道。相比較，中國是個求同的社會，個人的選擇機會相對較少，人們主要還是生存在一個以羣體為中心的環境中，所以，中國人必須從小學會如何使自己的行為服從羣體需要，正是這種文化背景使中國的孩子在實際生活中，逐漸學會了如何按照成人期待的方向發表自己的看法。

毫無疑問，集體主義和個體主義這兩個方向，無論是哪一方向的過度強調，都將不利於社會的正常發展。過度的個人主義因缺乏合作而易於導致社會的衝突和解體；過度的集體主義則因窒息了個體的創造性而必將導致社會發展的緩慢與停滯。實際上，任何國家的兒童社會化在掌握這兩個方向的"度"或"分寸"上都存在着相當大的困惑。

中國的孩子不會歡呼？

據報載，一些被挑選出來的、各方面都被公認是相當優秀的中國孩子在節日裡與外國孩子一起聯歡，結果在外國孩子歡聲笑語乃至狂呼大喊的對比下，人們忽然發現，中國的孩子不會歡呼！他們只是安靜地坐着，全然沒有外國孩子們那狂喜歡暢的表情、神態。於是成人們便帶着困惑而感歎，中國的孩子居然不會歡呼？

其實，就與生俱來的天性而論，中國的孩子與外國的孩子沒什麼差距，他們都有着同樣強的表現慾和自然的表達能力，只是在後天的社會化過程中，中國孩子受到了來自家庭、來自學校、來自社會的高強壓力的自抑訓練，結果許多天性便被逐漸消除了。

自從有了一個天性活潑、喜動不喜靜的兒子，我就時時刻刻地感受到來自外界對他這種性格的壓制，同時也有了大量機會觀察這種壓制過程的具體細節。在公共場所，兒子的大呼小叫和劇烈的跑動聲總會招來有關的管理人員的厲聲斥責，作為家長，我也少不了要受牽連，於是，我這個喜靜不喜動的家長便經常因為兒子的行為而成為他人訓斥的對象，這樣的經歷已多到使我不得不正視一個現實，即中國人其實並不喜歡孩子，確切地說是不喜歡天性十足的孩子。

兒子進了幼兒園，淘氣好動的性情開始受到專業化的馴化，幼兒教師的方法是多種多樣的，有的方法只是簡單的強制，有的方法卻是巧妙得令家長自歎不如。

孩子上學後，馴化的程度又大大升級。不僅是上課不許有小動作，不許隨便說話，而且下課也不許跑動、不許喊叫。犯了紀律則以大幅度扣考試分數、成雙倍地加留作業而實施懲罰，於是迫使我這個並不想壓抑孩子天性的家長也不得不加入到壓制者的行列。

一般來說，中國的成人是喜歡安靜的，至少面對孩子的吵鬧時是這樣表現的，於是，成人們總要利用自己所特有的權威來要求孩子服從成人的這一偏愛。當然，現在的成人小時候恐怕也是很能吵鬧的，只是被他們的長輩們調理得安靜下來。每一代人都經過這樣的自抑訓練，從而構成了我們中國人的這種喜靜不喜動的國民性格。

成人們希望孩子安靜、不動，一方面是出於好看管、省心的現實需要，一方面也是出於傳統文化的性格審美觀。不論是有意的還是無意的，從實際效果來看，喜靜不喜動的傳統性格審美觀以及相應的行為規範表達了成人對兒童興奮狀態的反感與壓抑。

從生理角度來看，孩子們無論在跑動、喊叫，還是歡呼、跳躍時，都是處於大腦的興奮狀態，而興奮不僅是興趣的起點，也是喚起學習動力的源泉，同時也是反映大腦靈敏度的標誌。這就意味着，壓抑孩子的興奮狀態，不僅僅是造成了他們不會歡呼，不會表現激情，更糟糕的是造成了他們根本沒有激情、沒有興奮域，從而減少了興趣的激發點，失去了感受生活、瞭解未知、創造新事物的大腦活力和心理動力。

我國當今的學校教育，從課堂教學方式到學校的校紀管理方式都是在全面地、徹底地把孩子的興奮域盡可能地降低，使他們盡可能地少說、少笑、少動。其中，對"動"的控制不僅僅是指身體四肢上的少運動，而且還包括精神情緒上的少衝動。總之，要將個人豐富的心理慾求盡量壓縮到最低程度。從表面上看，這是爲了易於管理，但實質上，則是反映和表達了我們傳統文化所認可的"好孩子"的形象或標準。

學校進行必要的社會化訓練是無可指責的，但是應給學生留有展現個性心理、釋放興奮情緒的應有的場合與機會，如果上課沒有足夠的發言機會，下課也沒有歡呼雀躍的可能，這樣的校園又怎麼能成爲孩子的樂園。在缺乏生氣、缺乏樂趣的教育環境下，孩子們的學習興致、好奇心都是很難被激發出來的。

無論對於學習新知識，還是對於培養創造能力，好奇心都是一個必備的基本條件，而好奇心的具體心理表現就是情緒的高強度興奮，也正是由於高度的興奮才使個體具備了高強的心理能量，從而能夠調動大腦的高速運轉，並使之集中於一點。因此，能快速達到興奮並有着較寬廣的興奮範圍的孩子必然有着較強的接受能力、較靈敏的反應能力以及較快捷的思維轉換能力。

中國人比較強調"坐得住"和"踏得下心來"等以"靜"爲主的性格特徵對學習的重要性，毫無疑問，踏實的孩子由於認眞而不易出差錯，然而，興奮度高的孩子往往比踏實認眞的孩子學習效率高。

由於啓動學習的心理能量大，興奮度高的孩子能夠在短時間內接受較多的新知識並能較快地完成學習任務，從而有較多的富裕時間開展其它活動，並由此而有着較寬的知識面，進而促進了思維能力的發展，這就形成了一個良性循環。所以，長遠地看，興奮度高的孩子在接收知識、發展思維、挖掘創造潛能等方面都是比較有發展前途的。

中國人在世界中的形象是，刻苦用功學習，能獲得很優秀的學習成績，但是創造力低。深究而論，一個重要的原因就是，上一代在馴化下一代時過多地壓抑了孩子的興奮度，由此斷絕了好奇心生成的心理能量之源，從而導致了創造慾低下的必然結果，遂使創造力成了無本之木而無從培養。

男孩女性化現象

當一個男孩的性格像女孩時，他在學生時代總能達到老師和家長的要求，但是到了社會上卻不被承認，通過一個女性化男孩的自述，我們能看到，到底該由誰來對這種男孩女性化的現象負責任。

"我發現這個社會很奇怪，童年時代，所有的人都要求你聽話，不惹事，然後又要求你什麼也不要管，只讀書就好了。可在你長大以後，立即又要求你有男子漢的力量，吃大苦，耐大勞，就像007，什麼都拿得起放得下。而且要獨當一面，掌立門戶。"

"我感到受了欺騙一樣，我從小努力，而且得到指導和承認的目標，本來以為這就是全部，可到你努力到頭的時候，發現他們要求的不是這樣。我成了一個不合格的人。而且是從小的努力和教育，讓我不合格的。就像到了大考的時候，老師突然說我們得考一門從來沒有教過的東西，而且這門課占分最多。"

這個男孩的親身感受很深刻地點出了男孩女性化現象的實質，即學校與家庭對未成年男孩的要求是與真正的男子漢形象背道而馳的。

"男孩女性化"現象是近年來不斷突顯的社會現象，導致男孩女性化現象的原因很多，究其根源主要來自四個方面：文化、社會、學校、家庭，而這四個方面的因素也是相互影響、相互制約的。

從文化上來看，中國的傳統文化並不強調男子的陽剛氣，也不崇尚男子漢的英武氣概。在各古典文學作品中，被歌頌的男主人公或男性正面人物多是文弱書生,其性格、氣質乃至相貌都十分女性化,男女之間的性格差別主要是以女子更爲弱化、更爲順從而拉開的。然而,隨着今日女性的不斷強化,男女性格上的性別差異正在逐漸縮小。

從當今的學校教育來看,教師對學生的性格導向是呈女性化的,無論是評三好學生,還是選班幹部都是以女孩子的性格爲標準:聽話、順從、謙虛、文靜、行爲端莊、舉止規範、認眞仔細、嚴格要求自己、遵守紀律。學校和老師所要求的這種好學生必然是老老實實、規規矩矩的形象,而這些好學生的特徵都明顯地帶有陰柔性,與陽剛性的男性化形象相差甚遠。男孩的基本特徵是精力旺盛、活潑好動、勇敢大方、行爲粗獷、不拘小節、好奇心重、探索慾強、富有攻擊性、敢做敢爲。然而,在我們的學校裡,這些男性特徵不僅不受到鼓勵而且還受到明顯的壓抑。我們不難發現,那些被老師作爲好學生的或當上班幹部的男生卻多是陰柔有餘、陽剛不足的男孩。學校和教師所樹立的好孩子形象對於男孩的性格發展來說,無疑是一種具有極大缺陷的導向。

實際上,學校的某些規章管理制度和教師的某些要求都是對男孩性格特徵的徹底否定乃至全面矯正。譬如,絕大多數學校都嚴禁學生在課間休息時追逐打鬧和高聲喧嘩,有的學校給有此行爲的學生以"違紀"警告並通知家長,累計三次則給予記過處分。另外,課堂上不許有小動作,過於多動者將被罰站或採取其它制裁措施。受到制裁的無疑多是活潑好動的男生,這些原本富有活力、富有男性典型性格特徵的男孩正是在這些制度化的種種規範限制下,逐漸被馴化而納入到女性化的性格模式之中。

就實質而論,學校的某些紀律所體現的是我們的文化對"孩子氣"的否定和對成人化的肯定,作爲教育者,我們是以規章制度的形式促使孩子們盡快地擺脫孩子氣的性格特徵、行爲特徵從而迅速轉變為成人。按照傳統文化習慣，這個成熟過程越短，說明孩子的性格發展越好。由此，像個小大人一樣的早熟孩子是受到社會普遍讚賞的。然而，人們很少意識到，一些男性化的性格特徵恰恰是存在於這種"孩子氣"中，並將在加速成熟的過程中與"孩子氣"一起被同時祛除。

從家庭方面來看，獨生子女的嬌生慣養是男孩女性化的重要原因，家長們過度保護型的養育方式促使男孩的性格趨向於女性化。當然，其中也包含了許多客觀原因，譬如社會治安的影響。由於社會治安近年來一直不好，拐賣兒童事件屢屢發生，故使家長不敢讓孩子獨自上下學、獨自出門玩。值得指出的是，社會治安差是導致家長過度保護型養育方式的一個不容忽視的社會誘因。毫無疑問，家長的過度保護必然導致孩子的膽子小，正像我們所看到的，膽小是當今孩子的通病，而膽怯懦弱是與陽剛氣、男性化背道而馳的。

我們可以觀察到，現在的男孩們已經不會他們的父輩玩的遊戲了，他們更多地是在室內獨自玩，而不是在室外成幫結夥地玩。無論是在學校還是在家裡，那些需要較大活動量、較強攻擊性的遊戲大都受到老師和家長的明令禁止，致使今天的男孩們失去了許多培養男性化性格的實踐機會及生活經歷。實際上，整整一代的獨生子們都是生活在女性化的家庭環境、女性化的學校環境之中，同時又充滿着對外部世界、社會環境的恐懼心理。

學校教育和家庭教育顯然都沒有考慮社會的要求，只要孩子聽話、學習好，就會被父母認為是好孩子，被老師認為是好學生，至於性格是否完善，男孩是否有男子漢的氣概則無人關注，這樣的教育目標無疑是非常短視的。

男孩女性化的實質是男孩性格的"弱化"，具體表現在行為的畏縮、缺乏敢為性，如不敢說，不敢做、不敢冒險、不敢表現自己等等。想到今日的這一代男孩要作為明日的一代男兒其整體形象及整體素質便不能不引起我們的擔憂,而"男孩女性化"現象是多重因素共同作用的產物,社會、學校、家庭對導致這一現象的形成都有着不同方面、不同程度的責任。

智力訓練的性別差異

　　一個正上高一的女孩告訴我,她上小學和初中的時候,各門功課都很拔尖,不僅是文科,也包括理科。但是,上了高中之後,儘管她的數學、物理的成績在女生裡依然名列第一,但與男生比起來,似乎連前五名都排不上。看着那些遠不如她用功,學得輕鬆自如的男生,她感到非常困惑並由此而提出了一個問題,即女孩子是不是越大越笨了?

　　智力是個綜合性很強的複雜概念,我們難以用少數學科的成績來衡量。但是,在與自然科學有關的課程中,就平均水平而論,女孩不如男孩的確是事實。可以說,兩性間即便不存在智力水平上的絕對差異,也確實存在着智力類型上的相對差異。問題是,形成這種差異的根源是什麼?

　　國外有不少學者從腦生理學的角度進行了大量研究,並產生了各種各樣的結論,然而得到公認的、比較統一的觀點依然是,男女智力的生理差異即使存在,與後天形成的社會差異相比也是微不足道的。這就是說,兩性間的智力差異主要來自後天有差異的社會教化與智力訓練。

　　在目前的城市家庭中,由於只生一個,家長對於孩子的智力發展,無論是男孩還是女孩都表現出同樣的高期待,並給予了同等程度的重視。父母們大都不分性別地為自己的孩子實施了諸如識字、計算、彈琴、繪畫等方面的早期教育,從表面上看,表現在智力開發方面的性別差異似乎是不存在的。但是實際上,智力訓練方面的性別差異不僅存在而且還是很明顯的,只是並不表現在與積累知識有關的正規學習活動中,而是表現在與思維訓練有關的非正規學習活動之中。女孩在數理課程方面不如男孩這一現象雖然是在中學的課程學習中被發現的,但是這一差距卻是在課堂以外拉開的,並且是從幼兒期就開始形成的。

成人們自孩子一出生起,便有意或無意地按照傳統文化的性別角色標準來有差別地教養不同性別的兒童。為了使孩子的行為能夠符合社會公認的性別行為模式,父母們為男女兒童制定了不同的行為規範,並限定了不同的活動範圍。譬如,家長對女孩比對男孩更強調文靜與整潔,由此更易於阻止女孩去參加那些弄髒衣服弄髒手的室外活動。結果我們常常可以看到,當男孩子渾身是泥地用手玩沙弄土時,女孩子大都穿著乾淨漂亮的衣裙站在一旁觀望。成人對男女兒童遊戲活動的不同態度促使他們的學習興趣朝著不同的方向發展。

在實際生活中,男孩子的日常活動確實比女孩子受到的限制少,這使他們的活動範圍較廣,與自然物體的交往較多,所以易於發展對物質世界的好奇心與探求慾,學習興趣常常被引向無生命的自然物。女孩子則因家長更鼓勵她們參加室內的、活動量少的、操作性低的遊戲活動,使她們對物質世界的天然興趣被早早地壓抑了下去。比起男孩子,女孩子與成人的交往更多,加上在語言表達和語言理解上的優勢,使她們較男孩更易於理解人際間的關係,遂更易於將注意力指向人與人的世界,從而對生命的物體更感興趣。因此,女生在報考大學時總是傾向於報文科、醫科、生物學科,而男生則多傾向於報數學、物理、工程學科。各年高考的結果則更明確地顯示出,文科是女生的天下,理科是男生的天下。

活動範圍及活動類型上的差異還為男女兒童帶來了思維範圍與

思維類型的差異。廣泛的活動不僅使男孩比女孩具有較廣泛的興趣，較開闊的視野，還具有了較強的動手能力和較靈活的思維方式。

在與物質實體的交往中，必然要涉及到操作的方法，不同的方法所產生的不同結果又必然會引發出一系列的思考，這就是思維過程。這個過程包括了主動發現問題、獨立思考問題，經多次失誤後找出解決辦法等諸多階段，最終起到積累經驗、訓練思維、提高智力的效果。特別是，由於在任何一種實際活動中，方法和結論都存在着多重可能性，所以愛動手的孩子極易從操作性強的活動中培養出求異思維的能力。顯而易見，男孩子從小就有較多的機會參與操作性強的感知活動，這對他們在後來的學校生活中發展觀察能力、空間想像能力、獨立思考能力無疑是個極好的鋪墊。

語言上的優勢使女孩子比男孩子更容易適應以語言講述為主的課堂教育，但也使她們更易於只依賴語言這一種形式來接收知識和積累知識。由於目前的課堂教學和書本大都傳授的是現成的知識並提供單一的答案，所以，當思維的素材僅僅來自口頭語言或書面語言時，諸如求異、反向等複雜的思維過程便難以產生。從實際效果來看，狹小的活動範圍使文靜而不愛活動的女孩喪失了不少智力訓練的機會，也直接影響了她們思維的寬廣度與深刻度。

成人採用具有性別差異的教養方式，也使男女兒童在個性心理品質上產生了很大的差異。譬如，家長更易於要求女孩子聽話、順從，對女孩子的依賴性也比較容忍，這樣使女孩子往往有着較強的從屬意向，從而不易建立起獨立思考的學習習慣。從屬意向也使女孩子對旁人的態度較敏感，所以比男孩更容易陷入到虛榮之中，她們常常為了得到人們的讚許而更容易趨向於追求表面成績，從而難以產生出發展思維能力、探索未知世界的心理需求。在學校，我們不難發現，女生比男生更看重分數，而對分數、對表面成績的過度追求和患得患失無疑使女孩子在拓展知識面方面大受限制。另外，成人對女孩的容貌和打扮較男孩有着更多的關注與評論，這無疑也影響到女孩子的心理發展，使她們更易於分心。

綜上所述，女孩之所以在進入中學以後不容易在數理方面獲得發展，主要有三個原因：其一是由於缺乏對自然科學的興趣，從而不具備進行深入學習的內在動力；其二是由於缺乏有利於向數理方面發展的足夠的思維訓練，從而不具備相應的競爭實力；其三是由於缺乏某些學好數理學科所必備的非智力品質，從而不具備相應的心理素質。

值得提出的是，成人們更喜歡用數理方面的能力來判斷男女孩子的智力，卻沒有從這個角度來訓練和培養女孩子。因此，這樣的智力評判於女孩子是很不公平的。當然，家長很難做到不帶任何性別差異地訓練男女兒童，不僅是由於存在着傳統觀念的影響，也是由於存在着很多具體的生理因素和社會因素。但是，只要我們能夠意識到這個問題，就能夠避免對男女孩子的智力水平進行盲目、片面的估價評說，從而想出各種切合實際的辦法，盡可能地減小性別差異對男女孩子智力發展的不良影響。對於男生來說，應該有意地在口頭語言及文字語言的表達方面多下些功夫，而對於女生來說，則應當多參加一些動手操作的活動，並有意地培養自己的求異思維與反向思維能力。

可怕的策劃

某次看中央台的《東方時空》節目，屏幕上的小女孩引起了我的極大注意，這是個近來被媒體大肆報道過的小記者，她上幼兒園時就不用大人接送自己回家，10歲時則獨自乘火車旅行並四處探訪。看了報刊的報道後，我不僅欣賞這個孩子的獨立性，而且還特別佩服孩子家長的膽量。因為，作為一個同樣有着年幼孩子的家長，我知道，在拐賣兒童事件屢屢發生的當今社會，懂得培養孩子獨立性的家長並不少，但敢於讓孩子獨闖的家長就不多了。與此同時，我還覺得媒體推出這樣的典型很有實際意義，因為培養孩子的獨立性很值得宣傳和推廣。然而，看了電視以後，我感到很失望，不僅是對這個孩子，更是對孩子的父親。

孩子的父親說得最多的詞是"策劃"，開始我還不大明白，培養孩子的獨立性何需策劃，後來逐漸搞清楚了，"策劃"的內容很多，包括出門採訪、參加各種社會活動乃至閱讀哲學史之類的大部頭書。從電視裡看到，小女孩明顯表示了對這類書看不懂，也缺乏興趣，但父親的"策劃"還是要繼續進行。

面對記者的採訪，當論及到對自己生活的安排以及對生活的感受時，小女孩不斷重複的一句話是："我聽我爸的"，並表示"我永遠都是要聽我爸的"。這個故事很有些諷刺意味，因為這個被父親精心策劃的小女孩是以獨立性強而著稱的，可她卻偏偏表現出了對父親的強烈依附性，以及缺乏獨立自主意識和獨立思考精神。說實在的，看到讓一個10歲的孩子讀哲學史之類的書，我就覺得這策劃是夠可怕的，而一個孩子若每一步都是按照這樣的策劃走出來的，那結果真是不敢想像。看完這一電視節目後，我又從一家報紙的長篇報道中瞭解到了有關這位父親"策劃"的內幕。原來這位父親對女兒實施的成長策劃其真正目的是，通過媒體來造聲勢、製造新聞熱點以使女兒出名。此時的我已不止是驚呼這父親的策劃非常可怕，而且也深歎那女孩受制於如此的策劃十分可憐。

從一個父親的策劃不由得聯想到其他幾個父親的策劃：

這也是一個上過電視的真實故事，父親一心一意要培養兒子成為提琴演奏大師，他讓孩子從8歲起就到街頭賣藝而不是進學校讀書，以便掙了錢交學費拜師學琴，家裡的其他成員則都負責孩子的後勤事務。遺憾的是，待孩子11歲時，有關專業的權威人士說，這孩子學琴的路子走歪了，已不可能成才了。看到電視屏幕裡那個聰明漂亮的小男孩，我真替他惋惜，正是父親那孤注一擲的策劃，使他如今琴業無望，學業也荒廢了。

　　幾年前，媒體曾熱烈地報道過一個小神童，其父從兒子三四歲起就帶着孩子四處周遊並表演，以顯示孩子的超常智力。靠着多方努力，這孩子終於在5歲時進了某所大學，但不久即被該大學的教師們認爲基礎知識有限而建議插班小學四年級。這對於雄心勃勃地"策劃"以使兒子12歲就能讀博士的父親來說，無疑是個極大的打擊，於是他帶着兒子離開了這所有心栽培神童的大學，並開始八方尋找更識貨的"伯樂"，如此一晃，幾年的時光就過去了，而這個當年的小神童到了10歲，卻還沒有進過正規的學校，也沒有接受過系統的學校教育。真可惜，挺有希望的一棵好苗，就這樣被耽誤在父親的"策劃"之中。

　　在一本《怎樣讓孩子聰明成才》的書裡，介紹了一位父親，他精心培養自己的兒子，使孩子6歲時已學完初中數理課程，而他的一大特色訓練方法居然是減少孩子的睡眠！不僅如此，他還走出家庭開始以此法面向社會來培養更多的孩子，令人不寒而慄。我真不明白，以孩子的身體爲代價所換取的學業有什麼意義。上述事實令人不得不感歎：如今的父親都怎麼了？

　　在以往的中國家庭，父親多是出外掙錢，養家餬口，孩子的教育則總是歸學校、歸母親管，而今日的父親熱衷於孩子教育的越來越多起來，這是一個新現象，也應當是個好現象，因爲就平均水平而論，父親的文化程度要高於母親，因而父親關注於孩子的教育應當是件好事。事實也表明，父親管孩子比母親更容易出"成效"，父親的能量也似乎遠遠大於母親。然而，不幸的是，中國的父親比母親更喜歡策劃孩子、控制孩子乃至壓制孩子,而由父親策劃成功的孩子都為此付出了相應的代價,有的代價還相當大,甚至大到得不償失的程度。

男性是以比女性更為理性化而得到公認的,但恰恰是貌似理性的"策劃"使孩子的教育和培養陷入到非理性的陷阱之中。

不同國家的幼兒教育

幾年前,曾有美國學者組織了一項對美、日、中三國學前教育機構的跨國調查研究,從中可觀察到在學前教育方面不同社會的文化差異。這項跨國研究規模並不大,每國僅選了一所普通幼兒園且僅限於4歲幼兒的一個班級。採用的調查方法屬於自然觀察法與問卷法相結合,即先用攝像機分別拍下三國幼兒在幼兒園中一天的生活,然後將錄像分別放給三個國家的成人觀看並答卷及評論。被調查者包括幼兒教師、幼兒園管理人員、幼兒家長,合計550人,其中日本人100,中國人240,美國人210。問卷只有三個問題:孩子在幼兒園中學什麼最重要?社會為什麼要辦幼兒園?作為優秀幼兒教師其最重要的品質是什麼?顯然,調查的目的主要是比較三種不同文化背景下人們的早期教育觀。

針對"優秀幼兒教師應具備的最重要的品質是什麼?"三個國家的被調查者意見還比較一致,都基本集中在"理解並喜歡孩子"及"慈愛、熱情"這兩項品質上。存在的差異只是:美國人更強調獻身精神;日本人更強調寬容;中國人則更強調經驗以及善於促使孩子努力學習。

針對"孩子在幼兒園中學什麼最重要?"中國人多認為是"合作性"(58%);日本人多認為是"同情和關心他人"(80%);美國

人則多認爲是"自立自信"（73％）。作爲東方人，中國人和日本人的觀點比較接近，都注重個人與他人的關係，而美國人的觀點則充分體現了西方文化對個體獨立性的強調。在不同的文化背景下，美、日、中三國的學齡前兒童經歷了不同的早期社會化訓練，其基本差異如下：

1．語言訓練的途徑。

中、日、美三國的幼兒園都重視培養兒童的語言能力，但在言語表達的目的及培養的側重點上存在着差異，而語言訓練上的這些差異最終導致了不同文化背景下的兒童在理解自身與外界時的思維差異。

在中國的幼兒園，對孩子的語言主要強調的是發音清晰，說話流利，教師更多地是鼓勵孩子通過集體複述故事、唱歌、說歌謠等形式來發展語言能力。在日本的幼兒園，孩子們被允許自由地、大聲吵鬧地甚至發音不清地說話，教師則更側重於引導孩子理解別人的語言。在美國的幼兒園，教師多側重於個別輔導，語言發展的目的是使每個孩子能自由表達自己的思想。以這三種不同的途徑，在發展語言能力的同時，中國的孩子發展了記憶背誦能力以及用公衆標準來衡量自身能力的思維習慣；日本的孩子則發展了理解他人的能力；美國的孩子則發展了讓別人理解自己的能力。總之，不同的語言訓練重點不僅形成了不同的語言表達類型，也形成了不同的思維類型。

2．學業準備的程度。

從統計數據來看，將幼兒園作爲學前學校以便爲以後的小學教育打下學業基礎的這樣一種觀念在中國人中最爲普遍，其次是美國人，而日本人持這種觀念者微乎其微。實際上，日本孩子的學業壓力大是衆所周知的，美國人一直認爲日本經濟的飛速發展是與日本從幼兒園就抓起的雄厚的基礎教育有關，所以美國近年來在不斷加強學前教育的學業課程。然而，就在美國學東方的同時，日本卻在學西方。近十幾年來，日本教育界一直在降低各學前機構對兒童學業課程及學業準備的強調，而代之以長遠的策略，即注重於兒童的全面發展，特別是堅持性、注意力、作為集體成員的能力等有利於學業和事業發展的基本技能。

相比較，同為東方文化的中國，始終是一如既往地強調幼兒園的學業準備作用，並隨着獨生子女化現象的出現而使這種強調達到了新的高度，不僅各幼兒園都在朝着小學方向增添學業課程，而且出現了大量完全小學化的學前班。很顯然，這種社會現象是由於家長渴望孩子學業成功的慾求逐步增大造成的，目前中國的各學前機構都不同程度地感受到了來自家長要求提高學前教育課程的壓力。

在中國的城市中，自實施獨生子女政策以來，早期智力教育熱一直在升溫，從發展國民教育、提高國民文化素質來說，這是一種好現象，但在重視智力教育的同時也還存在着忽視培養良好的性格品質以及良好的社會適應能力的傾向，這無疑是對正常社會化的一大衝擊。

3．補償教育的作用。

三個國家的成人都很關心下一代的自立問題，都擔心單純的家庭教育會過於嬌寵溺愛孩子，使孩子的依賴性強，從而希望幼兒園能在兒童的性格發展方面起到補償矯正作用。但是，"溺愛"在三個國家的含義並不一樣。中國人認為，"溺愛"就是家長給孩子的愛太多了，使孩子因受到過多的縱容而缺少必要的約束。日本人則認為，"溺愛"是家長對孩子的關愛太少，使孩子形成了一些不良行為習慣。美國人也認為"溺愛"是家長給孩子的愛太少，多指家長忙於自己的工作而給孩子過多的物質（食品、玩具、各種禮物）作為補償。相比較，中國人對解決"溺愛"問題應當比日本和美國更關注一些，因為中國存在着獨生子女化的具體國情。

4. 撫養結構。

三種文化的兒童撫養結構是大不相同的。從母親與孩子在一起的時間來看，以日本最多，中國最少，美國居中。日本的婦女婚後多不再工作，所以孩子主要由母親撫養，待孩子 4～5 歲時送幼兒園，而且日本的孩子三分之二是入託於半日制幼兒園。美國的婦女多在孩子幼小時不工作，有 50% 的婦女待孩子 3～4 歲入幼兒園後再工作。中國的城市婦女超過 90% 都工作，孩子小時多由祖父母撫養或僱保姆，待孩子 2～3 歲時送幼兒園，還有相當多的孩子入全託，僅週末才回家。經比較不難發現，日本的幼兒園只是家庭撫養結構的補充，幼兒更多地是在家裡與母親在一起；美國的幼兒園則與家庭對半分擔着兒童撫養任務；中國的幼兒園則承擔着最主要的兒童撫養任務。因此，中國的孩子比美國和日本的孩子在接受社會託幼機構的社會化方面的程度較深，另外，與美國和日本相比，中國的各幼兒園之間的差異較小，故社會化的內容較為統一，這就意味着，在這種較為一致的環境下，中國孩子的個體差異要小於美國和日本的孩子。

任何社會的教育總是與文化和社會的發展相一致的，文化變遷與社會變遷也必然會影響到教育改革。在早期教育領域，東西方文化的相互融合是極為明顯的，當中國和日本的教育界在學習某些西方文化的同時，美國的教育界也在學習某些東方文化。如近年來，中國人和日本人在強調集體主義和羣體意識的同時也開始注意發展個體的自我意識、競爭意識和獨創精神，美國人則在強調個人主義和個性的同時也開始注意發展個體的羣體意識和協作精神。西方國家開始從強調生存競爭到注重生態平衡，從絕對強調個性自由到注重個體與羣體的協調。從三種不同文化背景的早期社會化過程來看，目前正處於東西方文化相互吸收和相互融合的階段。

筆者曾在北京進行了有關兒童早期社會化的問卷調查，問卷中也包括了本文前述的跨文化調查中的問題，結果則是大爲不同的，即中國人的早期教育觀已等同於美國人的觀念，注重培養兒童的獨立性、自主意識已成爲大多數中國的家長及幼兒教師的共識。從目前各國的教育發展狀況來看，東西方教育觀確實存在着走向一致的趨勢。

當然，毫無疑問的是，每個社會仍以自己的傳統文化爲主流。尤其值得注意的一個現象是，吸收外來文化的過程往往會演變成外來文化被本土文化同化的過程。我們不難發現，近幾年來，隨着大量接受西方先進的學前教育理論，我國的學前機構在教育觀念上已有了多方面的變革，然而在具體的操作方法上卻仍然以傳統爲主流，遂使學來的新觀念僅僅流於形式而沒有形成本質上的變化。譬如，幼兒教師雖然開始注重培養幼兒的動手能力，讓孩子多參加動手操作的活動，包括繪畫、手工等，以期培養兒童的創造力，但是由於主題繪畫多於意願繪畫，模仿性手工多於自由創作性手工，因而以培養孩子模仿意識爲主的傳統教育方式仍然起主導作用，致使那些以"創造教育"爲初衷的教學手段很難達到原有的目的。

總的來看，教育方法的變革似乎是滯後於教育觀念的變革，這種現象的實質是，傳統的本土文化對外來文化具有強大的同化力，即我們常常是限於本土文化的框架而曲解、誤解、肢解了來自外部文化的觀念，其結果實際上是以西方文化的形式來表達東方文化的內容。

傳統文化與現代文化的交融在任何社會的任何領域裡都是不可避免的，但這種新舊文化的交叉融合發生在早期社會化領域裡則意義極爲深遠，因爲變化了的價值觀與教育觀必然影響到新生一代的生活方式、行爲方式、思維方式乃至人格結構。由於早期社會化的過程正是社會文化從上一代傳至下一代的過程，因而早期社會化過程中的文化變遷必然帶來最根本性質的國民性變遷乃至社會變遷。

國民性格的"遺傳"

　　社會化是社會學研究領域的一個重要內容。所謂社會化則是指自然人成長為社會人的過程。每個人自出生起就要不斷地接受來自社會的各種教育，包括學習各種社會知識、技能及規範，從而成為符合社會要求、適應社會生存的社會人，這個教化過程就是社會化過程。人的社會化是貫穿終生的並有着不同的階段，而對人的一生影響最深遠的社會化則是早期社會化，即兒童期的社會化。

　　不同的社會因其有着不同的文化背景而呈現出不同的社會化類型以及不同的社會化內容，同時也塑造出具有不同國民性的人格特徵。中國、日本、美國是三個有較大差異的社會，各自都有着較獨特的文化背景和較典型的國民性，而這些國民性的奠定均可在人的早期社會化的過程中找到根源。

　　國民性，亦即民族性實際上是一個文化概念，包含着民族文化的傳承，儘管民族性裡不發生遺傳現象，但給予民族性的形成以根本影響的卻是代代相傳的文化精髓。每個社會、每個民族都通過早期社會化過程，將本社會、本民族最基本的文化價值觀和國民性格傳輸給下一代。

　　1. 中國。

　　作為早期社會化的學前教育機構，中國的幼兒園所實施的社會化過程其主要特點是：

　　（1）注重外在控制。由於中國的幼兒園對孩子管得多、管得嚴，對孩子行為的調節是通過外在標準，即嚴格的規章制度，所以兒童學習控制自己的行為不是依據內在的觀念與信念，而是取決於外在控制力量的存在與否，其結果是導致了外控、他律性格的形成。

(2) 講究內外有別。"愛面子"是中國人的傳統心態,中國人總是習慣於把自己最好的一面給別人看,總是希望盡可能地給別人留下最佳印象,作爲一種民族性格,成人們也在不知不覺中把它傳給了下一代。譬如,每當有外人特別是外賓來幼兒園參觀,教師們總是囑咐孩子們要穿上自己最漂亮的衣服,並且必須按照老師的要求回答來訪者的提問。這種"內外有別"的訓練,使中國的孩子從小就學會了見什麼人說什麼話的行爲方式,從而形成了"表裡不一"的雙重性格。

(3) 注重相互間的橫向比較。在中國的幼兒園裡,教師經常用小紅花、小紅旗等形式鼓勵孩子們競賽,看誰表現得好。另外,無論是教師還是家長,在糾正孩子的不良行爲時常常是採取表揚其他孩子、以其他孩子作榜樣的方式。所以中國人從小就學會用外在的、客觀的標準衡量自己的行爲,特別是通過與他人的比較來評價自己。

(4) 強調紀律。與美國和日本相比,中國的幼兒園強調秩序井然,要求孩子學會約束自己的行爲並控制各種過激情緒的表達,由此中國的幼兒園總是安靜多於吵鬧。特別具有本土特點的是,中國的幼兒園都有培養幼兒靜坐不動能力的訓練項目。根據筆者近期進行的調查,67.69%的幼兒教師認爲,"訓練坐性可以培養守紀律的習慣,對孩子今後上學有利"。實際上,"坐功"訓練僅僅是中國人強調紀律的衆多手段之一,而紀律的高強制作用則體現在各幼兒園日程安排的全過程中。

(5) 強調個人服從集體。中國的幼兒園主要是以整齊劃一的集體活動爲主,個體被要求與集體保持一致,如果出現不一致則需調整自己的行爲。在筆者進行的問卷調查中,當問及"如果有的幼兒不願參加集體活動,您將怎麼辦?"超過73%的幼兒教師表示要採取"說服他與大家一致"的方法,只有25%的教師認爲可以"讓他玩自己喜歡的遊戲或玩具"。顯然,中國人強調羣體意識而不是個體差異,並總是習慣於用統一標準來要求所有兒童。

中國人早期社會化的主要內容可概括爲:公而忘私,集體爲重,重忍耐,求統一,守紀律,重智育。

2. 日本。

日本人的早期社會化在許多方面就西方人來看是與中國人相同的,但日本人卻認爲中日之間存在着本質上的差異。

(1) 羣體中心。美國人認爲日本與中國同爲東亞國家,共享着集體主義、羣體中心的東方文化傳統。但是,日本人認爲中國的集體主義是壓抑個體的,因爲在中國的幼兒園,集體活動是必須參加的,不管幼兒是否願意,而在日本的幼兒園,教師僅僅是告訴幼兒,只有成爲集體中的一員才能眞正體會到快樂,但並不要求每個人必須參加集體活動,不會讓幼兒感覺到單獨活動就是不良表現。另外,日本人認爲,中國幼兒園中的集體活動並不是眞正意義的羣體中心活動,而只是讓幼兒們在同樣的時間裡按照同樣的標準分別做着同樣的事情。眞正的羣體中心型的活動應當是相互交流、相互協作的,同時也是充滿生氣和歡樂的。日本人認爲,羣體中心非但並不意味着需要壓抑個人眞實情感的流露,而且可使個體的某些人性特徵得到更充分的體現。

(2) 自我控制。日本人同中國人一樣都很重視培養幼兒的自我控制能力,但是培養的主要途徑不一樣。中國人注重於讓孩子在與教師的交往中學習,即由教師"敎"、"管"、"糾正"孩子的行爲;而日本人則注重於讓孩子在與同齡夥伴的交往中互相學習。

(3) 關心他人。日本人注重羣體的內聚性,因而比較強調和諧的人際關係,反映在早期社會化中,則比較注重培養兒童的同情心以及體貼關心他人的品性。

在日本當今的學前教育界也存在着兩大派，即日本傳統派與西方現代派，在性格培養方面，前者主張集體主義，後者主張個人主義；在智力培養方面，前者主張強化學業技能訓練，後者主張以自由玩耍爲主。然而，不管是哪一派的日本人都認爲，良好的性格培養只有在幼兒園中才能完成，在家裡是不行的，家長們送孩子進幼兒園，主要是爲了使孩子能塑造出適合於社會需要的行爲模式。

3. 美國。

美國作爲西方文化的代表，在早期社會化方面最突出的特點是：

（1）強調個體差異。在美國的幼兒園中，集體活動很少，教師總是根據孩子不同的個性與能力安排不同的活動。美國的教育屬於個人中心型，重視個性、突出個人，教師總是有差別地對待幼兒，其目的是爲了使每個孩子都能成爲有別於他人的獨特個體。具有鮮明對比的是，中國和日本實行的是不考慮個體差異的平均主義教育，其教育的最終目的是使每個孩子都能成爲與他人保持一致的羣體成員。

（2）注重自我發展。與中國強調個體服從羣體的觀念極爲相反的是，美國人注重個體的選擇自由。在美國的幼兒園裡，孩子們可以按自己的愛好和興趣隨意選擇自己喜歡的遊戲活動，美國的教師常鼓勵孩子在一段不長的時間裡從事多項活動，以期培養兒童的靈活性、創造性。相比較，中國的教師總是鼓勵孩子在盡可能長的時間裡專心幹一件事，以期培養兒童的恆心、耐性。美國人比較重視兒童自我意識的自然發展，多鼓勵兒童自由且自然地表達自己的思想與情感；中國人則比較強調自我意識的社會性發展，多引導兒童逐漸學會在某些場合掩飾和控制自己的情感。

（3）鼓勵探索。與東方人將注意力集中在人與人的關係上大爲不同的是，美國人的注意力是在人與物的關係上。美國的成人着眼於促進兒童對自然萬物的好奇心、探求慾，注重開發兒童在各種領域的創造潛能。

概括地說，在幼兒階段，美國的成人力圖使兒童發現自己的存在、自己的能力；中國的成人則力圖使兒童發現社會的存在、社會的要求。美國的幼兒園是創造環境使兒童在此能真正作為孩子；中國的幼兒園則是創造環境使兒童學會怎樣長大成人。兩國人在教育方式及兒童社會化途徑方面的差異主要源自截然不同的兒童觀，在美國人的眼裡，兒童是主動的、富有創造性的，自我實現是兒童自身的自然發展過程，成人只需提供有利條件既可；在中國人的眼中，兒童是被動的、富有可塑性，兒童的發展是在成人的幫助下、經成人指導才能實現。

各國的兒童經歷着不同的社會化是因為各國的社會環境不同，美國是個充滿選擇機會的社會，人們必須從小學會瞭解自己的需要並據此進行各種選擇，如此才有可能生存於社會。中國人的個人選擇機會相對來說要少得多，儘管近幾年來的改革使個體在擇業方面有了較大的選擇自由度，但從青少年期的學校生活和成人期的社會生活來看，人們主要還是生存在一個以羣體為中心的社會裡，所以中國人必須從小學會如何使自己的行為服從羣體需要，否則將很難適應社會。

個性化與社會化

有一項關於"中美兒童道德認識比較"的調查，內含若干涉及道德認知的問題，當我們對中美兩國兒童的不同答案進行比較之後，會更清楚地看到不同文化環境、不同教育背景下的兒童社會化之差異。譬如：

（1）如果你在大街上揀到了一個非常漂亮的花皮球，你將怎麼辦？

美國幼兒的回答是多種多樣："我把它裝進口袋裡"；"我把它送給最好的朋友"；"我把它賣掉"；"我把它扔了"；"我把它交給老師"等等。中國幼兒的回答只有兩個，即多數人答"交給警察叔叔"，個別人答"交給爸爸媽媽"。

（2）如果你在公共汽車上，有一個人不小心把你撞倒了，你怎麼辦？

美國幼兒的回答有："我就打他"；"哭"；"告訴汽車司機"；"告訴我爸來揍他"；"把他打倒在地"等等。中國幼兒的回答大都是"如果他說對不起，我就說沒關係"、"不要緊"，只有一個例外的回答是"我說他"。

（3）如果你突然把一個小朋友碰倒了怎麼辦？

美國幼兒的回答包括："說對不起"；"跑開"；"去告訴老師"等等。中國幼兒的回答則一律是"扶起來，說對不起"。

從中美兒童對上述三個問題的回答可發現兩個基本現象：

（1）美國幼兒對同一問題總是有多種不同回答，而中國幼兒對同一問題的回答往往是相同的，這表明美國人在兒童的道德教育方面沒作統一要求，即沒有向幼兒灌輸統一的道德價值標準，而中國人在兒童的道德教育方面卻是整齊劃一的，無論是在家庭還是在幼兒園，成人們都將統一的、被社會公認的道德價值標準灌輸給兒童，使兒童從小就學會用文化讚許的道德觀念來約束自己的行為，如拾金不昧、互助友愛、禮尚往來、寬容謙讓等等。

（2）從美國兒童的回答中，不難發現他們的道德認識裡含有較強的"自我中心"傾向，他們的性格成份中含有較強的攻擊性。從中國兒童的回答中，則不難發現他們的道德認識裡含有一定的"體諒他人"的傾向，他們的性格成份中含有較強的忍讓性。顯然，不同的德育內容對兒童自我價值觀和個性傾向的形成起着不同的導向作用。

這項調查顯示出，中國兒童的社會化程度比美國兒童高，而美國兒童的個性化程度比中國兒童高。不同的兒童社會化類型既是特定文化背景下的教育產物，也是教育服從於特定社會要求的必然結果。美國是個高度競爭的社會，個體的競爭實力是立足於社會的根本，因而獨立意識和自我發展是一種必然的生存需要。中國則是一個高度重視人際關係的社會，和諧的人際關係是立足於社會的根本，因而羣體中心意識及忍讓性格是個體所必需的。

早期社會化的目的是使兒童能夠學會和掌握適應本民族文化、本國社會環境的基本社會技能。由於各國文化和社會背景的不可比性，對於各國的社會化內容，我們就無從判斷何優何劣，即我們只能採取相對標準進行東西方的差異比較，而不宜進行任何價值評價。

從理論上看，社會化是個具有頗多爭議的問題，人們爭論的實質並不是要不要社會化，而是社會化到什麼程度。無論是在東方社會還是在西方社會，每一個體都必須經歷社會化，這是人類社會的共性，文化所造成的社會化差異主要表現在社會化的程度上。

任何一個社會系統都需要有秩序，如此方能保證系統內的各個部件正常運轉；同時，任何一個社會系統還需要有活力，如此方能促使整個系統向前發展。顯然，社會化聯繫着社會的生存，個性化聯繫着社會的發展，這兩方面對於社會的進化來說當然是不可或缺的，不過比較起來，生存比發展更基本一些。因此，無論是現代社會還是傳統社會都不可避免地強調社會化，而對於個性化，發展速度快的社會必然比發展速度慢的社會更注重一些。

社會對秩序的要求確定了社會化的目標，如早期社會化即是通過學前機構促使兒童成為有組織的、在基本能力方面訓練有素的個體。社會對活力的要求則意味着對過度社會化的否定,即在服從社會基本規範的基礎上,給予個體以選擇和創造的餘地。

人的發展過程實際上既是社會化的過程,又是個性化的過程,社會化與個性化則是一對具有對立統一性質的矛盾。過度個性化也就是社會化不足,必將使個體難以適應社會;過度社會化則是千篇一律化,而由毫無差異的個體組成的社會必將是難以發展的。因此,比較科學的早期社會化應當能使兒童在有效適應社會環境的同時,也能有更大的自由去發展個性。因為只有多樣化的個性和無數個體獨創性的充分發展,才能產生出推動社會進步的人才。

總之,能對社會發展產生效益的社會化必然不是一律化,社會化的目的絕不是把所有個體都訓練成一個模式。社會化也絕不是個體對社會的消極適應,單純的消極適應只能保證社會的簡單延續,而不能促進社會的快速發展。這就意味着,真正意義的社會化應當包括個體對社會的積極適應與創造。因此,在強調促進兒童社會化的同時,也必須重視兒童個性化的發展。其實,東西方國家在早期社會化方面的最明顯差異就恰恰體現在社會化和個性化何者更為突出上,而兩種文化在教育方面的融合也正是體現為社會化與個性化的高度結合趨向。

生存能力與智慧

從報紙上獲悉,雲南大學某剛入學一週的女生,因從心理到生理都極不適應新環境而自動退學。我在感歎這學生真無能的同時,也不禁替那望女成鳳的家長感到遺憾。對於眾多的中國父母來說,孩子高考的成功,意味着在生存競爭,求職就業乃至事業有成等方面都邁出了重要的一步。然而,事實表明,學習成績好、高考成功并不意味着能助人渡过生存大关。

以往的应试教育只培养了学生一种能力，就是书本的学习能力。如今所提倡的素质教育，其目的则是要培养学生多方面的能力。从实际状况来看，对于现在的青少年，当务之急的是培养生存能力。

生存能力是一个人在社会中正常生活的最基本的能力，然而这一能力已成为目前中国孩子最为缺乏的能力。从发展趋势来看，中国孩子的生活能力是一代不如一代了。记得以前，我们那个年代的孩子在小学低年级就会做一家人的饭菜了，而现在的许多中学生，甚至上到高中毕业，却还不会为自己做一顿诸如煮挂面、炒鸡蛋之类的最简单的午饭，更不用说一些比较复杂的饭菜。至于不会用手洗衣、不会缝扣子的孩子则更是大有人在。

以前的孩子可不是这样，回想起"文革"中的"野营拉练"，当时的中学生和一部份小学六年级的孩子都参加了这一历时一个月的军事化活动，孩子们的年龄在 11～16 岁之间。要说条件还是相当艰苦的，首先是走山路，要不断地爬山，比不得走平坦的大马路；其次是要负重，要揹上自己的行装，比不得空手行军。当时正逢冬季，每个孩子除了要带必备的洗换衣物、脸盆及各种必备的生活日用品，还要带棉被，所以，每个人的行装都是很大的背包。记得那年我上初一，身高只有 1.5 米，揹上背包后，从身后根本看不见脑袋。记得出发前，母亲为我准备行装时真是左右为难，被子带薄了，怕冻着，带厚了又怕揹不动。

仔细想想过去颇为感叹，同样是孩子，可那年月的孩子比现在的孩子要能吃苦也能干得多，每日天不亮就起床，长途行军至黄昏，然后留宿山乡。我们这些来自城里的孩子们都是自己上井台挑水、围着火竈烧柴点火做饭。值得一提的是，男孩子们的做饭手艺一点不比女孩子们差，不仅能裹腹，还能像女孩子们那样尽"原料"之可能做出各種花樣來。那時候，不會做飯的孩子是極少數，不像現在，會做飯的孩子倒成了珍品。

從生活能力來看，現在的孩子的確不如以前的孩子能幹，而孩子不能幹的原因除了生活條件好了，家務的手工勞動逐漸被機械化和電氣化替代了以外，主要還是家長不重視對孩子在這方面能力的培養。中國的家長們多認爲，學齡前的孩子太小不能幹家務，上了學的孩子要以學習爲主不應幹家務。所以，孩子們的生活能力便無從培養。

在一項中日比較問卷調查中發現，日本的孩子每日參加家務勞動的人數佔30.9%，而中國的孩子只有14.4%；日本的孩子幹得最多的家務勞動是"燒飯、吃飯前後的幫助"，而中國的孩子幹得最多的家務勞動只是"整理自己的房間和物品"。其實，確切地說，"整理自己的房間和物品"只能算生活自理能力，還算不上是真正意義的家務勞動。據統計，世界各國小學生每天參加勞動的時間爲：英國0.5小時，法國0.6小時，韓國0.7小時，德國0.9小時，美國0.95小時，而我國僅爲0.2小時。另有調查顯示，在我國的城市家庭中，有72%的家長從不要求孩子從事家務勞動，同時，有56%的中小學生厭惡幹家務勞動。

家長不讓孩子做家務，主要還是爲了保證孩子的學習。然而，人的生存畢竟是首要的，生活能力太低終究會對學業產生負性影響。我的鄰居家有個15歲的男孩，非常聰明，曾多次獲市級數學競賽的冠亞軍，由此被某全國重點大學看中，打算破格錄取，可他和他的家長都決定放棄，問及原因非常簡單，只因該男孩完全沒有生活自理能力，無法應付大學的獨立生活。其實，中國的大學都有食堂和宿舍，食宿這兩大基本的生活問題已無需自理，大學生最大的生活問題也無非就是洗洗自己的衣服。遺憾的是，這個孩子不能獨立生活並不僅僅是不會洗衣、做飯，他實在是連最基本的日常起居也沒有獨立料理的自信。究其實質，最關鍵的還是缺乏統籌安排自己生活的能力，在此不僅包括處理生活事務的一般能力，而且包括對各類具體問題作出決定的決策能力以及解決實際問題的能力。由此不難發現，生存能力不僅包括那些能延續生命的具體生活能力，而且也包括那些能保證學習與工作正常進行的基本社會能力。

　　中國的成人習慣於將孩子幹家務僅僅與勞動觀念相連，而"觀念"是不一定非要具備的。其實，從事像洗衣、做飯之類的家務勞動，首先培養的是生活能力，這是一個人生存的必備能力。除此之外，對於少年兒童來說，家務勞動還具有多方面的益智功能，如操作洗衣機可以懂得一些洗衣機的基本原理；買菜可以提高心算能力；做飯可以學得一些生活常識和科學常識。特別應指出的是，當孩子在瞭解各種蔬菜品種和市場價格並根據家庭成員的喜好而做出購買決定的同時，以及當孩子在安排一頓飯並完成炒菜做飯的一系列步驟的同時，也是在培養和訓練判斷能力、決策能力、運籌能力，這些能力無論對科學研究工作還是對組織管理工作都是極為重要的基本能力。

　　很多留學國外的中國學生都非常感慨地發現，到國外後最感缺乏的能力不是學習能力，甚至不是外語能力，而是一向不大注意的生活能力和決策能力。中國的父母總是代替孩子作出各種決策，小到選擇食品、衣物，大到選擇學校、專業、職業，乃至擇偶，從小缺乏決策能力訓練的中國人到了美國這種充滿選擇機會的環境，往往會出現不知如何作出決定，不知如何作出選擇的心理恐慌。與西方的學生相比，中國學生的考試成績總能名列前茅，可是一旦到了由自己選題作論文或獨立做研究的階段，中國學生的優勢就不復存在了。在猜題和揣摩老師意圖的訓練中長大的中國學生，一旦處於沒有限定、可以獨立自主作出決定的自由狀態，反而不知該幹什麼了。

我們中國的孩子所缺乏的一系列能力，有一個核心的根源，即太缺乏親身參與實踐性的活動。我們的孩子，不僅在家裡是只讀書不動手做事，在學校裡，也是動腦多而動手少，有關實驗操作、模型製作等課程都極為有限。其實，很多說起來似乎是很抽象的能力都是源於各種實踐性的活動，解決問題的智慧是來自於解決問題的具體過程，而決策能力則是從大大小小的選擇過程中逐漸鍛煉出來的。

以前的孩子之所以能幹，是因為以前的父母沒有代勞的習慣；而孩子們也沒有依賴的習慣。另外，由於生活條件所限，實際生活中到處都是困難，需要孩子們隨時隨地不斷地動腦、動手去解決。譬如最最基本的吃飯、做飯問題，那時沒有煤氣竈，都是用燒煤塊或煤球的爐子做飯，要保證爐子不滅是要有技巧的，而一旦爐子滅了，如何把爐火重新燒起來仍然需要技巧。我作為南方人的後代，在做麵食方面是很無能的，所以我當時非常佩服那些出自北方家庭的孩子，他們無論是男孩還是女孩，個個都做得一手好麵食，像包子、餃子、饅頭、窩頭、花饃、餡餅，真是無所不能。想起來也覺得滑稽，如今有很多單位裡的廚師說是有三級乃至二級廚師證書，可那製作麵點的水平還不如當年我所認識的那些只有十來歲的普普通通的男女孩子。

生存能力的訓練過程實際上是一個經驗的積累過程，同時也是生存智慧的發展過程。從本質而論，生存能力的發展為良好的思維品質及自信心的發展提供了客觀基礎。人們都認為，無論做什麼事，自信是成功的基本條件。然而，自信並不是憑空產生的，自信是在以往經驗的積累之基礎上自然形成的，而有良好的生存能力的人必然是自信的。

過去的孩子對生活中的困難是習以為常的，他們總能坦然地面對困難並想方設法地解決困難。日久天長積累了經驗，便有了智慧的基礎，以後則愈發不怕困難，也愈發有能力解決困難。而現在的孩子一面臨生活困難就非常畏懼，他們也實在想不出應對的辦法，於是便總是等着父母來幫忙，結果是永遠沒經驗，永遠沒辦法，也就永遠不能自信地面對困難。這就形成了一個惡性循環，由於當今的孩子缺乏實踐性的活動，缺乏來自親身參與而構成的經驗，所以他們便普遍地缺乏一種綜合性的智慧。這種智慧包括坦然地面對困難，冷靜地分析情況，果斷地判斷得失，巧妙地設想解決辦法，從容地實施對策，失敗後再適時調整策略並毫不氣餒地進行新的嘗試。

在生存智慧的增長過程中，有一種非常重要的能力會伴隨而生，這就是運籌能力，即有效、合理地統籌安排事物的能力。具體到做某件事則包括：如何開始，如何結束，如何銜接中間各環節，哪些事情必須分開做，哪些事情可以同時做，哪些事情可以交替做，以及每一部份所花費的時間、精力的比例分配，等等。這種能力源於實踐活動，源於對以往經驗規律的綜合性運用。運籌能力是一個對人的終生都極為有益的基本能力，而且對學習任何專業、從事任何工作的人都十分重要。至於學校裡的學生，運籌能力主要涉及到對各科學習的時間分配，對課程內容的總體把握，對未來目標和現今努力的合理規劃等等。

生存能力的範圍很廣，既包括了逃逸災難之類的防身自救能力，也包括了洗衣做飯之類的生活自理能力，還包括了語言表達之類的社會交往能力，以及應對變遷之類的環境適應能力。在日益信息化的現代社會，生存能力還包括了信息的提煉和處理能力。對於今天的孩子來說，最首當其衝的生存能力則是對艱苦環境的適應能力以及面臨困難時擺脫困境的能力。

從實際考慮，通過家庭日常生活來培養孩子的生存能力，可以說是最簡便易行的途徑，其過程可分為四個階段：對於嬰兒，主要是培養孩子對環境的適應能力，家長不要給予孩子過多過細的照顧，要留有餘地，即給孩子留有發展自身能力的餘地；對於幼兒，主要是培養生活自理能力，家長不要過多地幫助和替代孩子做事，要提供機會，即給孩子提供發展自立能力的機會；對於學齡期的兒童，主要是培養家務勞動的能力，家長要適時適量地分配孩子幹一些家務活，要創造條件，即讓孩子有機會經歷困難，從而增長克服困難、解決實際問題的能力；對於青少年的孩子，則應當讓他們盡可能地學會做所有的家務活，並給他們適當的機會獨立處理一些家庭事務。

總之，中國人的養育觀念和養育方式都有待於朝着有利於孩子性格發展的方向改進，而生存能力這一人類生活的基本能力在當今的家庭教育、學校教育乃至社會教育中都需要給予新的認識與強調。

二·學校教育的鐵鎖牢籠

小學教育的中美差異

　　一對老同學夫婦幾年前移居美國,來信中很少談他們自己,每次信的主題都是關於他們的兒子在美國上學的情況,我每每看信,都情不自禁地要聯想到中國的教育,比較的結果是很有意思的。

　　這對老同學是懷着對美國小學教育的很大成見,在很無奈的心境下,把在國內剛上小學三年級的兒子送進了美國的學校。然而,出乎意料的是,他們隨着兒子小羽入學的第一天起,就和孩子共同喜歡上了美國的學校和美國的教育方式。

　　小羽喜歡美國的學校是因為這裡非常有趣,不僅全然沒有在中國的學校上課時的枯燥乏味的感受,而且每天都有着日新月異的快樂感受。在美國學校裡學習的內容也比國內要廣泛得多,真可謂豐富多彩。譬如,有一門"社會學習"的課程,其內容包括:學習看地圖,並在地圖上標出某次火災的分佈區;根據物體的質量及力的原理設計一輛小車;學習有關火山、地震的原理並做相應的實驗和寫實驗報告;學習關於疾病的傳播方式、病菌的種類、基本的衛生習慣;學習食品的營養成份,並參觀學生的午餐食品廠,還要自製小點心、自己制定營養食譜等等。

與國內正襟危坐的課堂要求相比，美國學校的課堂氣氛要活躍得多，上課的形式也多種多樣。小羽剛開始因為語言不通，常常有很多搞不懂的地方，譬如，有一天，大家都穿睡衣來上學，而有一天，一個同學居然帶來一條狗給大家講解。

美國學校的課餘活動很多，每逢各種節日都要組織相應的娛樂活動，師生在一起開聯歡會，學生們互送自製的禮物。在中國的學校，小羽從來沒有看到學校組織過課外活動，即使到了"六一"兒童節，也只是坐在教室裡看閉路電視上播出的由學校樂隊演奏的節目，由於沒有親身參與，他總覺得這原本是屬於自己的節日卻跟沒過一樣。

小羽在中國上學時，書包總是沉到幾近揹不動的程度，但是在美國，教科書都放在學校並不帶回家去，這不僅意味着，在美國上學孩子的雙肩是輕鬆的，而且回家後寫的作業是不需要課本的。從學習內容來看，這恐怕是中美兩國的小學教育最大的差別了。在中國，課本包含了學校教育的全部內容，課堂教學不出課本範圍，寫作業更不會超出課本。

小羽在中國的學校裡是不喜歡寫作業的，因為作業總是課本內容的繁瑣重複，令人無比厭煩，可他在美國的學校裡卻非常喜歡寫作業，因為每次作業都充滿了新奇的知識和強大的吸引力，使他總能從一個新的窗口看到更多新奇的事物。另外，在中國的學校裡，家庭作業是當天寫，第二天交，而在美國的學校裡，作業常常是一個星期以後交。

小羽的父母很驚奇地發現，眼瞧着兒子一天到晚地玩，卻有着比國內同齡孩子強得多的動手能力和廣泛得多的知識面，尤其是，小羽用計算機查資料的能力特別強，對圖書館更是熟悉，字也打得飛快。小羽的這些能力，對於一般的中國同齡孩子來說的確是不具備的。然而，問題是，我們中國的孩子沒有必要具備這些能力，因爲我們的學校教育在這些方面對學生們是沒有要求的。試想，當幾本教科書就可以解決一切問題時，誰還會利用計算機、圖書館去大查特查資料呢？

與西方的孩子相比，中國的孩子不僅缺乏動手能力，太局限於書本，而且也缺乏廣泛的知識面，太局限於課本。美國的教育自有它的缺陷，即寬而淺，相比較，中國的教育則是窄而深。

小學教育的主要任務是讓孩子們掌握基本的讀、寫、算技能，這一基本的目標在世界各國的小學教育來看都是沒有多大差別的。只是，在六年的時間裡完成這一基本任務總是富富有餘的，而在完成了讀、寫、算基本技能訓練之後，學校教育再向何種方向發展則體現了各國教育的差異。

美國的教育是向"廣"的方向發展，學校教師總是設法引導學生把眼光投向課本之外的知識海洋，並力圖使學生們能夠保持對大千世界的好奇心和探索慾，同時注重鼓勵和培養孩子們獨立思考的習慣以及解決問題的實際能力。

中國的教育是向"深"的方向發展，學校教師總忘不了提醒學生要"吃"透課本內容，即使是一位數的加減法，我們的教師也能變換出數十種不同的題型來，以致使會基本運算的孩子也照樣要出錯。由此，即便是小學一年級的學生學數學的實際目的也已大大超出了培養基本計算能力的範疇，而演變成爲純粹的智力訓練乃至智力遊戲。在中國，目前小學數學的教學方向完全背離了數學的工具性、實用性的本質，刻意追求題型的複雜性、花樣性。

美國的教育是以受教育者爲本的，即以兒童爲中心的，教師講課的好壞是以學生聽講的效果來判斷的，教學的內容則考慮到學生的興趣。中國的教育是以教育者爲本的，即以教師等施教者爲中心，教師講課的好壞是以同行聽課的效果來判斷的，教學的內容則主要是以施教者認爲是否有用爲標準。

我曾經讀過一本英文版的美國語文教科書，發現那裡面篇篇都是美文，令我驚訝不已，因為從小讀書到大，中國的語文課本裡總是充滿着最沒意思的文字。這也成為我長期以來的一大困惑，中國有那麼多引人入勝的美文佳品，為什麼語文課本卻總是選一些令人昏昏欲睡的文字，更令人可怕的是，對那些看一遍都勉強的文字，老師還要求抄寫、默寫、背誦。所以，很多中國學生雖喜歡讀書卻非常討厭上語文課，更有一些學生是因那些令人厭倦的課文而厭倦了閱讀。

中國語文課本的內容是以敘述文、議論文為主，選編者無疑認為這是文字的主流，至於趣聞、笑話、幽默小品、生活隨筆、短篇小說則均被認為不是規範文字而不適於作為教材使用。另外，語文課本中包含了太多的政治、倫理、道德說教，教材缺乏趣味性恐怕是學生們對語文不感興趣的重要原因。

美國的教師無論是幼兒教師、中小學教師還是大學教師都很關注教育研究的各種新成果，他們把這些新的教育觀念、新的教學方法直接運用到自己的教學實踐之中，因而每個普通的美國教師都有着整套的教學思想、明確的教學目標、靈活多變的教學方法。因此，我極為欽佩美國的教師。譬如，當一位中國學生的家長問一名美國的小學教師："你們怎麼不讓孩子們背誦一些重要的東西呢？"這位美國教師的回答是："對人的創造能力來說，有兩個東西比死記硬背更重要：一個是他要知道到哪裡去尋找所需要的比他能夠記憶的多得多的知識；再一個是他綜合使用這些知識進行新的創造的能力。死記硬背，既不會讓一個人知識豐富，也不會讓一個人變得聰明。"在感歎於一名普通的美國小學教師能有這番遠見卓識的同時，也非常遺憾我們的中國教師還只是停留在傳授書本知識的水平。

正是因為美國的教師很注意用先進的教育理論和教學方法來指

導學生，所以他們向學生傳授的不僅有新知識更有新觀念。由此，在為學生指點求知方向這方面，我國的教師顯然不如美國的教師。儘管中國的教師業務水平都不低，但瞭解教育理論流派、懂得學生心理發展規律的教師就不多了，而把新的教育理論運用到實際教學中的教師則更是少而又少。

　　教育是一門藝術，需要教育者用心鑽研，而研究的核心則是受教育者的心理。我們的教育有自己的傳統，但改革那些不適應現代社會、不符合學生接收知識之自然心理規律的不合理的教育觀念、教育方法則是勢在必行的。

作文與八股文

　　一位移居美國的朋友來信，提到其子的學校教育，朋友的兒子正在美國波特蘭的一所小學上四年級。使我甚感興趣的是，美國教師所佈置的課業作文。首先，與我國的命題作文不同的是，美國教師不定題目，而是定"場景"。譬如：

　　(1) 當你乘坐的輪船沉了，你漂流到一個荒島上，你將怎麼生活？

　　(2) 任選一個州，介紹這個州的風土人情。

　　(3) 任選一類動物，以雜誌的形式作介紹，不僅要有文字，還要有插圖。

　　很顯然，"場景"一旦限定了，每個人寫的內容就基本上是一致的，學生之間的可比性必然很高，不像我國的命題作文，儘管題目都一樣，但各自的內容會相差甚遠，文與文之間常常缺乏可比性。

　　其次，與我國的作文可以閉門瞎編不同的是，美國教師出的作文顯然是必須經過查參考書、利用圖書館、電腦查詢等多種收集和整理信息資料的過程才有可能完成。在荒島上生活當然是需要想像力的，但是有關島上的植物、動物、可利用或可製造的工具等方面的知識則是需要利用有關的工具書學得。至於介紹一個州的風土人情和介紹某種動物則更是需要參考大量的文獻資料。

　　第三，與中國作文的"小"題目不同的是，美國教師出的作文題都非常宏大，記得朋友的兒子在美國上小學三年級時，寫的第一篇作文就是《我心中的美國》。相比較，我國中小學的作文題目通常是：《一件小事》、《我最高興的一天》、《我最敬佩的一個人》等等。

　　曾經從雜誌上看到一篇文章，作者提到他的正在美國上小學的兒子在四年級時所做的作文題目是：《中國的昨天和今天》；《我怎麼看人類文化》。到了六年級，作文的題目則是：《你認為誰對"二次大戰"負有責任？》；《你認為今天避免戰爭的最好辦法是什麼？》

　　這些作文題目在中國的小學教師看來，一定是大得沒有邊了。奇怪的是，美國的小學生面對着這些"宏大"作文，不僅毫無難色，而且興致勃勃，他們到圖書館去查閱大量的參考書、權威工具書，然後信心百倍地作着大文章。實際上，是知識性、趣味性的作文題喚起了孩子們的好奇心、求知慾，他們是在滿足心理慾求的過程中自然而然地運用寫作這一工具。

　　相比較，當我們中國的小學生面對着小而具體的作文題目時，卻是個個愁眉苦臉且毫無興趣。寫這些作文是用不着學新知識的，需要的只是把生活中的人物寫得光彩照人，把生活中的事物寫得豐富多彩，把生活中的經歷寫得曲折動人。小孩子的生活原本是簡單的，而中國孩子的生活尤其是枯燥單一的，儘管他們竭力按照老師的要求去仔細觀察生活，卻總也觀察不到老師要求的程度，只好痛苦地瞎編硬造以期完成課業，這樣的作文過程自然是令人望而卻步的。

　　對比中美兩國的作文題目，發現美國的作文題多側重生活事件及歷史事件的評介，而中國的作文題則側重人物描寫、景物描寫及道德問題的評判。作文的內容無疑是教師引導學生思考、寫作的手段，美國的教師注重引導學生關心人類命運方面的世界性問題，同時注重引導學生展現自我意識、想像力及生存技能。中國的教師則把注意力放在培養學生的寫作技巧和文字表達能力上，可以說，是爲了寫作文而寫作文，對寫作能力之外的能力是不太關心的。導致中國孩子不愛寫作文的直接原因是作文題目缺乏趣味性和求知的廣泛性，使學生在作文時只能進行文字的排列組合，而不能進行知識、經驗、興趣、愛好的排列組合。

　　美國小學生的作文題目儘管很宏大，大學生的題目卻是相當具體且緊緊圍繞自我。美國的許多大學，申請入學的申請書常常是寫一篇作文，題目往往出得很靈活，能考出學生的多種能力，譬如：

　　（1）《用三個形容詞來準確地描述你自己，並簡明扼要地說明你爲什麼用這三個詞》。這個題目顯然在瞭解學生準確運用詞彙的能力之外，更重要的是能瞭解學生認識自我的能力，因爲答這個題目必然要展現出自己的個性，包括自信、自傲、自卑等性格特徵。

　　（2）《就過去一年你曾最熱心地推薦給朋友們的一本書或一部影片，寫一篇短評》。這個題目所能反映的不僅是寫評論文的能力，而且從中能展示出學生的鑒賞力、愛好、志向及審美情趣。

　　（3）《評想像中2000年的一場音樂會，或一部影片，或一場舞蹈，或喜劇演出》。這個題目的意圖很明顯，即考察學生的想像力、創造力。

　　（4）《寫你生活中經歷過的一次巨大困難以及你是如何應付它的》。通過這個題目，能夠瞭解學生的生活背景、生活經歷、克服困難的勇氣、解決問題的技巧、方法等等。對於美國這樣一個典型的競爭社會，戰勝挫折的能力不僅僅是必備的工作能力，也是必備的生存能力。

我發現，美國的這些作文題目有一個共同的特點就是題目長、字數多，內容主題被清晰明瞭地展現出來，所以不會產生歧義、誤解。相比較，中國的作文考試題目字數很少，頂多一句，如1977年剛恢復高考時的作文題目《我在這戰鬥的一年裡》；時常只有半句，如《我更喜愛……》，這是1996年的高考題；而兩三字乃至一個字的題目也不少見，如某次高考作文題為"霽"。不難想像，由這些籠統而含糊的題目會生發出多少歧義。

歷年來，中國的教師出作文考題始終沒有擺脫八股考題的影響，總習慣於以模稜兩可、含糊不清甚至費解難懂的題目來難為學生，這種出題方式實際上是干擾了通過作文來考察學生寫作能力的考試主導方向，使學生們把大量的時間、精力都花費在猜測題意上而不是寫作本身。

近兩年的高考作文又有了以圖代題的新趨向，即讓考生看著漫畫寫作文，而漫畫比文字更容易產生歧義，一幅漫畫若讓十個人看，恐怕會有九種理解。

所以，中國的學生在作文前要做的一個基本的工作就是猜主考意圖以便"扣題"，而"跑題"是肯定不及格的，哪怕你的文字再好也無濟於事。如此的考試，已搞不清是考學生的寫作能力還是考學生揣測題意的能力。

"八股文"在中國似乎已成為歷史了，但從我國多年來各級學校的作文講評、作文題設置以及作文考試的評分標準來看，都始終未能擺脫八股文的影響。課堂上，教師們對範文的程式化的結構分析與八股文的"八股"結構安排極為相近；作文題目設計得雲山霧罩，使學生苦於猜題、扣題的情形則猶如當年八股考生破題、承題的舊景再現。尤其是，作文考試的模式化評分標準，使學生們失去

二・學校教育的鐵鎖牢籠 | 45

了自由發揮、標新立異的可能，這與歷史上八股文對考生的思想束縛如出一轍。

在我國的作文考試中，所謂的"扣題"其實就是"破"主考意圖之"題"，然後"承題"，即使是博士生考題也未能脫俗。譬如，近年某校某文科專業的博士生考題中有一題，讓考生按自己的理解來分析某一理論現象，有一考生因得了很低的分數不服，前去詢問，不料被告之："你跑題了"。該考生對此大惑不解，既然是抒己見，怎會有"跑題"之說，難道己見也有一定之規？

實際上，在中國，自抒己見的考題是徒有虛名，只有當考生所抒的己見能與主考意圖不謀而合時才能得高分，否則就是"跑題"。因此，在抒己見之前，還是斷然少不了"猜題"、"破題"、"承題"這一整套的固定程序。

至於"扣題"與否，不要說學生，就是閱卷評分的老師相互間的標準也相差甚大。譬如，某年中考的作文題目是《變了》，有個考生為此寫道，他在路邊騎車，不小心撞倒一棵小樹苗，本想一走了之，後來還是停下來，扶正了樹苗，又將也被人撞倒的綠化宣傳牌重新插好。對於這篇作文，第一位閱卷老師給了最低等的評價，認為題目是"變了"，而全文卻找不到一個"變"字，明顯文不對題！但在複評時，這篇作文被判為優等，理由是，小作者沒有單純地就"變"寫"變"，意蘊深長，是難得的一篇佳作。

試想，連判卷的老師都有如此相佐的"扣題"觀，學生對"扣題"該有多大的困惑。

作文考試的目的應當是考察學生的寫作能力，即文字的組織和表現力，要想達到這個目的，題目應傾向於文學化。然而，近兩年的高考作文題其政治、倫理色彩太濃，有的作文題若深究而論，即使是倫理學的資深教授也講不清楚，而若只進行一般化的"淺論"，又早已有了公認的社會定論，於是，無論是論理、論據還是寫作結構都沒有多少選擇、變化的餘地，面對這樣的考題，即使是文字能力強的學生也很難寫出靈氣來，而寫作的模式化則成了必然且唯一的出路。另外，限於既定的政治觀念、道德標準，學生們將不得不說一些言不由衷的假話、空話、套話，從而在無形中鼓勵了一種很壞的文風。

面對1998年高考的作文題《戰勝脆弱》，很多父母健在的考生不約而同地以"父母雙亡"來寫自己如何戰勝脆弱、微笑着走進考場；更有那雙手靈巧的考生寫自己在失去雙手後如何戰勝脆弱，學會用腳寫字、用腳答卷。不正的文風使孩子們喪失了這個年齡本應具備的真誠。

一位每年都參加高考作文閱卷的大學教師說，在如今的高考作文中，拿腔作調、八股式的文章比比皆是。這顯然是與中學教師的訓練指導大有關係，譬如，一個中學生說，學校的老師是這樣教他們的：以後再遇到像"責任"之類的作文，就按照"談談孔繁森，批判王寶森，想到錢學森，聯繫中學生"的程式來寫。

作文的模式化、八股化使寫作文成了令人生厭的苦差事，我調查了不少中小學生，發現他們對寫作文都是抱着非常消極被動的態度，並一致認為寫作文是最痛苦也最可怕的作業。這種普遍存在的現象實在值得我們的語文教師深思，如果一門課能讓絕大多數的學生感到厭惡，那麼問題必然出在"教"的一方而不是"學"的一方。中國的教師太着眼於提高學生的寫作技巧、寫作規範，而根本不考慮如何激起學生們的寫作慾望、文字表達慾望。

我們的學校教育對作文要求的八股文傾向實在是由來已久的現象，而八股化的寫作模式能長期作為中國學校的寫作指導標準，主要還是因其適應於考試評分的規範化、標準化，使考試的評分、閱卷工作變得相對容易。只是這樣的作文訓練，使學生們在模式化的框架下進行模式化的思維，長此以往，學生們還能否具有創新意識乃至創新潛力則是大大值得懷疑的。

"笨"不僅是一種恥辱

誰都知道，課間十分鐘是用於讓學生休息的，但是在某些小學校裡，一些成績差的孩子卻被老師規定不許休息，要加班加點地學習，所謂"笨鳥先飛"。實際上，在我們中國的學校裡，"笨"不僅僅是一種恥辱，似乎還是一種罪過，學得慢是不允許的，至少要"以勤補拙"。

中國的學校是以教師為主、學生為輔的，其含義不僅僅是指"教師講、學生聽"這種教學形式，而且還包括了教師定教學進度以及教學內容，學生們則被動地適應教師。這裡的教師並不指單個教師，甚至也不指教師這個群體，而是指在教師背後指揮教師的教育制度以及教育的管理者。

面對統一的教學進度，學得快、接受能力強的學生只好"等"，而等得不耐煩了，也不許幹別的事情，如果拿本課外書在課堂上看，不但要受到老師的嚴厲批評，而且要沒收書。總之，要強迫已經聽懂課的學生繼續聽下去，至於"煩躁"這種自然的心理現象，學生被要求學會克制。與此同時，學得慢、接受能力差的孩子在統一的教學進度要求下不得不"趕"，而"趕"得很吃力的學生往往是失去了任何娛樂乃至休息的時間。

我們的學校不承認或是無視個體差異的存在，用一個尺碼的鞋讓所有的學生去穿，其結果必然是，有的人要小腳蹬大鞋，有的人卻要削足適履。九年義務教育是面向全體學生的，其間的含義不僅僅是每個適齡的孩子都有上學受教育的權利，而且還有接受適合自己能力的教學進度的權利。

我曾在電視裡看過一個紀錄片，題目是《漢娜的一天》，內容是通過描述一個美國小女孩漢娜的學習生活來介紹美國的小學教育。其中有一組鏡頭是，中國的記者帶來一本中國小學四年級的數學課本，由美國的教師從中抽題讓漢娜所在班級的小學生來做。結果，所有的孩子都不會做中國的應用題，因為題太"繞"了。大家也不會做除法題，因為老師還沒教。只剩下加減法算式題，漢娜很努力地計算。令中國記者感到非常意外的是，已經是四年級學生的漢娜在做加法題時，不是口算、心算或豎式運算，而是在草稿紙上畫道、數道，這和中國幼兒園裡的幼兒用扳手指頭的方式算數沒什麼兩樣。中國記者由此詢問漢娜的老師，而美國教師並沒覺得這有什麼異常，只是說美國的孩子多從直觀入手學數學。

　　我看到這兒，不禁想到，以漢娜的數學水平，她生活在美國真是幸運，要是在中國上學，即使不被視作弱智，也必定被視作智力低下，由此她的學習生活就絕對不可能是快樂的。而漢娜在美國學校的生活是輕鬆愉快的，沒人認為她的數學能力有問題。

　　學生的學習能力差異是一種自然現象，有的學生完全能夠學得和別人一樣好，只是需要比別人更長一些的時間。針對學生的能力差異，學校的教學制度要有靈活性，譬如，同樣的課安排不同的教學進度，讓學生自己選擇適合的進度。班級的設置不要那麼死板，可自由流動，如美國的學校，即使在小學，班級也是不固定的。另外，我國的學校應當在各年級設立面向全體學生的跳級制和降級制，包括允許單科跳、降級。即使在同一班級裡，已經聽懂課的學生應當允許看別的書，甚至出去玩。總之，各種管理體制都應當服務於科學、有效的教學實際，以及適應個體的差異。

　　我國的學校不僅規定了教學進度，導致了對學生學習能力的限定，而且在學習科目上做出了主次劃分，並以此制定了好學生的標準，即只有主科成績優秀的學生才稱得上是好學生。

社會需要各種類型的人才，不僅需要各種專業的科學家，而且也需要各行各業的技術能手，同時也需要普通的技術工人、各類服務人員。如果學校只認定一種類型的人才是學校教育的合格產品，那麼將使人們對各種社會工作建立高低貴賤等級劃分的價值觀，從而使大量的社會崗位將沒有合適的工作者。九年義務教育是為社會培養未來的普通勞動者，使全民接受最基本的文化培訓，而不是為高等教育培養後備軍。從效果上來看，鐵板一塊的教育制度實際上是在盡力為一個豐富多彩的世界造就出一批又一批來自同一個模型的產品。

義務教育階段，除了培養學生基本的讀、寫、算技能外，還應當使學生們在教育的導向作用下，具備主動思考的能力，對學習新知識的好奇心、探索慾，以及解決問題的運籌能力，這對他們無論是繼續求學還是就業工作都是十分必要的。另外，為了滿足社會對各行各業、各種才智的勞動者之需要，學校教育必須要有較寬鬆的學習環境，較少的學習壓力，以使學生們有向各種方向發展的可能，並使具備各種才幹的孩子都不愁立身之道。

目前學校教育的弊端，從社會角度來看，是通過修剪學生的個性而培養了同一模式的人，故難以滿足社會對其成員多種類型的需要；從個體角度來看，統一化的學校教育通過壓抑個性而扼殺了學生潛在的創造能力。

學校教育與個人發展的對立，反映出我們的傳統文化對個人合法權益的漠視，對個人自然的人性心理現象的強制性壓抑。在學校統一的尺度下，學生被剝奪了合理、有效發揮個人潛能的機會，同時，對知識的好奇心、新奇感、自發的學習動力都會蕩然無存。

教育改革的成功與否取決於我們是否正視學生在學習過程中產生的自然、合理的心理現象，同時根據個體心理發展的自然規律制定相應的教學內容、教學進度，乃至教學管理制度。

關於課堂教學改革的新思路：

1. 讓學生自己選擇作業量。減輕中小學生學習負擔的呼聲一直不斷，可學校的老師們還是照樣天天給孩子們留大量的作業。老師留作業是怕學生回家後不作功課而遺忘了課上講的知識，考試的時候成績不好，以致影響老師自己的聲譽。其實質是老師要學生學，而不是學生自己要學。由老師留作業的形式所強化的是學生的被動學習，而且由於作業是統一留的，大家都一樣，可實際上每個人的學習狀況並不一樣。結果，學生們要為那些早已熟練掌握的內容而苦苦練習，這樣必然會產生厭煩心理並由此而不可能達到寫作業的最初目的。如果改為讓學生自己選擇作業形式和作業量，則可化被動為主動，學生們可以根據自己的實際情況有針對性地寫作業。

2. 單科實行快、中、慢班。與以往的快慢班不同的是，班級的設置是按單科劃分的，即一個學生很可能數學在快班、語文在中班、外語在慢班，而具體在哪個程度的班級，由學生自己決定。另外，班級人員的設置並不固定，學生們可根據自己的實際學習進度來選擇相適應的班級並隨時進行調整。厭學往往產生於兩種情況，其一是學習進度太慢，遂因學習內容乏味而厭學；其二是學習進度太快，遂因學習吃力而厭學。由此，因材施教是保證學生擁有學習興趣的關鍵。人與人之間在接受能力上的差異是不容忽視的客觀現實，有的孩子接受能力強，學習的速度快，而有的孩子並不是學不會，但需要比別人更多一些的時間。

3. 允許保持一定的錯誤率。精益求精是中國教育的重要特點，我們的老師總是不許學生出錯，一旦有錯，就罰學生多做作業，一個生字要罰寫數十遍乃至上百遍。在這樣的教學方法下，學生要是不厭學那才怪了。所以，中國的教師應當建立一種概念，即學習中的錯誤是一種正常現象，要給學生留有犯錯誤的餘地，同時取消對百分之百正確性的追求。我們在迫使孩子消滅一切錯誤的同時，也把他們對知識的好奇心、求知慾給徹底扼殺了。

4. 設置選修課。各級學校，不僅是高校，也包括中小學校，都應當有不同程度的自由選課，使學生們能具有選擇他們希望學習的課程的自由，以便發揮出每個孩子的潛能。我們的教育制度太單一，也太死板，沒有給予個體自由發揮的餘地。學校的教學安排應當能夠保證學生從無限的知識系統中提煉出自己最渴望的知識，無疑，這需要在課程的標準化和多樣化之間掌握平衡。

從教育者對受教育者的強制中，可以發現我們中國人是個圖省事、怕費心的民族。因為成人怕煩、怕鬧，於是讓孩子練習靜坐不動的本領；因為教育者怕亂、怕麻煩，所以制定一個統一尺度讓學生們去全面適應。另外，僵化的教學體制的背後是一種僵化的思維定勢，教育改革的緩慢也從一個側面反映了我們中國人對變革的不敏感，對不合理的事物或是視而不見，或是懶於變動，這樣一種性格特徵具有相當的惰性，顯然是不利於社會快速發展的，因而值得警醒。

素質教育是一種否定傳統應試教育的全新的教育觀，而素質教育的具體實施則將取決於整個教育體制的合理配套，即教育制度、教學管理、教學內容及教學方法都必須與素質教育的觀念相適應。

課堂上的枷鎖

以前曾看過一個英文的記錄片《世界各國的教育》，過的時間久了，大多數內容都忘掉了，但有兩組電視畫面卻始終記憶猶新。其中之一是美國學校的課堂，學生們在教室裡是圍成一圈坐，各種坐姿都有，甚至有幾個學生居然是坐在地上而不是椅子上。老師在前面講課的時候，學生們在底下七嘴八舌地隨便發言，沒看見有舉手的。緊接着畫面一轉，已是中國學校的課堂，只見所有的孩子都是腰板挺直、雙手背後、兩腳並齊。老師講課的時候，學生們鴉雀無聲，老師提問的時候，學生們無聲地舉手且舉手的姿勢都是統一規範的，即曲小臂成直角。這樣的畫面給人的感覺是猶如到了軍營一般。

在中國，學校的紀律歷來是很嚴格的，各校都有自己整套的校規，不過有些規矩卻是全國通用的，譬如上課時，學生發言要先舉手，即學生能否有發言的機會取決於老師是否恩准。不舉手就發言屬於違反課堂紀律，俗稱"亂插嘴"、"接下茬"。中國的教師對學生不舉手就發言的行為歷來是持否定態度的，並對愛接下茬的學生很反感，總要採取嚴厲的批評以便杜絕這種現象，有的教師甚至宣佈紀律，學生凡三次不舉手發言的將被逐出教室，到門外罰站。這樣的紀律要求是否合適，值得我們進行深入地分析和探討。

教師們不喜歡學生"接下茬"，主要的理由是因其擾亂了以老師為主來控制課堂局面的秩序。除此之外還有什麼不良後果？仔細想想，似乎僅此而已了，倒是在尋找不利的過程中找出了不少有利的內容。

從學生方面看，"接下茬"說明注意聽講了，不聽講是不可能把"下茬"接上的，另外，"接下茬"接得好的孩子不僅是被動地聽講了，而且還在主動地思考。從教師方面看，通過孩子"接下茬"可以馬上知道教學的效果，可以快速判斷出，哪些學生沒聽懂、哪些學生完全理解了、哪些學生誤解了、哪些學生不僅聽懂了而且還有創造性的思維，從而使教師可以靈活掌握、快速調整教學進度。另外，教師在學生"接下茬"中還可以產生很多靈感，包括新的思路、意想不到的發現等等。

學生"接下茬"實際上構成了課堂上的交流，這種交流顯然是與"教師講、學生聽"的傳統教學模式相背離的。我們一般都習慣於認爲，課堂就是老師的講壇，課堂上是不需要交流的，任何形式的交流都應當在課後進行。然而，課堂交流的確是有益的。從學生個體角度來看，能夠自由發表見解並及時與他人溝通有利於思維的流暢性，這無疑會提高聽課的效果；從整個課堂來看，活躍的發言和交流可帶來活躍的課堂氣氛，進而感染和促發全體學生開展活躍的思維。同時，活躍的教學氣氛可提高教學內容對學生的吸引力。如此看來，讓學生自由發言可謂利大於弊。以筆者之見，一堂課中至少應有數次讓學生七嘴八舌、自由發表見解的機會，其所含之意義將遠遠超出活躍思維、活躍課堂氣氛的範圍。

在大學，西方學者來華講課，總是不滿於中國學生埋頭記筆記、一言不發的場面，沒有回應的課堂氣氛、不僅使外教困惑於自己講課的內容是否有恰當的效果，而且也直接影響了其講課的熱情。遺憾的是，中國的大學生沒有積極發言的習慣，他們之中的大多數人甚至於缺乏在大庭廣衆之下開口說話的勇氣，以及缺乏在衆人面前流暢自如地發表自己見解的能力，而這方面的勇氣與能力卻是在上小學的時候被嚴格規範的課堂紀律給扼殺了。我們成人恰恰是在孩子們最有勇氣發表見解的時候壓制了他們的表達慾，也正是在他們最有可能培養自我表達能力的時候限制了他們的表達機會。

儘管多年來教育改革的呼聲不斷，然而從小學到大學，我們中國學校的課堂依然是"一言堂"，老師永遠是主角，處於支配地位，學生則只是被動地聽，而現行的課堂紀律實際上是在限定學生聽課行爲的同時，也對這種死板的教學形式作出了充分的肯定並配以制度上的保證。看來，我們在制定學校紀律的時候是短視的，只想到了從教師的角度出發如何易於管理學生，卻沒有想到一種行為規範的實施對學生的思維方式、行爲方式乃至能力的形成會產生波及一生的深遠影響。

有調查顯示，現在的大學生68％在課堂或會場等場合只有被點名後才發言，即從不主動發言，有1.3％的人懼怕發言，有8％的人乾脆拒絕發言。同時，80％的被調查者表示，從小學、中學再到大學，從未自學或接受過演講、辯論和交際談吐等方面的培訓。正是由於語言表達能力差，害怕因辭不達意或笨嘴拙舌而被人恥笑，所以才缺乏暢所欲言的自信和勇氣，並盡量迴避社會交往。在調查中，80％的人表示希望能盡快補上"能說會道"這一課。

　　時代在變，規章制度也在變，記得我輩人上小學的時候，老師要求手背後、腳並齊，一堂課下來那感覺就可想而知了。現在的小學大都改了規矩，對學生聽課姿勢的要求比以前大大降低，手不用背在後面，甚至還可以趴在桌上，只要不搞小動作、注意聽講即可。誰曾想，這一小小的制度變遷，居然經歷了數十年的爭論。傳統的規矩之所以不容易改變，是因為我們習慣了，於是便不容易注意它的負性影響。

　　我發現，中國的學校紀律有一個特點就是，學生的年齡越小，紀律要求就越嚴。譬如課堂紀律，以小學生最嚴，中學生次之，大學生最鬆。這是令人很難理解的，一想到剛離開幼兒園的一年級小學生，要每節課都坐得像個木頭人一樣，就覺得這紀律定得過分到近乎殘忍的地步。按照我們的學校紀律，上課不許有小動作，聽課要全神貫注，最讓我不可思議的是，聽懂了也不許不聽，更不能幹別的事情。試想，即使是一個自制力強、不好動的成年人，若讓他正襟危坐、目不轉睛地聽自己已聽懂了的課程，也會煩躁難耐，更何況是年少的孩子。值得疑問的是，現有的一些學校紀律在人性的正常發展方面到底起了什麼樣的作用？

　　我們今天的教育者似乎有必要思考一個問題，即什麼是正常的、合乎理性、合乎人性的學校紀律？同時，我們需要對諸多習以為常的傳統校規進行反思，需要對一些不科學、不合理、不符合孩子天性、不利於下一代長遠發展的規章制度進行徹底的改革。

作業"殺人"

最近，在不到一個月的時間裡，媒體已報道了兩例因學校教育有誤而導致中小學生自殺的惡性事件。其一是某14歲中學生因不堪忍受教師的長期人格污辱、精神虐待及體罰而自殺。其二是某12歲小學生因被教師加罰抄寫110頁課文而自殺。事實表明，教育能育人，也能害人，甚至能"殺"人。

在我國，有意污辱學生人格的教師是極少數，但加罰作業卻是中小學校裡極為普遍的現象。我們的教師總是不許學生出錯，一旦有錯，就罰學生多做作業，如錯一個字罰寫十行，錯一個詞罰抄三遍課文。更有甚者，加罰作業被無限擴展，上課有小動作、忘帶學習用具、課間打鬧、不注意聽講等等都成了加罰作業的理由。這種懲罰方式不僅因其作業量大、佔用了學生過多的業餘時間並影響了學生正常的休息及娛樂而構成了對學生的身體摧殘，而且因其超量重複、導致了學生的極度厭煩情緒乃至心理紊亂從而構成了對學生的精神摧殘。令人不解的是，這種嚴重摧殘孩子身心健康的懲罰方式卻是我國廣大教師最經常、最普遍使用的教育方法。

我的兒子經常因為各種原因而被加罰作業，如罰抄課文五遍。當抄到第三四遍時，他會因極度厭煩而出現狂躁的精神反應和行為表現，對此我非常擔心。所以我總是極力勸阻他不要繼續抄下去，有什麼問題，讓老師直接找家長。可是，他怕老師會罰更多的作業，於是極力克制住厭煩情緒堅持抄。看到一個年僅七八歲的孩子要承受錯誤教育強壓的重負，我為自己的孩子也為今天這一代孩子感到悲憤，同時也深感到我們的學校教育十分殘忍。也正因為此，我對那個不幸的孩子在面對110頁課文時毅然選擇死這一行為絲毫不感到意外。毫無疑問，最近發生的幾起兒童自殺事件並不是偶發事件，而是當前所盛行的應試教育摧殘孩子的真實寫照。

　　我國學校的作業歷來是以多而著稱於世，面對不堪重負的作業，孩子們是以不同的方式承受着，有的孩子是堅定不移地寫，直至十一二點，乃至凌晨，身體必然是大受損害；有的孩子則哭着求父母幫着寫，結果是全家人一起忙；機靈點兒的孩子則練就一手握三筆同時寫三字的絕技，可悲的是這般絕技是讓每個字抄一百遍逼出來的；想不通或徹底想通了的孩子則絕望地自殺。

　　有的教師認為，現在的孩子太難管了，管輕了不頂用，管重了又出事，意即學生自殺的根本原因是孩子的心理素質差。其實，教育的方式不在輕重，而在是否恰當。作為成年人，教師用不恰當乃至不人道的方式管教學生，卻讓未成年的孩子以提高心理承受力來承受他們本不該承受的壓力乃至摧殘，這真是孩子們的悲哀。

　　中國教育的傳統是精益求精，並以反復練習來求熟練，其代價就是促使學生產生厭倦心理。我們的很多教師往往不承認興趣在學習中的動力作用，不承認學生在死板的教學形式下產生厭煩情緒的合理性，不從教育者一方進行改革以適應受教育者的需要，而是一味地要求學生克制正常的心理反應以適應違背人性發展的教學方法乃至教學管理制度。有位小學的校長對學生們說，如果你不能體會到學習的快樂，那麼你的學習方法就肯定有問題。似乎厭學是學生學習方法不當造成的。我問了該校的一個學生，"你覺得學習是快樂的事嗎？"這孩子答："沒有，一想到一個字要抄上幾十遍、幾百遍，就覺得學習真是沒意思透了！"孩子的話告訴我們，學生厭學的最大根源在於走入歧途的學校教育。

　　我們中國人總是習慣於把"知識"看作是令人敬畏的、神聖而威嚴的，同時也是枯燥乏味的，需要用極大的毅力去征服的。成功的教育應當是讓學生喜歡知識且渴望知識，並善於靠自己的智慧在知識的海洋裡游泳。但我們的教育卻是用嚴厲的課堂紀律、死板的教學方法、枯燥的學習內容，向學生們展現了一個被歪曲的"知識"形象。我們的這種學校教育實際上是從知識的海洋裡取出了一勺水，然後讓孩子們反復品嚐，直至孩子們厭煩到根本不再嚮往那一勺之外的大海為止。

在我國的教育界，始終缺乏對快樂教學法和教學藝術的鑽研與探索，缺乏對兒童正常學習心理和情緒的瞭解乃至理解，缺乏調動學生的學習興趣並引導學生主動學習的教學技能，缺乏對下一代長遠發展的職業關懷。我們的學校用題海戰術、疲勞戰術逼迫孩子們死記硬背，從而培養了一代又一代懷著對知識的極度厭煩乃至刻骨仇恨來用功學習的學生，在這樣的學習背景下，學生們不會成為熱愛知識的人，更不會成為追求知識的人。

不難發現，我國的學校教育有一個致命的缺陷，即總是要求學生把知識記得爛熟於心中，就像嚼爛了的食物一樣沒有味道。喜新厭舊是人類的心理本性，追求新異原本是孩子們求知的天然動力，然而，恰恰是我們的教育扼殺了孩子們的學習快感。確切地說，正是我們成人教育者在逼迫孩子們大量重複練習的過程中，消滅了知識本身具有的新奇性。我們今天的教育用課本把孩子們限定在極為狹小的學習空間裡，讓他們用所有的時間來"吃透"課本，並讓他們誤以為課本就是知識的全部。其結果，令人厭倦的課本和令人厭倦的作業使孩子們厭倦了整個有趣的知識世界乃至厭倦了整個人生。

"歡樂的童年"對於中國的孩子來說不僅是不存在的，而且是莫大的諷刺。做完了一天的功課以後，他們迎來的是滿天星斗而不是燦爛陽光。我們的孩子在學習的重負下，身體越來越差，眼鏡越來越多，情緒越來越沉悶，心理越來越扭曲。與此同時，對知識世界的興趣越來越少，對人生的意義越來越消極。這種現狀使我們不能不質疑，我們今天的學校教育在做什麼？我們的教育目的是什麼？我們是在培養人才，還是在摧殘人才？

"獨立王國"裡的"國王"

當我曾經就讀了五年的中學舉行40週年校慶時，我回到了闊別二十多年的母校。在眾多老同學和數位教師的聚談中，我猛然發現了曾經在我上初一時任教的班主任。不過，我非但沒有馬上迎上去，反而在猶豫該不該跟她主動打招呼，因爲在她任班主任的那一年裡，我和她的關係極爲糟糕，由於她老跟我過不去，使我在13歲那年過得非常痛苦，所以我當年非常恨她，很慶幸她只教了一年。後來，儘管"恨"意隨着時間的推移早已消失，但這段歷史我卻總也忘不了。也許是我在思緒繚繞中老注視着她，最後是她主動與我搭話，令我驚訝的是，她已經根本不認識我了，即便我說出自己的姓名和當時上學的年代，她也沒有絲毫的印象。想想也難怪，二十多年裡，她不知帶了多少班，教了多少學生，教師記學生自然是不易，而學生的記憶中每個階段卻只有一個教師，必然是終身難忘。

這時我才眞正理解了教師這個職業的特殊性與神聖性，每個教師無論其自身形象怎樣，無論他們是否意識到，無論他們是否有這種主觀願望，在客觀上，他們都會成爲學生們永遠的記憶。

在我的所有接觸過的教師中，最令我讚歎的是高中時代的班主任，儘管他並不是那種學富五車型的老師，甚至當他遇到生活中的不快之事向我們發牢騷時，我還會覺得他比我們還幼稚，但他卻深得全班學生的愛戴。作爲朋友，他與我們學生一起玩、一起暢談、一起歡樂、一起感歎甚至一起傷感,作爲師長,他成爲班集體的凝聚力量,培養了我們強烈的集體榮譽感。我記憶最深的則是,在當時那個除馬列、毛選之外的一切書都是"毒草"的"文革"時代裡,他卻鼓勵我們什麼書都要看以及建立獨立思考的好習慣,他的這一教誨使我一直受益至今。

好教師可使學生們感受到人性的美好,不稱職的教師卻使孩子們過早地看到和領受了人性的醜惡一面,甚至會因此而毀掉一個孩子的一生。從最近的某報刊上看到,有個各方面都原本不錯的孩子,只是某次當老師把他做對了的兩道題誤判爲錯時,他向老師指了出來,而老師覺得在學生面前丟了面子,不僅當時大罵了他一頓,而且從此以後不再看他的作業。這個學生在無奈中便逐漸變得自暴自棄起來,從最初的不寫作業發展到逃學、曠課,最後被學校除名。一個好端端的孩子就這樣毀在了一個不稱職的教師手裡,儘管這位教師後來想起這件事來很後悔,但那悲劇性的結局卻是他再也無力挽回了。

由於傳統文化的影響,中國的教師是比較講究師道尊嚴的,但是有些老師在維護師道尊嚴時往往過分到失去了原則的地步。記得兒子在上小學一年級時,他靠着字典指出了語文老師的一個錯誤,而老師的回答是,等你來教我的時候還早着呢!兒子回家問我,是字典對還是老師對?我說,當然是字典對。兒子大惑不解了,既然是字典對,爲什麼老師還堅持錯誤?我情知對這麼小的孩子說不清楚便沒有多說,只是告訴他,老師是人不是神,是人就免不了犯錯誤。兒子又提出了更實際的問題,考試時是按字典答還是按老師答?我的回答很明確,要按字典答,不能知錯犯錯。令人遺憾的是,儘管我向兒子強調了我的價值觀,即眞理比分數更重要,但兒子經過一番痛苦的抉擇後,他還是在眞理與分數之間選擇了後者,他說他要按老師的錯誤去做,因爲他不想丟分。我當時眞感到滿心的悲哀，不僅是爲自己的孩子，也爲這一代的孩子，更爲這一代的教師。

有個華裔女孩在美國上小學，有一次老師佈置的作業是，讓學生們找出老師今天講課中的重要特點。這個女孩寫了三條優點，結果得了個不及格，而另一個同學給老師挑了兩個毛病，卻得了全班最高分。

講這個故事的作者是以此爲例來說明，美國的學校如何注重培養兒童的獨立判斷能力和反向思維方式，並鼓勵學生不要盲從書本和老師。由於我對於美國的這種鼓勵學生獨立思考的教育特點早已很熟知了，所以在這方面並沒有太多的驚歎，而這個故事使我產生聯想並萬分感慨的卻是，我們中國教師也會鼓勵學生獨立思考甚至反向思維，但是絕對不會以這種讓學生挑教師毛病的方式來進行。

我小的時候，母親曾再三叮囑我，如果發現老師講課中有什麼錯誤，千萬不要指出來，更不要當着全班學生的面指出來。我現在不由自主地把母親當年的這段教誨又傳給了兒子，真不知有多少代的父母在向下傳遞着這句富有中國特色的至理名言。一般來說，中國人都愛面子，所以，教師不願當着學生的面承認自己的錯誤，主要還是覺得這樣有損自己的權威形象，怕由此會失去學生的尊敬。其實，學生真正看不起的是那些明知有錯卻不認錯的老師，而對敢於承認錯誤的老師卻是非常敬佩的。

我記得自己上初一的那年期末，當聽說老與我過不去的班主任曾經踢了某學生一腳時，立刻覺得自己有了回擊她的重型炮彈。當時的我在那特定年代的熏陶下已是一個寫批判稿的高手，並擅長於在上綱上線的同時保持流暢的邏輯性，總之我精心寫出了一篇以老師爲靶子的批判稿，並當着老師的面在班裡的批判會上唸了出來，周圍的同學都替我害怕，認爲這位一貫厲害的老師肯定要狠狠地整治我，而我則自信稿子寫得高明，只能讓老師心裡不舒服卻不能表露出來。然而，出乎大家意料的是，老師聽完了我的聲討後，非常動情地談了她的感受並非常坦然地承認了自己的錯誤。我當時真是驚得目瞪口獃，這個結果是我無論如何沒有想到的。儘管對老師的恨意猶存，可我還是止不住對老師生出了敬佩之心並開始從新的角度評價老師。到如今，有關這位老師當年是怎麼與我過不去的具體內容，我已經記不清了，但老師認錯這件事卻總使我難以忘懷。

多數人，包括家長也包括教師自己，更習慣於把教師僅僅作為文化知識的傳播者、中介人，而實際上，對於學生來說，教師本身，無論是"言"還是"行"都充滿着真正的教育內容，教師的人格，無論是什麼樣的內涵都會強烈地影響到孩子們的靈魂深處。

在中國，由於長者為尊的文化習俗，教師與學生之間是難得有平等的，在教室這個"獨立王國"裡，教師無疑是執掌生殺大權的"國王"，而這個"王國"則是最容易養成"自以為是"、"唯我獨尊"習氣的地方，在此，教師們難得有機會瞭解和發現自己的缺點，對於教師的錯誤，學生和家長都將避諱直言，以免招來麻煩。至於那些不懂得公平原則、任人為親、濫用權力的教師則使孩子們過早地領略了權力的副面作用並受其污染。因此，教師的自身修養實在是至關重要的大事。

目前我國大多數的中小學校仍然是根據學生考試的平均分來作為評價教師的標準，校領導往往對教師的教學能力非常重視，但對教師的道德修養、人格素質就漠不關心了。然而，孩子們所喜歡的是那些熱愛學生、理解學生、尊重學生、平等待人的教師，面對師德日下的學校，學生們悲呼："合格的教師太少了！"

也許，教育界在教師業務評比中、在計算班級考試平均分時、在統計升學率時、在埋怨家長不懂得教育時，應當開展一場大討論：關於如何當好一名稱職的教師？

家長會怎樣開？

作為家長參加了幾次家長會後，我已經熟悉了學校開家長會的基本程序。先是校長講話，主要是教導家長怎樣教育孩子，都是冠冕堂皇的大道理，認真聽的家長很少。然後是各班的班主任老師講話，主要是介紹全班學生的基本學習狀況，並指點家長如何輔導孩子的學習。此時，所有的家長都豎起耳朵仔細聽，因為老師要表揚一些學習好的孩子，還要把學習差的孩子的家長留下來，兩頭都不是的孩子當然就是中等生。總之，"家長會"的實際目的是，通過校長的發言，使家長瞭解學校的基本要求，通過班主任的發言，使家長瞭解自己的孩子在班級中的學習地位。

我感到，這樣的家長會缺了很多內容，其中最重要的有兩點：一是除了學習狀況，家長瞭解不到孩子以及班集體的其它狀況，包括道德品質、性格發展等等；二是家長在整個家長會上是個被動的"收音機"沒有發言的機會。

從交流的角度來看，目前學校召開的家長會僅僅是單向的，即只有老師向家長單向的信息傳遞，沒有構成老師與家長之間雙向的信息交流。其根本原因是，學校以教育者自居，認定家長在教育方面是無知的，至少是不如教師的，所以，在家長會上只能處於被動"聽"的位置。

其實，在教育孩子方面，即使是有經驗的老教師也會不斷地面臨各種棘手的新問題，如果能把這些問題在家長會上提出，讓所有的家長參與討論，羣策羣力，教師肯定會大有收穫，更不用說眾多缺少經驗的年輕教師，更需要依靠家長的集體智慧來解決各種問題。

儘管素質教育的口號在社會上喊得很響,但在學校裡還是與以往沒什麼變化,教師除了抓學生的學習,並不大關心其它方面。所以,教師在家長會上除了學習狀況因很熟悉而可以大說特說以外,其它方面總是無話可說。

有一次家長會給我的印象特別深,之所以印象深既不是因為校長的講話,也不是因為班主任的發言,而是與會家長的心態。記得那一天,按照學校老師的安排,每位家長都坐在自己孩子的座位上,課桌上放着一張剛考完的數學卷子。很幸運,我的孩子考了100分,作為家長我的心態恐怕是最平靜的,而坐在我後面的是一位母親,她的孩子只得了36分,這對她無疑是一個很大的打擊,她滿臉痛苦地向我訴說着她的震驚與不解。坐在我前面的是一位父親,他看了一眼卷子,就把卷子疊起來塞進兜裡,然後趴在桌上,整個家長會,他沒再抬頭,他的孩子我早從自己的孩子那裡知道是班裡學習最差的學生。

家長會這樣開顯然是不合適的,家長們由此感受到的心理壓力和心理不平衡都將不可避免地轉嫁到孩子身上。誰都知道,我們中國人是最愛面子的,在這樣一個互相比較且對比鮮明的"家長會"之後,家長將以怎樣的心態來對待考試成績不好的孩子那是可想而知的。

在日本,家長會的形式是多種多樣的,除了固定的還有不固定的家長會,包括專題交流會、分組遠足、課外知識交流會以及臨時家長會。有位中國母親提到了她在日本參加的一次難忘的家長會:班主任因尋找一個突然離開學校的學生便安排其他學生上自習,於是引起了家長們的不滿。家長會負責人為此召開了臨時家長會,請老師來說明情況。家長們毫不留情地批評了老師這種不負責的做法,有的家長還當面對老師的資格提出了質疑。老師則不斷地向家長們道歉,表示今後一定杜絕這種現象。

我想，這樣的家長會在中國是絕對不可能存在的。每個中國的家長都明白一個社會通則：老師是萬萬不能得罪的，否則自己的孩子就要受到不公正待遇。所以，中國的家長絕對沒膽量去指責老師，在家長會上也只能是唯唯諾諾地聽命於老師。因此，家長與教師之間的平等交流就不太可能形成。

　　中國的家長在家長會上沒有地位，是因為在教師與家長之間不存在平等關係。對於家長來說，一旦孩子歸老師管轄，自己也就成了老師的部下，需隨時聽命於老師的指揮。

　　家長會到底該怎樣開，我想，具體的形式應當是沒有定論的。然而，基本的原則應當是，有利於孩子的健康發展，有利於教師與家長的相互交流與協作。從學校來看，改進家長會的突破口是轉變"學習第一"的應試教育的觀念，同時要重新定位家長在家長會中的位置。

校園裡的官本位

　　兒子一入小學就迷戀上班長這個職務，不過，在中國的學校裡，班長總是由那些學習和紀律都好的孩子擔當的，而天性活潑好動的兒子，學習是沒問題，可紀律卻始終達不到老師的要求。為了能當上班長，兒子克己復禮三天，杜絕一切來自放縱的快樂與誘惑，卻發現老師對此毫無反應，他仍是與班長無緣。於是，兒子深深陷入到表現好也當不上班長的痛苦之中。我從兒子傳遞的有關各屆班長的信息中意外地發現，所有的班長都是女孩子，於是意識到，兒子的班主任有性別歧視。我把我的發現告訴了兒子，他也有了大徹大悟的感受，同時也徹底絕望了。

　　兒子想到自己的性別是永遠變不了的，終於很現實地放棄了當班長的志向，同時也把奮鬥目標降了一檔而轉換到"組長"上去，因爲"組長"裡有男生。此後，在面對淘氣與當"官"的矛盾中，兒子變得越來越現實了，他的標準也越降越低，無論是在放學的路上於隊列前舉牌子的"路隊長"，還是必須在課間打掃教室衛生的"衛生委員"都成爲他的追求目標，但遺憾的是，最終他還是什麼也沒當上。經過一年多的學校生活，兒子總算明白了自己的形象與班幹部之間是永遠也劃不上等號的。

　　孩子對當"官"的慾望以及當什麼"官"都很滿意的心態，從成人的角度來看是難以理解的，不過，從孩子的角度來看，卻是很普遍的。想起一對老同學，夫妻倆出國後，費了好大勁才把孩子的出國辦好，不料他們的寶貝兒子卻無論如何不肯出國，原因是他爭取了整整三年，剛剛有希望當上小隊長。父母們連哄帶騙把他帶出了國，並送進了美國的一所小學。令父母詫異的是，這孩子只上了一天學就喜歡得不思故土了，原來在美國的學校裡，班長是輪流當的，這孩子驚喜地發現在美國的學校裡，他可以輕而易舉地當上在國內怎麼努力也當不上的班長。

　　美國學校的班長主要的任務是爲全班同學服務，包括發書、發作業、辦各種班級展覽、給同學們讀書等等，所以每個人都能幹。相比較，中國學校的班長其主要任務是幫助老師"管"其他同學，而要管別人，首先就必須先管好自己，否則就沒有資格管別人。所以，中國學校的班長有形象與資格要求，這就注定只有極少數孩子能夠符合當班長的條件，而絕大多數孩子，特別是淘氣的男孩子必然是與班長無緣。從因職設權以及等級性來看，我國的學生幹部建制頗爲近似於成人社會中的"官本位"。確切地說，學校是將成人社會中官本位的組織原則運用到了未成年的孩子身上，而孩子們則在很小的年紀就由此而理解了職權的概念及意義。

　　一些意大利籍的中國父母把自己在國外長大的孩子送到國內，

組織了一個夏令營，希望孩子們能看看自己的故鄉、學說漢語以及瞭解祖國的文化。這些來自意大利的孩子共有九名，組成了一個小集體。按照中國人的思維方式，任何集體都要有個"頭"，於是中國老師希望他們能選出一個班長來管理這個集體的事務。可沒想到孩子們任老師怎麼解釋，仍對選"班長"一事困惑不解。無奈，老師只好指定年齡最大的孩子為班長。不料，這孩子當場一口回絕："我不當班長！我們大家都是平等的，我沒有權利去管他們。"老師問這些意大利的孩子，在意大利的學校裡有沒有班長，孩子們異口同聲地回答："沒有。"最後的結果是，在這個由華裔意大利籍學生組成的小集體中沒有班長。

　　西方的孩子從小就建立了人與人之間的平等意識，相比較，中國的孩子從小就建立了人與人之間的等級意識。在我國，剛離開幼兒園的幼童進入小學後，正是從"班長"這個老師一人之下、同學眾人之上的職務中懂得了權力及等級的概念。即使是年僅七八歲的孩子也會無師自通地利用班幹部所擁有的權力，給自己和好友以方便，同時給異己的同學以報復。也就是說，成人社會中官場上的爭鬥同樣發生在孩子們的學校生活中。毫無疑問，我國的學生幹部建制為幼小的孩子們上了瞭解中國社會人與人之間等級關係的第一課。

　　客觀而論，我國中小學生的學生幹部制度是相當完整而統一的，從實質上看，班幹部的建制就是學生的自我管理體系。從學校來看，無論是老師還是學生都普遍認為，班幹部是作為老師的助手而參與班級的管理事務，即班幹部的建制是與班級管理及班級秩序密切相關的。如果像意大利的學校那樣沒有班幹部，中國的教師一定會感到難於管理眾多學生；如果像美國的學校那樣班長輪流當，中國的教師又會擔心由那些組織能力不強的孩子當班長時，將影響班級各項工作的總體表現。總之，中國學校的教育工作者更多地注重於學生幹部在班級事務中的管理作用，而常常忽略了班幹部這一角色在人的塑造方面所能起到的心理作用。

記得當年我上初中時，剛一入學老師就啓用了一名以好打架而著稱於小學的男生作爲班長，結果三年中，這男孩不僅沒打過一次架，而且各方面的表現均名列前茅。很顯然，這位老師深知"班長"這一角色的心理作用，而事實也證明了老師的"預謀"是成功的。

人們在扮演任何角色時，都會自覺或不自覺地按照這一角色在公衆心目中的形象來要求自己。一個人在扮演父親的角色時，會在子女面前很自然地以符合父親形象的方式來行事；一個人在扮演教師角色時，會在學生面前盡力爲人師表。"班長"在孩子們的心目中是應當處處起表率作用的，所以當上班長的孩子總會在各方面都盡可能地嚴格要求自己。

擔任班幹部除了使孩子能比較自覺規範自己的行爲外，還能培養很多有益的能力和個性品質，如組織能力、籌劃能力、責任心、集體榮譽感等等，所以，班幹部是一個有利於孩子能力發展的角色。長期以來，我國中小學各班的班幹部都是以老師指定爲主，同學選舉爲輔，班幹部的任期也往往相當長，一般只作小的調整而不作大的變更，居然也像成人社會中的職務官銜一樣，只要不犯大錯便只"升"不"降"。所以，有的孩子會在整個學生時代從始至終地當幹部，同時也有相當多的孩子從未當過幹部。

從素質教育的角度出發，學生幹部的選拔式建制應當改變爲輪流擔當制，以使每個孩子都能從擔任班幹部這一角色中受到鍛煉。這樣的改革需要我們的教師有一個觀念上的轉變，即學生幹部的建制不僅是學生的自我管理體系，而且也是鍛煉孩子能力的機會，這個機會每個孩子都有獲得的同等權利。班幹部的輪流擔當制由於使每個孩子都有鍛煉的機會並從中受益，從而達到了使所有孩子的能力都能得到普遍提高的目的，這樣才能真正體現教育要面向全體孩子而不是少數孩子的素質教育的基本方針。

任何事物都有正負兩面的效果，長期當班幹部對能力的培養確實是有利的，但同時也容易出現一些不良的心理狀態，如虛榮心、嫉妒心、好表揚、怕批評、自我中心等等。實際上，一些長期當學生幹部的孩子往往就是心理素質不良者。客觀地說，學生幹部這一角色是滋生某些不良心理品質的溫牀，而"班幹部輪流擔當制"則可有效地解決這一問題，使孩子們既能鍛煉能力，又能避開構成不良心理素質的誘因。

學校教育從應試教育向素質教育轉軌，不僅要改變不合時宜的教育觀、教學內容，還應當改變現有的學生幹部建制，以使素質教育能從全方位展開，並從多方面獲益。

小學題難倒留洋博士

某日，有位留德的博士因看不懂兒子的數學作業，打電話問到我這裡，當時我暗笑這博士也太笨了，居然看不懂小學二年級的數學題，待問出那題來才發現我這個自認為理解力高強者面對小學二年級的數學題也同樣是不知所云，原來這是一道在多處被挖去若干字的文字題，看着那一個接一個的空括號，真有些感歎自己的理解力不夠用。

以我和我的同代大學生的學習體驗來說，各學校階段的數學以大學的高等數學最容易，中學的初等數學次之，最難的卻是小學的算術，這樣的說法聽起來似乎顯得很滑稽，而實際上確是如此，我們的小學生們常常要致力於一些連大學教授都必須費盡心機才能求解的算術題。

現在的小學數學的確比我們這一代小時候學的數學要難多了，遺憾的是難的內容不是在縱向上而是在橫向上，即加進了許多與實際應用毫不相干的繁瑣內容。譬如，以前的小學數學只有除數與被除數之分，而今在小學二年級又加入了乘數與被乘數之分，使原本簡單的乘法概念無端地變複雜了。以往不知多少代的小學生是在乘法交換率的規則下自由地互換着乘號兩邊的數字，而今不知曾幾何時，孩子們在列即使是非常簡單的乘法算式時也要猶豫於何數在前何數在後，即分清誰是乘數誰是被乘數，這對於讓學生盡快掌握乘法概念並學以致用來說無疑是一種阻礙。這樣的教學方向不知是讓孩子們的數學概念變得越來越清楚還是越來越糊塗。

我國的數學教學歷來是中學教代數，小學教算術，兩者的界限分得很清。結果小學中的很多應用題用代數的方法本可一步就能做出來，卻要求學生用算術的方法花三四步，甚至五六步去解。其結果是，小學中的許多應用題令眾多擅長代數又不通算術的成年人束手無措，更令中等以下智力的孩子視為畏途。實際上，我們完全可以較早地用代數方法取代算術方法，或者是把算術不易算的題留到學了代數以後再解算。科學的進展使我們今人在積累知識方面比前人有着更大的負擔，因而刪減知識的積累量是一個必然趨勢。

從目前小學的數學教材來看，一方面是難度大，一方面是進度慢，這兩個特點看起來似乎很矛盾，其實癥結只有一個，即對數學抽象概念的過度強調，加大了學生的理解難度，同時也妨礙了對基本運算的快速掌握。也就是說，屬於數學概念部份的內容，講得太細、太多、太難，與此同時，屬於基本運算部份的內容，講的內容太少、進度也太慢。其結果是，花了大量的課時，孩子們的數學基本運算能力卻提高緩慢。

從實質來看，我國中小學的數學教材不是偏難或偏易的問題，而是存在着嚴重的觀念問題，即義務教育階段，數學教育到底要達到什麼目的,我們到底要培養學生什麼樣的數學能力。從道理上看,就義務教育階段來說,特別是小學階段,數學應當是一門實用性很強的基礎學科,我們應當教會孩子的是如何運用基本的四則運算解決生活中的實際數學問題。然而,目前我國小學的數學教材側重的是抽象的邏輯思維。譬如,某小學一年級的數學測驗,僅考五以內的加減法居然考出了十幾種題型,這些彎彎繞的數學題能讓大部份明明已會進行基本運算的孩子也要大錯特錯乃至不及格。看到這樣的考卷,我真對教師的出題能力佩服至極,並驚歎道,連五以內的加減法都能變換出如此多的花樣來,其它程度的數學考卷將是怎樣地令人折服就可想而知了。

出彎彎繞的考卷,做彎彎繞的習題,這是我國數學教育的傳統,也是應試教育的必然產物。這種數學教學傾向在我國是非常普遍的,也無疑是一種嚴重的誤導,不僅是挫傷了孩子們學習數學的自信心,同時也誤使孩子們認為數學是一門遠離生活實際、抽象難懂的高深學問。

數學教學抽象化、繁瑣化的傾向意味着,所有的孩子從上小學一年級起就要為成為一名數學家而做準備,所以即使是五以內的加減法也要讓學生們體味到數學的高深莫測以及使他們折服於那些永遠也解不完的謎題。從現有數學教學的實質來看,我們的孩子學習數學不是為了解決實際生活中的數學問題,而是為了應試及參加競技性的各種比賽,拿國際數學奧賽金牌則成了我國數學教學的最高目標。毫無疑問,這種以數學競技、數學比賽為目標而忽視應用性的教學方向是與面向全體學生的素質教育目標相背離的。

教材改革的前提還是端正觀念,否則,一提數學教材改革就全面降低難度和教學進度。實際上,需要刪減的是那些為當數學家而做鋪墊的理論性知識,實用性的知識不但不應刪減反而應加強。我們應當使孩子們能夠盡快盡早地具備數學運算的基本技能,並以此作爲工具而運用到實際生活中。

　　某日，剛上三年級的兒子愁容滿面地對我說，老師讓預習新課文，可這篇課文他根本看不懂，於是認爲這篇課文不像三年級的課文而像六年級的課文。我滿心疑慮地打開他的語文書，仔細看了這篇題爲《兩袖清風》的課文，內容是有關明代的民族英雄于謙如何清廉爲官，如何不送禮行賄。課文很短，但兒子不懂的詞彙卻很多，包括清廉、貪官、行賄、巴結、討好、兩袖清風等等。我眞是大惑不解，八歲的兒童有必要學習和理解這樣的內容嗎？他們能對這樣的課文感興趣嗎？"廉政"無疑是成人世界的重要問題，但卻是孩子們理解不了也沒有必要理解的問題。我們的語文教材明明是寫給孩子的，可從語言到內容所展現的卻完全是成人的世界。實際上，長期以來，我國的語文教材一直是讓生活在兒童世界的孩子們用成人的思維方式、成人的語言習慣以及成人的價值觀念來理解成人的世界，這樣的語文教材對孩子們難以產生吸引力是必然的。

　　我國中小學語文教材中的缺陷已爲衆多有識之士所指出，也到了非改不可的程度。實際上，語文教材的缺陷反映的是教材編寫人員的觀念缺陷。在義務教育階段，語文教學應主要培養學生的三項能力：文字閱讀能力、基本寫作能力、文學欣賞能力。然而，當今的語文教材的某些選材卻無法達到上述目的。要培養學生閱讀能力首先必須培養學生的閱讀興趣，這就要求課文要有足夠的趣味性、可讀性，而今天的中小學語文課本到處都充斥着枯燥乏味的篇章，難怪語文課總是令絕大多數學生厭煩。要培養學生的基本寫作能力首先要培養良好的文風，而一些堆砌華麗詞彙的課文則培養了華而不實、假大空的文風。要培養學生的文學欣賞能力，則需要課文不僅有可讀性、良好的文風，還要有一定的文學水平，而我國的語文課本中包含了太多的政治、倫理、道德說敎，選編者考慮了太多的政治價值、倫理道德價值，卻很少考慮文字的審美愉悅價值。作爲教育者，我們似乎不太懂得運用文字本身的感染力和內在的魅力來達到向下一代灌輸價值觀的目的。

最近我看到，越來越多的孩子從小學低年級起就上校外的業餘作文補習班，我很奇怪，我國中小學特別是小學的語文課時所佔的比重相當大，已大到使孩子們沒有足夠多的時間開展課外閱讀、吸收科普知識、培養動手能力的程度，可孩子們為什麼還要利用有限的課餘時間在校外補習校內的教學內容？帶着這個疑問我採訪了一些學生家長，有的家長告訴我，學校老師教的作文水平太低，結果孩子不僅怕寫作文、不會寫作文，而且總是寫不出任何像樣的文字；有的家長甚至說，學校的老師根本不教作文。這一現象很令人深思，寫作能力既是語文課的基本教學內容，也是一種基本的生存技能，如果我們的孩子在學校裡花了大量的時間學語文卻還需要到校外去補習，那麼語文課的教學效率就值得大大懷疑。

我經常接到一些大學生的來信，他們把我當成了報刊編輯，寄來自己寫的稿件希望我能推薦發表。使我驚訝不已的是，這些其語文水平已被當今的高考制度認可了的大學生，所寫的文字之空洞、內容之貧乏，到了令人難以置信的程度。而我們的學生真是可憐，他們為了渡過高考大關，在無話可說的情況下不知絞盡腦汁地編造了多少專用於應試的作文，可一旦他們想用文字來表達自己的真實感受時，卻發現自己根本不具備基本的寫作能力。

從目前的教材來看，最本質的缺陷反映在編寫人員對知識的理解有誤，似乎認定學校向學生傳輸的知識應當是抽象的、遠離生活的。學校教材缺乏實用性的導向，其根本原因在於，我們是把知識束之高閣來仰視而不是作為工具來學以致用。

我們的孩子們從上學的第一天起不僅要為做一名數學家而發奮努力，而且與此同時，他們還要承擔許多文字學家、修辭學家的任務，先是要繁忙於記憶字的偏旁部首、筆畫筆順，繼而是要學習各種修辭手法並運用到"八股"作文中去。從實際效果來看，我們的學生在中小學階段都在忙於做"大學問"，可很多與實際相連的能力他們卻不具備。

記得幾年前在火車上，發現三個波蘭小夥子能流利地說中文，於是好奇地問他們學了多久的中文，回答居然是兩個月，令我驚訝無比。聯想到自己學了十幾年的英語，卻說不出幾句像樣的話來，不由地開始懷疑自己的外語學習能力。

仔細觀察和比較西方人與中國人在學外語方面的差別，不難發現，西方人擅長於聽和說，而中國人則擅長於讀和寫。西語由於是拼音文字，故易於拼讀，而中文屬象形文字，易於識記。語言本身的特點必然影響到東西方人在語言能力上的傾向性。然而，最大的差異還是反映在外語學習的觀念上。西方人認為，學習外語的目的是進行面對面的交流，由此，西方人學外語特別注意口語訓練。相比較，中國人認為，學外語的主要目的是成為一個"識文斷字"的人，所以，中國人學外語注重閱讀以及通過閱讀這一渠道來獲取信息。

外國人僅學兩個月的中文，就可以進行基本對話，學兩年則足以達到交流的目的，而我們的學生即使學了二十年的外文，卻仍是啞巴、聾子、半文盲。我們的外語教學向學生們展現的是永遠也背不完的生詞，永遠也無法靈活運用的語法規則以及永遠也做不完的填空練習。一篇文章被挖掉若干字以後，即使是母語也會產生諸多歧義，而我們的外語老師們卻總是熱衷於帶着學生們做這種語言遊戲。

實質上，西方人是將外語作為一種交流工具，而中國人是將外語作為一種學術知識，乃至一門學問。正因為如此，中國人常常是在說不出幾句地道的外語的同時，卻具備了很多只有語言專家才知道的語言知識。

知識是源於生活並服務於生活的，因而無論是數學、語文，還是外語都僅僅是一種工具，在現代社會，這種工具性不僅是中小學教育的基本特點，而且是大學乃至碩士研究生教育階段的特點。這就是說，做數學家、文字學家、語法專家永遠是少數人的事業，我們絕大多數人則是將知識作爲工具來解決社會生活和工作中的各種實際問題。尤其是義務教育階段，學校教育的目標是培養具備基本知識技能的一般社會成員而不是某一領域的專家。

　　據某項調查，目前我國中學生的現代科技知識的獲得主要是來自媒體而不是來自學校，這說明了我國的學校教育脫離實際，不能爲學生提供現代社會所必需的科技信息與基本知識。另外據報道，我國在國際奧賽上的優勢都是在理論項目上，而在實驗項目的成績卻遠遠低於一些西方國家，這就是說，我們的學生在考場上的理論優勢是以實踐能力低下爲代價的。毫無疑問，這是我們的教育長期無視知識的工具性所帶來的必然後果。

　　我國的中小學教育是緊緊圍繞教材開展的，因而教材的導向性是必然的。教材的改革應以義務教育的目標爲方向，而加強實用性、縮短有效知識的積累進程則應當成爲中小學教材改革的一個注重點。

素質教育的困境

　　目前，中國的教育改革形勢喜人，在空喊了幾年的素質教育口號之後，教育制度的改革已有了明顯的大動作，包括高考社會化、與中學脫鈎，取消重點中學，小學升初中就近入學，以及在部份地區的小學取消百分制。

　　由於小學離高考較遠，所以成了教改的主要試驗田。上海的教育改革走在了全國的最前列，上海靜安區率先在所有小學的各年級、各科目取消了百分制，繼而北京市的海澱區全區156所小學的10萬小學生告別百分制。取消百分制則意味着，改革原有的考試評價制度並實施新的考試評價標準。

北京崇文區光明小學在一年級取消百分制，實行"樂考"，具體內容是，讓學生在語文、數學、特長這三大類中自選，譬如"特長"，可以是琴、棋、書、畫，也可以是某種體育項目，甚至翻個跟頭都行。而語文、數學的考試分爲三種不同難度的卷子，可由學生自己任選，考試時還可以互相討論。評比不用分數，而是用鼓勵性的評語。光明小學實施"樂考"，其目的是讓不同類型的孩子都能在一個寬鬆的環境中產生學習的樂趣，從而體會到成功的喜悅。

上海實驗學校是十年一貫制的學校，該校實行"百分制"加"學習能力綜合測評"的方法來進行學業評定。所謂"學習能力綜合測評"，是由學生自己選題，自己蒐集資料，然後經分析、判斷而寫出論文，最後當眾答辯。

所有這些改革措施都意味着我們已開始反思傳統的教育制度，並開始重新理解學業評價的作用和手段。然而，目前在新聞媒體中顯得很熱烈的素質教育在絕大多數學校的教學實踐中卻陷入了相當大的困境。

當北京市剛一宣佈取消小學升初中的考試，學生就近入學時，我以爲小學高年級的學生們該鬆口氣了，可是一問起來，都說更緊張了，因爲每個學校都有一定比例的推薦生、優秀生可以進重點中學，這樣一來，不僅學業一點不能放鬆，同老師和學校的關係也成了重要的關鍵，這比起靠自己的考分來擇校則有着更大的心理負擔。

緊接着，北京市又宣佈取消重點中學，我以爲學生們該徹底輕鬆了，可是發現小學高年級的學生們在雙休日、假期裡都揹着書包上各種各樣的補習班,他們不是去學音、體、美,而是去學語、數、外。我很奇怪地問這些學生,學校裡有的課程,為什麼還要到校外去學,尤其是語文和數學,就我所知,這兩門主科在我國的小學校裡其課時已多到該精簡的地步了。意想不到的是,孩子們告訴我,學校的課程太淺了,校外的補習班上的課程比學校難。我還是不解,既然取消了升中學的考試,又取消了重點中學,還有什麼必要學那麼難呢?小孩子們給我講了大道理,原來有些中學宣佈自己是特長學校,譬如外語特長,由外教來上外語課,入學則要求考試,而考試的科目與以往的通考一樣,大三門:語、數、外。不僅如此,除了考試之外,還要收上萬元的學費。

這真是上有政策,下有對策,各學校在什麼情況下都能巧立名目使自己成為學生競爭的目標。於是,學校內減輕的負擔,孩子們又到學校外重新補上。目前的現狀令人無法不感歎,素質教育每推行一步都步履艱難,困難重重,而每一個改革措施經過緩慢的醞釀過程剛一實施,馬上就有應試教育的新對策快速產生並將新的改革措施在極短的時間內就變得名存實亡。

多少年來,教育沿襲以往,缺少變革,造成了今天積重難返的現狀。改革難以實施的因素是多方面的,其中主要包括:

1. 教育體制改革不配套。

全國的教育體系大一統的格局使教育機制缺乏靈活性,牽一髮而動全身,使得任何微小的變革都很難得以推行。考試制度尤其是高考目前還沒有實施與素質教育相配套的根本性改革,使中小學的教育方向很難向素質教育轉軌。

素質教育的真正難點是在中學,高考是不容迴避的教改焦點。取消傳統的考試形式和百分制,就意味着學生不具備參加高考的應試能力,因而,在高考不變革的前提下,素質教育在中學,特別是高中是很難施行的。由於高考沒有改革,仍然是應試教育的產物,人們要渡過高考大關，就必須沿襲傳統，走應試教育的老路。結果是，初中是素質教育，高中是應試教育，抑或高中的頭兩年是素質教育，後一年是應試教育。由於高考的總目標並沒有變，所以應試教育就不可能被取消，課程也不可能減少，如此一來，與應試教育沒有直接關係的素質教育便成了師生們的額外負擔。其結果是，很多學校不得不"兩手抓"，一手抓素質教育以應付上級部門的檢查，一手抓應試教育以提高升學率。高考無疑成了素質教育最大的障礙，而當素質教育作為應試教育的對立面並最終成為高考的對立面時，素質教育的困境將成為必然。

除了高考制度的限定之外，社會人才管理體系的非科學化也是一個重要的影響因素。目前，社會用人單位盲目追求高學歷的這種人力資源高消費傾向，使低學歷的人難以有更多、更好的就業機會，從而使學歷成為人們求得好生存的基本條件。

另外，校際之間差異的存在，構成了學校單設考場、借機創收的資本，以及家長擇校的動力。於是，取消小學升初中的考試、就近入學等改革措施必將名存實亡。

2.教育理論研究落後。

由於沒有系統、完整、配套、操作性強的教育理論作指導，素質教育到了基層學校就只剩下一句空洞的口號。我國的教育理論研究隊伍龐大，但成果甚微，教育研究長期脫離教育改革的實踐。理論研究本應當作為指導而走在教改之前，可當今天一系列的教育制度改革出籠時，教育理論界卻還處於一片茫然之中。教育理論的落後使教改的盲目性成為必然。

目前很多學校的素質教育就是在課餘搞更多的文體活動，在必修課不減，選修課和業餘活動不斷增加的情況下，學生的負擔則必然是隨着素質教育的推行而有增無減。由此，無論是學生、教師，還是家長都開始提出疑問，什麼是素質教育？素質教育的內涵是什麼？

素質教育是與應試教育針鋒相對的，從學習能力角度來看，應試教育重在培養考試得高分的能力，素質教育則是重在培養能使學生受益終生的多方面能力和素質，包括學習興趣，好奇心，探索慾，獨立學習、獨立思考的能力，動手操作能力，判斷力，想像力等等。具體地看，在中小學階段，涉及到計劃自己活動的能力，確定所學教材中本質內容的能力，從書本和其它各種信息來源中迅速找到對自己有意義的內容的能力等等。

中小學生的課業負擔重，主要是學校太注重機械記憶訓練，總是習慣於給學生留大量的重複性強的作業，並刻意要求學生記憶背誦大量的死知識。我們中國的學校一貫以傳授書本知識為傳統，而很少關注於如何培養和發展學生解決問題的智慧和本領，更不會關注於發展學生的創造性思維能力。

在諸多能力中，創造能力的啓蒙是十分重要的，然而，如何在初等教育中啓發和培養這種能力則是我國中小學教育的新課題。從現有的研究結果來看，創造力的啓蒙首先是培養兒童好問的習慣，發展好奇心；其次是鼓勵兒童的新奇念頭、別出心裁的言行和豐富的想像力；第三是避免兒童產生迷信權威的想法，提高獨立思維和判斷水平；第四是鼓勵兒童建立自信，勇於嘗試，勇於探索新的認識途徑。不難發現，要做到這幾點，必然要求教師在教學中多傾聽、多觀察及保持沉默，這與我國教師的一貫做法是相背離的，另外，也是與我國歷來的課堂紀律要求、傳統的教學方法以及考試方式相矛盾的。實際上，我國現有的教育體制是與培養學生創造力相對立的。

如果以素質教育這一準繩來衡量現在學校的課堂教學，需要改革的內容實在是太多了，尤其是在主科的教學當中。其中包括教材的改革、教學方法的改革以及課程安排的改革。具體地看，最需要改革的有："一言堂"、"滿堂灌"式的傳統教學方式；抑制學生思維和想像自由發揮的傳統課堂紀律；以課本為學校全部學習內容的傳統教學目標；劃分少數學科為主科並以主科成績評價學生優劣的傳統的學科等級觀念；以單一的考試成績分數評價學生學習成績的傳統的考試評價標準。

過度強調主科、忽視副科在各級學校裡都是極普遍的現象，一到期末，所有的副科都提前一個月結束，為主科的復習考試讓路。即使在平時，主科擠佔副科的課時也是司空見慣的。有的學校除了每週一至二次的體育課以外就沒有任何體育活動了；有的學校則從未搞過任何文藝活動，即使到了"六一"兒童節，也只是讓學生們坐在電視前看演出。難怪孩子們說，"在學校過兒童節真沒意思，像什麼都沒過一樣。"

3. 教育者的教育觀念滯後。

教育者包括學校的管理者、教師以及學生家長，他們是實施教育的主體。我國目前各級學校的管理人員特別是校長的理論素養普遍有限，無法適應現今的教改形勢。試想，如果一個學校的校長自己都搞不清什麼是素質教育，又如何在學校組織素質教育的教學、開展素質教育的活動以及進行素質教育的評價？長期以來，我國中小學校的校長都忙於傳統的應試教育的教務活動，並在其中深受訓練，如今卻要一下子充當素質教育的主角，要率領全校師生圍繞一個新的目標開展教學活動，教育觀念上的轉變已頗有難度，而管理能力上的轉變更是談何容易。同樣，學校教師一直是以應試教育的教育觀念和教學方法為指導來進行課堂教學的，他們受過大量的作為應試教育系統的教師必備的職業培訓，並在年數不等的教學實踐中深化了與應試教育配套的教育觀念和教學方法，如今卻要在缺乏與素質教育相匹配的各種思想觀念和教學能力的基礎上，對學生進行素質教育，其效果是可想而知的。

素質教育的根本不在形式而在內容，譬如發展學生的業餘音樂素養，這聽起來無疑是符合素質教育內涵的。但是，當"特長"可以"加分"，特長生可以進好學校的規則一宣佈，家長們迫使自己的孩子在完成學業之外，又刻苦地學習"琴業"並忙於"考級"時，"特長"的培養已不再屬於以培養文化素養為目標的素質教育，而演變為以升學為目標的典型的應試教育。

　　同樣，取消了百分制是否就意味着孩子們徹底擺脫了分數的壓力？這是很值得懷疑的。譬如某學校，老師以前向學生宣佈 95 分以下算不及格，結果得了 94 分的孩子還會痛苦不堪。現在老師又宣佈，作業得不了"優 A"的學生要把作業重新做一遍，結果已得到"優"的孩子還是憂心忡忡。看來，教師的觀念不改變，百分制的弊病在等級制裡同樣會出現。這個事例警示我們：對於諸如取消百分制等一系列的教育改革措施，我們不能樂觀得太早了，如果學校教師原有的應試教育的觀念沒有真正被素質教育的觀念所取代，在改革後的新制度中照樣可以使應試教育暢通無阻。毫無疑問，任何形式的改革都將面臨着"換湯不換藥"的結局。

　　素質教育首先向教師的自身素質提出了高要求，教師的教學能力不僅體現在知識的傳播上，更重要的是體現在如何培養學生獨立分析、判斷、思維的能力，動手能力和創造能力。教師必須站得高、看得遠，隨時準備接受最新知識和新的教學方法，並能不斷充實和調整學生的知識結構。另外，教師要培養學生的創造精神，自己必須首先具備創造精神，應當是樂於在教學中從事創造性的研究活動，並能隨機應變，尋找恰當的教學方法。總之，教師必須具備相當的素質和能力，否則學生的素質教育和能力培養都只能是一句空話。

　　從目前來看，教育制度的改革已經逐步開始，現在急需的是教育理論要跟上，要能研製出一整套切實可行的學校管理方法和課堂教學方法，以及產生出適應素質教育的新教材；其次是對所有的學校管理者和教師進行在職培訓，包括教育觀念和教育理論，也包括教學技巧。總之，與素質教育相適應的教育制度已開始推出，但與素質教育相適應的合格的教育者卻大規模地缺乏，這是教育改革正面臨的一大難題。素質教育當務之急的是在校長、教師中開展，作爲教育者必須首先從根本觀念上向素質教育轉軌，否則應試教育會以新的形式在素質教育的招牌下繼續起主導作用。

考試弊端與能力缺陷

現在的學生知識面窄是一個極爲普遍的現象，這無疑是現行考試制度的必然產物。本人隨意調查了一些中小學生，超過80％的學生除了課本以外其它書一概不看，回答的原因一是沒時間看，二是沒興趣看。筆者認爲，學生不看課外書無論是"沒時間看"還是"沒興趣看"都標示着我們現行教育的失敗。我又查看了一些小學生的書架，發現上面90％的書是各種補習輔導類的習題集和作文範文，而與學校課程無關的書難得見到。

在調查中發現，說起作文來，孩子們對作文題目的類型和寫作模式都非常熟悉，一位上小學四年級的男孩甚至非常具體地告訴我，寫什麼樣的作文需要用什麼樣的開頭、什麼樣的結尾以及使用什麼樣的形容詞，令我驚呼八股文的復甦。實際上，絕大多數孩子都是在沒有任何眞實感受的情況下按照標準的寫作模式和配套的遣詞用語坐在家中閉門編造作文。對於這種現象的形成，學校的教師有着不可推卸的責任。如今，在中小學的語文教學中，諸如主題精神、段落分析、結構安排之類的傳統教學法，把生動有趣的文字語言都變成了乾巴巴的八股行文。另外，鼓勵學生模仿範文，爲應試而練習模式化寫作,都是導致新時代八股文泛濫的根源。由此,值得我們憂慮的是,現行的語文考試和語文教學實際上是鼓勵了不良的文風,無形中也促成了新一代八股式考生的出現。毫不奇怪的是,由於學生們為了對付考試,只是一味地研習、模仿各種作文的範文,因而既缺乏用生動語言表達自己真實感想的能力,更缺乏大量閱讀優秀的中外文學作品,缺乏對人類優秀文化遺產的學習與吸收,所以當今中小學生的寫作能力、閱讀能力及對文字的欣賞能力都普遍較差。

　　在此,我並無意貶低範文,不是說被稱作"範文"的作文寫得不好,而是覺得大多數的範文寫得太"規範"了。為應試而寫的作文,大都有着八股式的文章結構,高、大、全的思想意境,似曾相識的遣詞造句,結果難免給人以矯揉造作之感。孩子們自己的語言其實很豐富,也很生動,可一寫作文卻總喜歡或拿腔作調,或原封不動、鸚鵡學舌般地抄別人。其實,這是學範文學出來的毛病,因為正是以範文為榜樣使孩子們在寫作文時,首先想到的不是自己想說什麼和怎樣說,而是該怎樣按照範文那樣去說。鼓勵學生多學範文最大的危害就是,誘導了學生在寫作文時傾向於模仿與抄襲。記得前不久,電視裡播一個關於素質教育的新聞調查片,其中有一段內容是某中學生在課堂上唸自己寫的作文,這無疑是範文了,可我一聽,這位中學生正讀的那幾句居然是某暢銷雜誌上轉載的一篇文章裡的精彩片段,這雜誌偏偏就在我手頭,翻開一看,一字不差。

　　抄成人達到發表水平的即成之作,對於中學生來說,這的確是投入少、產出大的便宜事,只要抄得巧妙,那埋頭於作業本堆中而無暇看大量讀物的語文老師是難得發現的。但是,靠抄襲的方式來寫作文對提高自身的寫作水平來說是毫無益處的。

　　寫作文的重要性是無需贅言的,每個學生都知道這是中考、高考必過的關卡。然而,絕大多數學生還只是把寫作能力視作應試能力，似乎考完大學，寫作能力就算完成歷史使命了。其實，寫作能力是一種生存能力。對於立志從文的人來說，寫作能力無疑是掙錢的本錢；對於立志搞研究的人來說，論文的質量依賴於寫作能力；在機關裡工作的人更是每日公文寫作不斷……

對於學生來說，寫作能力的培養不僅有利於考試的中榜、求職範圍的拓展等中期和遠期目標的實現，而且有利於思維訓練這一近期目標的達成。寫作其實就是把自己心中的所想寫出來，如果寫不出來，說明缺乏思考，如果寫得困難，說明思維不清晰。因此，寫作的過程實際上是開展思維、整理思維、深化思維的思維訓練過程，而一定的思維水平是任何人在任何職業中取得成功的基礎。

從知識結構來看，現在的中小學生有兩大缺陷，其一是科普知識缺乏，因爲考試不考這方面的內容，於是，老師和學生都不注意這方面知識的接收與積累。儘管在小學的課程表裡就有"科技課"，但由於屬副科，故不僅課程內容有限、課時有限，而且經常被其它主科擠佔。結果學生們雖生活在科學技術飛速發展的現代社會裡，卻不僅對各科技領域的前沿知識一無所知，而且對日常生活中的一般科普知識也缺乏應有的瞭解；其二是實踐類的知識缺乏，我國的各級學校教育都十分注重書本知識，注重培養學生用腦、用眼、用口而不注重用手，因而中國學生的動手操作能力普遍很差。

我國中學生在國際奧林匹克學科競賽中的成績儘管比較突出，但我們的優勢僅僅是在理論考試中，而需要動手能力的實驗科目卻是中國學生明顯的弱項。譬如，在1997年的國際奧賽中，物理學的實驗科目滿分是20分，我國中學生最高得分僅爲15.5分，而國外中學生最高得分達19分；而化學的實驗科目滿分爲40分，我國中學生最高的才拿到18分。我國學生動手能力差這一現象，不僅僅說明我國學校教育的實驗教學薄弱，更重要的是表明我們的教育觀念和教育體制都存在着重大偏差，即忽視實用知識、實用學科以及實用技能。

在我國，不要說中小學，就是大學，實驗類的課程對大多數專業來說都是考察課，即不進行正規的考試。考試對學生的學習傾向具有明確的導向作用，這是確定無疑的，當我們的考試只採用一種閉卷筆試的形式時，必然促使學生把注意力集中在只適應於這種考試形式的理論知識上，而忽視這種考試形式無法檢驗的實踐類知識。按照我國傳統的教育觀念，實驗課的地位總是低於理論課，動手能力的訓練總不如動腦能力的訓練受到重視。

從思維結構來看，當今的中國學生其思維的發散性、靈活性及獨創性均較差，學生們關心的是標準答案可能是什麼而不是自己的真實想法到底是什麼，如此便難以形成獨立思考的習慣，更談不上培養靈活、開闊、獨立自主的思維能力。在某大學，某教授有一次出了一道被他認為是"白送分"的考題，即讓學生自己出題再自己做出來。出乎教授意料的是，全班沒有一人做出了這道考題。於是我們發現了一個事實：在揣測老師出題方面技藝高超的中國學生，自己卻不會出題，哪怕是極簡單的題。對此，我們不能不提出一個疑問：這樣的學生能有創造力嗎？

人類為了識別與選拔人才而創造了考試這種形式，可隨着考試制度的日益完善，隨着考試形式的日益標準化、模式化，考試已越來越不能實現它的初衷了，即考試手段對於人才選拔來說其作用是有限的。譬如，為了便於評卷，考試必然在內容和形式上都趨向於某種定型化的模式，而學生們為了應付考試則不得不研習歷屆考題，揣摩窺測，死記硬背。由此，考試必然趨向於把人培養得循規蹈矩、缺乏活力，而追求統一標準答案本身就是束縛人的思維，即構成求同式思維，而不是求新求異的創造性思維。

我們不難看到，考試發展到今天已經成為一門獨立的學問，需要考生從學習內容、學習方法到思維方式都必須進行全面的應試訓練。因此，當今的考試其功能已經遠遠超出了單一的評價功能，它已經通過制約教學內容、限定學習方法而決定了受教育者的思維方式，乃至決定了他們理解外界的認知方式。也就是說，考試已經通過其固有的考試形式、考試的評分標準而限定了受教育者的知識結構、思維結構，即確定了一代人的智識類型。

如今，隨着素質教育的宣傳和推行，改革現行考試制度的呼聲越來越高，人們已經開始意識到現行考試制度的諸多弊病，很多地區、學校採取了減少考試次數，甚至取消考試的改革措施。然而，需要我們教育者統一認識的是，考試的選拔、評價功能是不容忽略的，所要改革的只是考試的形式和考試的內容，尤其是考試的評價標準。

考試的評價標準其實是由教育觀決定的，即我們要強調哪些教學內容和注重培養學生的哪些能力決定了我們採取什麼樣的評價標準去衡量。總結我國以往的教學狀況不難發現我國中小學教育的三大傳統，即強調基礎知識的反復訓練、重視認真謹慎的學習態度、將課本作為教學與考試的唯一內容和最大範圍。這三大傳統的長處不再贅述，在此僅論及對學生的負向影響：(1) 簡單重複式的反復練習，把新奇有趣的知識變成了枯燥乏味的機械訓練，使學生對學習產生厭煩心理，遂導致厭學乃至學習興趣的全面喪失；(2) 重細節求完美的考試傾向，把學生的注意力過多地引向枝節問題，驅使學生走向謹小慎微而忽視了對知識的整體結構的掌握乃至缺乏宏觀認識和靈活運用所學知識的能力；(3) 不出課本範圍的考試內容，無形中鼓勵了學生死讀課本，把全部的注意力和學習時間都花費在有限的課本知識裡，造成了學生求知興趣狹窄、閱讀範圍狹窄、知識範圍狹窄的後果。

毫無疑問，目前我國各級學生現有的知識結構與現代社會對人的知識結構的要求是不相符的，學校的教育改革的確是勢在必行。

當然，由應試教育走向素質教育需要改革的內容很多，但是改革傳統的考試制度卻是至關重要的，因其指揮着教師的教學方向，同時也左右着學生的努力方向。

東西方考試的評分標準

我有幸在讀研究生時接受了一年純美國式的教育，從而有可能對中美兩國在考試標準上的差異進行實際比較。從考試來看，美國與中國一樣有評分標準，區別在於，中國的評分標準非常細節化，即答某題必須包括哪幾要點，甚至於要包括哪幾個關鍵句、關鍵詞。論述題則注重於綜述他人觀點且越全面越好，即強調對文獻資料掌握的全面性。這就鼓勵學生答題寫作時多多益善，以便有更大的可能把標準答案中的諸要點均囊括進去。因此，中國的學生常常有短話長說的不良文風，文章寫得長而平庸。

美國教授的評分標準很籠統，我記得論文寫作的第一條標準是邏輯性強，第二條是觀點鮮明，第三條是文字簡明扼要，還有兩條標準我現在記不清了，也是非具體的泛泛要求。這些要求只是針對一般的課程考試，並不是畢業論文，所以中美兩國的考試目的應當說是差不多的，即都是看學生對課程學習的掌握程度，但是評價標準的不同卻導致了極為不同的評價結果。非常有趣的是，一些在中國老師手下總是得高分的學生在美國教授那裡卻沒有得到預料的好成績，而一些在中國老師手下總也得不着高分的學生卻在美國教授那裡得到了意外的高分。

我仔細分析了這一現象，發現美國教師注重"一點突破"，即學生能高水平地闡明一種觀點就可以給予高評價；中國教師則注重"全面開花"，學生若僅就"一點"來論述，那麼無論闡述得多高明也只能得這"一點"所規定的分數。就實質而論,"一點突破"式的評分標準鼓勵了個人的獨創性,但往往不能瞭解學生是否全面掌握了課程的要求,即只能測出深度而測不出廣度。而"全面開花"式的評分標準則是重廣度輕深度,這無疑是鼓勵了一種建立在平庸之上的全面化,同時也無形中壓抑了個人的創造性。

大多數中國人認爲,在限定的時間裡答題,寫下的文字越多,說明寫作能力越強。但是,美國教授認爲,一句話就能表述清楚的問題要扯上十句話乃至十頁紙,說明邏輯思維差、概念不清楚。這就是那些善於長篇大論的中國學生在美國教授那裡栽跟頭的根本原因。

荷蘭大學的漢學教授梁兆兵在面對記者採訪時,曾談到他的評分標準:掌握了老師教的、書本上有的基本知識,表明用功了,可以給六分(十分制),但要得六分以上的成績則必須有創見——提出新觀點並通過邏輯推理加以證明。看來,在求新、求異、求邏輯性、求創造性這幾個基本方面,西方國家的考試評分標準是比較統一的。

相比較,在中國的考試中,考試的目的不是考察學生的創造能力,而是考察學生掌握書本現成知識的能力。在中國的教師看來,不要說中小學生,就是大學生、研究生,創造性也不是學習階段所要求的,那是日後工作中的要求。中國的學校教育目的很明確,就是積累、模仿、學習已成定論的東西,即繼承先人、古人的文化遺產是學校教育的基本內容。所以,學生只要能夠完滿地複述出老師在課堂上所教的內容就能夠得滿分。至於學生自己的個人創見,至少在考試中是不受鼓勵的,教師對學生不符合標準答案的試卷,即使很有道理甚或很有創見,不僅不會加分,而且要倒扣分。因此,在中國人的考試評分標準中,個人的創造性是毫無地位的,學生在考試中能否得高分並不取決於自我發揮得如何,而是仿效別人的結論是否不差分毫。

　　與西方人重創造不同的是，中國人重模仿。中國的教師首先認為，學生還沒有積累足夠多的知識，不可能有什麼創造性；其次認為，學習階段就是以積累知識為主任，創造性是不值得提倡的。中國的考試評分標準實際上反映的是學校教育的這種總體教育目標，即我們重在培養積累知識的人才而不是創造發明的人才。從對創造性的要求來看，中國的考試評分標準是相當低的，即由於不要求創造性而不存在超越現成知識的難度；但從對模仿性的要求來看，中國的考試評分標準又是相當高的，即由於要求與唯一的統一答案相符，要在多種可能的正確答案中做出選擇，要一分不差地臨摹別人的思維，要壓抑和限制個人自然生長出來的各種觀點、意念，這無疑是頗具難度的高標準。

　　中國與西方國家在考試評分標準上的差異根本點還是東西文化上的差異，西方人重分析，強調縱向深入；中國人重綜合，強調橫向展開。西方人重求異，強調批判性與獨創性；中國人重求同，強調融合性與公允性；西方人強調觀點的新穎性，寫論文採取的是進攻戰略，集中力量攻克一點、一線；中國人強調觀點的全面性，寫論文採取的是防守戰略，力求面面俱到、無懈可擊。

　　西方國家的學校考試多採用等級制，而中國學校的考試則習慣於用百分制，認為百分制的區分度高，一分之差也能看得一清二楚。然而，百分制對學生思維的束縛是顯而易見的，同時也導致了謹小慎微的性格特徵。百分制的弊端已受到國人的注意，已有部份省市、部份地區的小學開始實行等級制，但百分制仍然是我國最普遍使用的評分方式。

　　中國的考試其形式主要是閉卷筆試，即使研究生考試有面試，也多是走形式，筆試的考分是首當其衝的。相比較，西方的考試重面試，筆試的考分不是選拔的首要標準。淑珊女士畢業於哈佛大學，被聘擔任哈佛大學在中國招生的面試考官。她的面試方式是花一個多小時的時間與考生聊天，考察的內容主要包括：考生對自己認為重要的事情採取什麼態度；能否把學到的知識用到實踐中去；遇到個人的機遇能否抓住；學習和參加課外活動的能力；談到有關問題時能談到什麼深度；考生有可能對學校作出什麼特別的貢獻；考生本人能從學校得到什麼益處等等。

經過這種面試後，很多在中國的考場上出類拔萃的尖子生紛紛落榜。在論及中國考生的印象時，淑珊女士說：「中國考生普遍缺少課外活動的鍛煉。主要精力都放在教科書和完成學校的作業上，因此知識面窄，社會活動能力和與人相處的能力都比較低。」「還有一點是很糟糕的！作假現象很嚴重！有的學生在填寫成績單時，故意把成績不好的科目漏填或寫錯，有的推薦信也是假的。凡遇此種情況，這個考生就失去了報考資格，根本不予考慮。因為我們很看重一個人的道德品質，沒有誠實還能有什麼別的?!」

鑒於東西方文化傳統上的差異以及社會背景上的差異，我們很難說東西方人在考試的評價標準上孰優孰劣，但毫無疑問的是，在不同的評價標準下選拔出來的是不同類型的人才，而哪一種類型的人才更適合於社會需要則無形中對考試評價標準的優劣有了客觀上的評判。

考試制度如何面對新世紀

在社科學術界有位挺有名的學者，他寫的書不僅有數量，而且有質量，並已被學術界公認為其作品的學術價值遠遠高於一般的博士畢業論文。但他考博時，儘管專業課考試名列第一，卻因外語不及格而落榜。學校最後錄取的考生則是各門課都及格卻明顯比他平庸得多的人，這就是我們今天的考試制度，寧願要庸才。

值得思考的是，現行考試制度的選拔功能有問題，研究生考試原本是用來選拔優質人才的，但如果考試規則本身限制了其應有的優選功能，面對已經被實踐證明是眞正優質的人才而不予承認，那麼考試顯然已發生了異化，即考試制度本身已因其自身的缺陷而不能正常發揮基本的優選作用。實際上，我們現行的、側重書本知識的考試形式、考試內容及考試評分標準都決定了必然會把一些有眞才實學的人才淘汰掉。從邏輯上講，考試的目的既然是選拔人才，而如果眞正的人才不能通過考試被選拔上來，那麼這樣的考試體系是需要進行改革的。

1. 應注重選拔創造性的人才。

我國的高考和研究生考試，無論是文科還是理科，考試中需要記憶的內容太多，有的理科題能不能作出來僅僅取決於某一公式能不能背出來；而文科題則更多地涉及到固定事件、史料、理論術語的記憶。即使有所謂的發揮題也都是建立在記憶的基礎之上，即先有對定義、概念的綜述然後再發揮。所以，我們的考試實際上考的是人腦的知識儲備能力，而不是知識的運用能力。

注重書本知識的全面而牢固的掌握是我國教育的傳統，這種傳統既有利也有弊。利在基礎較好，弊在創造力低。現在的問題在於，我們以往所強調的"基礎"是以記憶書本知識爲主要內容的，而這樣的"基礎"在現代的信息社會中已失去了實際意義。

今天的世界與以往的世界有了翻天覆地的變化，知識爆炸、信息爆炸已成爲人所共知的事實，我們若想通過人腦來儲備先人全部的知識遺產再在其基礎上進行創造已經成爲無法實現的神話。如今，我們人類完全可以把記憶、儲備知識的工作交給計算機、工具書、統計手冊、詞典，我們要做的是它們做不了的事，這就是創造新東西。人類文化累積到今天已使我們的頭腦無法承受，如果我們一定要先繼承知識遺產、打好永無盡頭的基礎，那麼我們這一生都不會有創造的時間。因此，凡是在工具書中能查到的公式、數據、史料等都不應再記憶，我們應該學會合理利用大腦有限的儲備空間，只記憶那些既無處可查又有利於創造性工作的基本數據，基本操作方法、基本思路、基本技能。

我們的大腦最值得做的事就是創造，包括創造性的綜合、創造性的解釋、創造性的分析、創造性的思維，人比計算機強就強在這裡，人與人之間在能力上的真正差別也正在於此。實際上，不同的人佔有同樣的信息、資料會得出不同的解釋、分析及結論，所以，考試的目的應在於識別考生的創造性能力而不是記憶能力。一個人的科研事業成功與否，不是取決於頭腦內是否裝了足夠多的現成知識，而是取決於是否會利用多種適宜的途徑蒐集到有用的信息並恰當地綜合運用這些信息，從而得出獨創性的結果。因此，我們今天的考試應從考核學生儲備知識的能力轉向考核學生蒐集信息及創造性地加工信息的能力。

當年，剛剛恢復研究生考試的時候，考試制度相當不完善，考生的選拔幾乎完全是靠導師個人的判斷力，而導師判斷學生能力的依據主要是考生已經做出的成果，由既定事實證實了的能力自然是真本領，因此那幾年研究生的研究能力都很強，畢業後個個都是學術界的骨幹。然而，隨着研究生考試制度的完善，教育界卻在不斷哀歎研究生整體素質的連年下降，如今的研究生已不再是高素質研究人才的代名詞，而成了高應試人才的代名詞。不容置疑的是，選拔的結果取決於選拔的標準，正是現有的考試模式保證了低研究素質、高應試能力的考生更容易通過考試大關。

以導師主觀判斷及舉薦為主的考試，往往考前已內定，考試本身僅僅是走過場。如果導師公正且具慧眼，此法則確能選拔出真正的人才，但若導師非聖賢之士，此法則必為拉關係、走後門者大開方便之門。如果採取杜絕主觀判斷和引薦、純以試卷定取捨的考試方式，固然以"機會均等"的方式為人們提供了公平競爭的可能性，但考試內容的不合理性對人才選拔的影響卻因此而顯得更為突出。看來，任何選拔方式都是利弊共存的。實際上，正是由於避免不了人為的干擾，所以考試永遠也達不到理想化的公正；也正是由於避免不了片面性，考試將只能考察一個人能力的有限部份而達不到真正全面的評價。

高等教育的各級升學考試，其本意是選拔高創造力的高層次研究人才，但恰恰是考試本身的嚴格規範性使考生的知識結構、思維結構都被限定在一個既定的模式中，而且隨着考試制度的日益規範化，考試本身從內容到形式都對考生的思維有着越來越嚴的限制，從而導致考場上的成功者往往只善於考試而不善於自由的創造性思維，於是便產生了違反考試初衷的結果，即這種考試制度通過其篩選功能淘汰了真正為社會所需要的創造型人才，同時鼓勵了只會應試的考試人才。考試的這種異化不僅使考試的選拔功能大打折扣，而且使創造考試的人類變成了考試的奴隸，並使考試從識別人才的工具逐漸蛻變為壓抑和束縛人的創造力的工具。

從小學就開始的各級考試，使中國的孩子逐漸具備了一種民族性，即被培養出一種依別人而不是依自己來發揮文思的獨特本領。這種本領顯然只對考試有用而對創造性的工作毫無益處，因此，為了選拔和培養適應現代信息社會的高素質人才，我們有必要研究和制定出更合理、更公正、更適宜選拔創造型人才的考試方法。

2. 考試形式應多樣化。

高考的合理與否涉及到人才選拔的恰當與否，以往的全國統一高考由於方法單一而使一些雖有才華但不適合傳統考試方式的人難以進入高校。譬如，有些學生在少數學科學習優異且非常有潛力，但在多數學科卻成績平平甚至相當差，按現行的以總分取勝的高考形式，偏科的學生是注定要失敗的。然而，實際上，在某些學科較早展露才華的學生多是偏科的學生，因爲他們所擅長的科目都是自己的興趣所在，故投入了較大的精力和注意力，其它學科就相對受到忽視。這類學生往往是眞正的人才，他們的研究能力和創造發明能力往往比那些各門功課都齊頭並進卻無一所長的人更爲突出，而且有着更大的發展前途。這類人才在以往的傳統考試中是肯定會被埋沒的，因而，必須設立特定的考試類型以使這類學生能夠通過合適的渠道進入高校。

武漢的一名中學生曾兩次獲全國數學聯賽金牌，高考前被推薦保送到武漢大學。但按湖北省的規定，保送生也必須參加高考且不能低於一定分數線。該生因高考成績未達到規定要求而被武漢大學拒收。對此，中科院的一名院士指出："吳晗當年報考北京大學時數理化成績都很差，數學成績還是零分。如果北大拒收吳晗，我國也許就少了一位偉大的歷史學家！我們是要求學生德智體美勞全面發展，但並非苛求學生各科成績平均發展。對於特長生，只要他在某一方面確有天賦，就應該進入大學深造。"武漢大學的一位教授也表示："相對於各方面都過得去，但又都不突出的平庸之才，特長生更具培養價值。"

我國敎育界一般認爲，必須有一個鼓勵學生各科並進的政策導向，因而對偏科生採取不鼓勵但允許的態度。並認爲高考錄取不宜在制度上開這個口，而對個別特例，可以採取非制度化的方法逐個對待。遺憾的是，沒有一定的制度上的保證，非制度化的方法便難以實施。相比較，英國在改革考試制度方面，採取措施積極鼓勵中學生發展專長，不強求每個學生受同樣的課程限制，允許適當偏科，以鼓勵他們在自己感興趣的方面深入學習。

我國的考試形式和考試的評分標準都太單一，從而只限定了一種類型的人才受到敎育的認可，而實際生活中的人才類型是多種多樣的，社會需要的人才也是遍佈於各行各業。因此，考試形式和考試的評分標準都要向多樣化發展，才能使考試真正成為選拔人才的工具，而不是阻礙人才的障礙。客觀而論，只有設置不同類型的考試形式及不同類型的考試評分標準，才能使不同類型的人才脫穎而出。

　　從目前的教育改革現狀來看，高考明顯是位於最重要的中心位置。高考不改革，其它的改革都易於流於形式，而高考一旦改革則必然會帶來其它教育領域的一系列根本性變革。如果既要考慮考察學生的知識面又要考慮減輕學生的考試負擔，高考則可以化一為二，即分為兩步走，第一步是高中畢業考試，考試的程度僅限於最基本的內容，另外，每門課程都應當有成績以作為高校錄取的參考，當然，考試的形式可多樣，包括筆試、口試、閉卷、開卷等等；第二步是各高校單獨設考場，考生直接到自己想報考的大學去應考。這種高考形式不僅有利於各高校發揮自身的主動性，按照各專業特有的具體要求來招更適宜的學生，而且一旦取消了全國統一考試，也就意味着取消了中學應試教育的模式化目標，使八股式模式化的教學失去了具體的主攻方向。

　　高考制度的改革是我國教育改革的最重要一環，因其涉及到人才選拔和人才評價的導向，學生知識結構和學習能力的導向乃至下一代的智力類型和思維模式的導向。因此，為了適應不斷變化的社會，高考制度應具有較大的靈活性，同時，教育制度的改革應當是長期不斷的。

　　3. 建立"寬進嚴出"的制度。

　　初中分流一直被教育界的某些人視作是解決千軍萬馬爭過高考獨木橋的好辦法，但事實證明，這個方法並不好，很明顯，這種做法僅僅是把考大學的壓力改成考高中的壓力，即如今的高中比大學還難考，競爭更激烈，何況升學的壓力提前了，從高中生降到了初中生身上，對孩子身心健康的危害相對來說就更大了。與此同時，也造成了事實上的不平等，使一些中考失利的人永遠失去了參加高考、接受高等教育的機會。

從受教育的機會平等的原則來看，高考的大門應當面向所有的人，無論是上普通高中的學生還是上職業高中的學生，無論是在校生還是在職人員，無論是年輕人還是年老的人。也就是說，大學應當是一個終身教育的場所。如果一個人在自己一生中的任何年齡階段都能考大學，他就不必在高中畢業這一年非要考大學乃至非要考上大學不可，更不必在初中時就要考慮有關考大學的問題。總之，一旦高考放開對考生的年齡要求、職業要求，中學生們爭過高考獨木橋的升學壓力會因考試機會的無限增加而大大減輕。

瑞典在60年代末就施行了這種高考面向全社會的考試制度，結果，考大學的人數不但沒有增加反而減少了。在瑞典，中學畢業後，有四年以上勞動經驗的成年人都可以隨意考大學。據統計，斯德哥爾摩大學中，55歲以上的學生佔20%，最為年長者是一位86歲的老太太。顯然，人們一旦意識到自己的命運不是靠一次考試來決定時，他們必然會淡化中學畢業時的高考意識，並在自己最想學習的年齡階段接受高等教育。

高考改革的最終趨勢應是"寬進嚴出"，即放鬆入學標準，讓所有願意接受高等教育的人都能進大學，同時嚴格保證畢業質量，只讓符合畢業生標準的人獲得大學文憑。我們以往的高等教育一直都是"嚴進寬出"，"嚴進"的高考構成了中小學畸形教育的總禍根，而"寬出"的制度則使大學畢業生的質量難以保證。高等教育只有走"寬進嚴出"的道路，才可既確保大學畢業生的質量，又能徹底擺脫中小學素質教育的困境，以使我們的孩子能夠真正從煉獄般的教育桎梏中解脫出來。

信息時代如何使用大腦

美籍華裔物理學家楊振寧教授在談中美教育比較時指出，美國的教育比較重視啓發式，中國的教育則比較重視灌輸式。他認爲兩國的教育各有優劣，應該相互取長補短。談到各自的短處，他認爲美國的教育太放任，結果美國的孩子不懂得吸收前人的經驗；而中國的教育太約束，結果中國的孩子知識面窄且膽子太小，總覺得書本上的知識是天經地義的，不敢隨便懷疑。總之，美國的學生有自主意識、獨創精神，但他們是創新有餘、積累不足；而中國的學生是基礎扎實、善於吸收前人的知識，但卻是積累有餘、創新不足。

美國的教育比較講究實用性，因而學校教育的內容就不可能脫離社會知識。中國的學校教育則不以實用爲目的，因而學校教育是基本獨立於社會知識系統的。

我國的學校教育，無論是中小學教育還是高等教育，都太注重記憶，總認爲學習就是吸收知識，而把知識都記在腦子裡就是眞正學到了東西。這種傳統的教學方法在各級學校裡都佔據着統治地位，積累和學習前人留下的知識遺產則成爲中國學校教育的全部內容。

從數學課程來看，中國的難度要遠遠高於美國，中國學生的數學能力要遠遠強於美國。因此，各種各樣的學科考試、競賽，美國學生都不是中國學生的對手。然而，儘管拿奧林匹克數理化競賽的獎牌美國人比不過中國人，但拿諾貝爾科學獎的獎金，中國人則遠比不上美國人。根本的原因是，美國人是講究實用的，學校教育明確是爲了培養創造型的人才以便生產創造性的產品。美國人的數學是不行，可是數學工作自有計算機來幹，在這方面，機器比人要能幹得多。美國人是用大腦來思維、創新，而不是統計數據和貯存知識。

美國教育的智慧之處在於，訓練學生學會運用人類已創造出的各種工具來代替人腦工作，包括列式計算、統計數據、儲備知識、查詢資料，美國人把信息的蒐集整理工作交給機器去做，自己的大腦則集中精力進行信息的重組、再造乃至創新。這樣就高效能地利用了人的腦資源。

考試與競賽是突出展現中國人才華的地方，在國際各種學科的考試競賽中得獎也的確需要相當的智慧，但這種智慧與創造發明新事物所需的智慧是大不相同的。中國的教育不管最初的目的何在，其實際的效果是以考試、比賽奪冠為終極目標的，而以閉卷筆試為主要形式的考試，實際上主要考的是人腦在記憶儲備的基礎上組合信息、提取信息的能力。在此，記憶力必然是首當其衝的，沒有足夠的記憶儲備，其它組合、提取步驟都將無法實施。於是，完全放棄大腦的記憶儲備功能的美國人當然無法與中國人相比。另外，考試的思維過程很近似於下棋，賽手要熟記盡可能多的棋譜，然後靈活運用於賽場；考生則要背盡可能多的公式，然後靈活運用於考場。正像高明的棋手是因為具備了高明的棋藝一樣，考場的高手是因其具備了高明的應試技藝。究其實質，我們的教育實際上是培養了具備一流的應試技藝、能在智力遊戲比賽中取勝的賽手。

正像棋藝能上一定檔次的人永遠是少數一樣，在國際奧林匹克學科競賽中獲金牌的學生也永遠是少數，儘管這是一種很值得驕傲的技藝，但並不是每個人都值得掌握的技藝。我們教育的誤區恰恰就在於，把所有的學生都推向了那只需要極少數人展現才華的發展方向。

面對信息時代，我們需要怎樣的大腦？今天我們該怎樣合理地利用大腦的各種功能？這是每個希望提高大腦工作效率的人必須思考的問題。

人類不具備鳥類的飛行能力，但能設計和製造出飛機、火箭、人造衛星，結果比鳥飛得更高；人類的奔跑速度也遠不及許多動物，但人能設計並製造出汽車、火車，結果比動物跑得更快。如今人類設計的計算機，其運算速度和信息存儲量，都使人腦望塵莫及。人類正是利用大腦的思維能力、創新能力，使原本有限的各項肌體能力都得到了延伸和發展。

有了計算機做信息的存儲器和計算器，人類不用忙於積累知識和計算數據，節省下來的時間和精力做什麼？首先是選擇信息，當信息多得成災時，信息的分檢將成為必然，即挑選出於己有用的信息；其次是綜合分析信息並分類，即將有用的信息進行分類組合；第三是信息加工，包括對信息的合成、重組、改變、加進想像成份等等。總之，大腦在卸掉了繁重的記憶任務後，主要的工作就是思考、分析、加工信息。

當今的信息社會需要什麼樣的人才，決定了我們今天的教育應該採取怎樣的對策。總的來說，我國的學校教育對"基礎"的強調已過分到不合時宜的地步。基礎的東西是要重視，但也要有一定的限度，從現代社會的發展現狀來看，我國的各級學校教育都應當將用於基礎知識積累和相應的基本功訓練的時間、精力拿出一部份來用於擴展知識面和發展實用技能。我們的教育應當使學生們在掌握一定的現成知識之外，還懂得如何尋找工具以及尋找什麼樣的合適工具去獵取為自己所需的知識或信息，同時要懂得如何分檢、合成、提取、加工日益膨脹的信息。

遺憾的是，我們的學校教育始終停留在給孩子們灌輸現成的知識的階段，我們的教育者總是鼓勵學生們將前人留下的文化遺產盡可能多地儲存進大腦。可是面對無限的知識總體，裝進腦子裡的知識永遠是極為有限的，更何況還存在着知識的老化與過時。另外，人的記憶能力是有限的，今天記的知識，也許明天就忘了，何況你即使記下了幾本書，圖書館裡還有成千上萬的書在等着你。因此在大腦裡裝幾本書的"複印"章節，不如裝一張圖書分類檢索卡片。

注重記憶、背誦是中國教育的傳統，死記硬背則是中國人學習的最基本的方法。在沒有計算機的年代，這樣的教學方式還有一定的道理，但是到了計算機飛速發展的今天，這種教育只是一種無用功，使我們的大腦沒能有效地加以利用。看看現實，我們的學生總是學得很累、很苦，可他們的功夫都是下在很無謂的地方。學生們要沒完沒了地演算習題，這些題是計算機輕而易舉就能算出來的，老師們還要求學生們一點錯都不許出，要得高分，最好是一百分。可是，人腦的準確性就是比不過電腦。學生們還要背許多資料，那些資料在教科書、工具書、詞典裡，想用的話，查起來很方便，何必要佔據大腦有限的空間。

我們中國人對"背功"高超的人是非常敬佩的，像背圓周率小數點後一百多位，也就是咱們中國人才會津津樂道於此毫無實際意義的記憶功夫。我國還有人熱衷於速算法，經過訓練後與計算器比賽。這也是毫無意義的事，人腦即使在速度和準確性上可以與機器一比高低，可哪個人能像機器那樣永不休息地長期作戰呢？

儘管目前教改的花樣不斷翻新，但傳統的教學方法在我國的教育領域裡始終佔據着主要地位，即要求學生掌握教材裡的知識，理解它、記住它，並通過現成的方法反覆做習題而熟悉它。如此訓練出來的學生，不可能具備抓住新問題、運用新方法、提出新見解的能力，也不可能具備良好的判斷力、表現力、創造力，更不可能具備打破舊概念、原理、經驗而獨闢蹊徑、標新立異的勇氣。另外，當今的學校課程是按照慣性從以往繼承下來的，所以我們教給學生的往往是過去需要的東西，而不是現在乃至將來需要的東西。

如果大腦只是盛裝各種現成的知識，開始時會有充實感甚至爆炸感，但隨着時間的推移，這些知識有的因老化而過時作廢了，有的則因長期不用遺忘了，此時的大腦則必然會出現空空如也的景象。從整個世界的教育發展來看，現代的學校教育不能再像以往那樣爲學生提供百科全書式的知識，因爲那種知識很快就會過時。應該提供給學生的是一些基本且具普適性的方法，使學生可以由此找到解決實際問題的具體途徑，並在他們的終生學習中起到重要的指導作用，這對他們一生的工作和學習都是極爲有益的。總之，今天的學校不僅要教給學生信息，更重要的是教給他們掌握信息的方法。

在信息時代，個人的力量越來越渺小，單靠個人能力來解決重大科研問題的可能性越來越小。因此，時代要求人們還需要有組織能力和協作能力，因爲現在有很多科技和經貿成果是依靠"集體大腦"完成的，從而證明"人才"將更多地以一種集合體的方式體現出來。

論及人才，總難以避免"專"與"博"的關係問題。一般來說，古代的人才是以通才爲主，近代的人才是以專才取勝，而現代的人才則是在專才基礎上的通才。毫無疑問，具備實用的專門的技藝是立足社會之本，然而，今天的學校已無法給予學生一門終生有用的技藝，因此，通才與專才並舉是現代教育的必然。

信息社會本身的性質決定了所需人才的特徵，從而決定了學校教育的方向。學校教育的合格產品應當是能滿足社會人才市場需要的人力資源，因而，根據社會需要來調整教育方向、改革教學方法是十分必要的。我們學校教育的誤區是沒有意識到該如何調整以往的教育目標，使我們的後代能夠適應信息社會。我們的教育內容和方法總是常年不變，這是不正常的，社會既然在不斷地變，教育就要跟着作相應的調整。

三・制約行爲的思維魔方

發明家與書櫥

　　我有個中學同學，他的動手能力特別強，經常搞一些小發明、小製作，是個愛迪生式的人物。他上中學時就自己製作了各種各樣的無線電小產品，包括自己組裝電視機，要知道，那時的我國可是一個沒有電視的年代。我當時非常佩服他，認爲他是班裡最聰明、最了不起的學生。可是令我不解的是，他每次考試成績都不好，還經常不及格。考大學時，他連考了兩年都未能考上他所喜愛的理工科，最後不得已改考了他並不喜歡的文科。畢業後，他棄文從理，還是從事於他所愛好且擅長的電子行業，他的同事中不乏理工科本科畢業的大學生，這些人儘管比他多了四五年的專業訓練，卻沒有一個能在業務上勝過他的。

　　這個事例引起我認真地反思我們的教育，我過去曾認爲這位同學應該訓練和發展自己的考試能力，這樣他就相當完美了。現在想來，他要是像別人那樣發展了應付考試的能力，那麼他本身原有的創造能力就會消失殆盡。毫無疑問，現行的學校教育所要求的學業能力與創造能力之間存在着相悖的地方。

　　日本的有關研究發現，要具備較強的學業能力需要有三個條件：在一定範圍內擅長思考；大腦反映較快；小心謹慎不犯錯誤。而要具備較強的創造能力也需要三個條件：不局限於原有的框框，敢於突破舊框框；不惜花費時間進行深思熟慮的思考；不怕犯錯誤。經比較，我們不難發現，學習能力與創造能力的必備條件居然是相對立的。也就是說，具有較強獨創性的人在現行考試制度、教育制度下不可能成為優等生，而擅長得高分的優等生卻難得有創造性。

觀察現實生活中的周圍人，我發現日本人的這一研究結論確有一定的可信性。

我還有個很熟悉的朋友，他是個博聞強記的人，我年輕的時候也曾經很佩服他，因為他像個活百科全書，真可謂上通天文、下通地理，數、理、化、天、地、生，無所不知，甚至於哪座山有多高，哪條河有多長，他也能一個數都不差地說到小數點後兩位。不用問，他考試總得高分，考大學也是一考就中全國名校。從學校教育承認的程度來看，他無疑是個高智商的人才。

不過，隨着時間的推移，我對他的佩服感逐漸消失，因為我發現了在他博學背後的平庸。正像他認的生僻字遠遠超過了我，卻寫不出比我漂亮的文章一樣，儘管他知識的儲備量很大，卻沒有在任何一方有所發展。另外，他的知識都是沒有經過加工的，即沒有通過自己的分析、綜合、整理，而只是把知識原封不動地從書裡搬進了自己的大腦。明確地說，他只是一個書櫥，即一個裝書的櫃子而已。最致命的是，他的思想保守，無論大事小事，只要沒有做過的事，他總是先考慮各種導致失敗的可能因素，為自己的裹足不前找藉口。所以，他不僅是一個不敢"做"的人，甚至是一個不敢"想"的人。這種類型的人無疑是應試教育的典型產品，遺憾的是，應試教育的正品往往是創造性工作的次品。

我們不難發現，很多在學校裡始終成績非常優秀的學生，出了校門、參加工作以後卻不再有突出的成績,對此,人們往往評價為"高分低能",並認為這是個人只追求分數、不注意培養實際能力的結果。其實,"高分低能"現象是當今學校教育重智力提高、輕創造能力發展的必然產物。也就是說,這些學校裡的高才生只是具備了較高的、適用於學習知識的智力水平,而創造力水平並不高,故儘管可使學業成績出眾,卻難以使事業成就出眾。

目前在中國,成功的私人企業老闆多是文盲或半文盲,而諸多大中專畢業生在市場經濟中,不但難以成氣候,而且有不少的人連基本的生存都解決不了,這個現象很值得我們深思。經營頭腦顯然與學歷的高低不相關,那些成功的私人企業老闆儘管沒有學歷,卻不缺社會智商,不缺經濟頭腦,他們往往是敢於冒險、敢於創新且經營方式靈活,能根據市場變化調整經營戰略。而具有高學歷的大學生們常常是觀念僵化,思維定式化,不具備應有的應變能力,遇事優柔寡斷,同時缺乏足夠的運籌能力、社會交往能力以及經受挫折的心理承受能力,結果縱使有文化、有知識也無濟於事。成功於任何一項事業都取決於一個人的綜合能力和綜合智慧,而在創意性思維方面有優勢的人,則能超水平發揮原有的智力與能力。

要良好地適應環境,我們的思維則要有足夠的靈活性,我們中國人有一種不喜歡變化的思維習慣,幹什麼事往往計劃性很強,而很少給變化留有餘地。在社會變遷速度加劇的當今社會,遇事如何見"變"不怪,處"變"不驚,並能迅速修正甚至完全改動原有計劃的應變能力,既是一種創意性的思維能力,也是現代社會的一種重要的生存能力。

在絕大多數中國人看來,"博學"是能幹以及幹"大事"的基礎。然而,事實並非如此。把大腦只是當書櫥用的人,只能把書上的東西照搬進大腦,需要的時候再照搬出大腦。另外,當大腦充斥著已成定論的各類知識時,有限的大腦空間以及太多的既成框架都必然導致對接收新東西的排斥，因此，"書櫥"式的博學者必然是思維保守的人。固定的觀念和飽學多讀往往是創造精神的最大殺手，因爲阻礙創新的常常不是未知的東西，而是已知的東西。隨着知識的增多，人們逐漸適應和習慣了現有規範的約束，並下意識地按照現有規範的思路去思考問題，由此，已知的東西便構成了阻滯創造力發揮的障礙。

按照我國傳統的觀點，搞發明、創造首先應系統地積累前人的知識，在建立了完整的知識結構並有了雄厚的基礎之後，再進行創新活動。前輩總是這樣教導我們，聽起來也很符合邏輯。但是，面對知識爆炸的現代社會，這種先積累後創造的傳統創造程序顯然是難以奏效的。當今世界，知識產品的數量已經遠遠超過了人們在有限的精力和有限的時間裡所能掌握的數量。知識老化、知識更新速度的加快使人們常常處於疲於追趕的狀態。如果我們一定要先成爲舊有知識領域的專家，再成爲新知識領域的創造者，那麼最終恐怕只能充當一下知識的存儲器了。因此，新的創造程序應當是，創造與積累同步進行，在創造中有針對性地學習，並在創造中完善自己的知識結構。

傳統的創造程序是將積累與創造截然分成互不關聯的兩個階段，從而致使很多人的創造力在漫長的積累歲月中逐漸消逝。爲了及早開拓和利用我們的創造力，必須將積累與創造這兩個階段合二爲一，使積累與創造成爲一個互補、合作的完整系統。

另外，創造並非意味着不着邊際的異想天開，恰恰相反，任何創造活動不是毫無模仿痕跡地憑空出新，也就是說，獨創與模仿並不是對立的。曾有西方人斷言日本人是世界上最沒有創造性的民族，但事實表明，日本人並不缺乏創造力，只是他們的創造是始於模仿。

模仿有三種類型，其一是"單純模仿"，即原封不動地將所學的樣本仿製出來；其二是"提煉模仿"，即將樣本中於己有用的內容選學出來；其三是"綜合模仿"，即對多種樣本進行比較、分析，最後綜合產生出符合旣定目標的新產品。不難看出，這三種類型的模仿對思維能力的要求是逐級提高的，而隨着模仿級別的提高，模仿與獨創之間的距離逐漸縮短。在綜合模仿階段，如果最終的綜合物全然不同於各個參考樣本，則意味着已跨出了模仿的界限而走進了獨創的大門。在現實生活中，很多博學的人一生都只停留在模仿的第一階段，而一些學識有限的人卻敲開了創造的大門。

從模仿是可以走向獨創的，但獨創並不是模仿的必然結果。要走通這條路，首先應具備強烈的創新意識，這樣才可能對所有含有啓示意義的線索具有較強的感受力；其次要有敏銳的判斷力，能夠在衆多啓示中找到可導致創新的正確線索；第三必須具備靈活多變的思維方法，從而使創新設想得以成立。

總之，沒有創新意識的人，無論積累多少知識，大腦也只能當個書櫥用，而有創新意識的人，即使是模仿，也能推陳出新，做出意外的發現。

求同與求異

有位編輯把他十分欣賞的某作者的文章給我看，而我卻不以爲然，於是他大歎：文人相輕！而我對他所下的這個結論還是不以爲然，旣然吃飯可以蘿蔔白菜各有所愛，並沒有人認爲這是食人相輕，爲何文章就不能各有所好呢？其實，不僅僅是文章，其它諸如擇友、擇業、擇偶……事事都存在着因人而異的口味，這原本是很自然的現象，但我們卻常常對這些差異的存在感到不舒服，確切地說，是對與己不同的異議感到不舒服。

從思維習慣上看，我們中國人傾向於求同而非求異。平時經常可以看到，原本是一般性的不同學術觀點的爭論，可往往是爭着論着就演變爲人身攻擊，最後竟至反目爲仇。其根本原因是，習慣於求同的中國人忍受不了由異己、異議帶來的心理壓力，致使爭議極易導致爭吵乃至失去應有的理智。另外，中國人一般不相信持不同觀點的人能和平共處，更不用說友好相處，所以，人們對持異己觀點者往往總是有着本能的排斥心理。

在國外，這樣的現象是屢見不鮮的，即一個學生在求學於老師並追隨於老師數載之後，會因發現老師理論之不足而另立門戶、另樹理論流派，甚至於同老師對着幹。從歷史發展角度來看，很多學科的理論發展史實際上就是學生反對老師的歷史，而這種"徒弟"對"師傅"的"叛逆"則恰恰是學科向前發展的動力。但是在我們中國，這種"叛逆"現象是很少見的。常見的倒是，老師因學生不同於自己的觀點，而不讓學生的論文通過。

中國的高等教育，包括大學教育和研究生教育，都實行的是"嚴進寬出"的政策，即以嚴格得近乎苛刻的入學考試來把好學生的質量關，到學習期滿，只要沒有犯原則性的錯誤，論文符合指導教師的要求，就都可以畢業。在此，學生的畢業論文無論寫得多平庸，只要沒有違背導師的地方，就絕對不會影響畢業。但是，學生如果違背導師的意願且固執己見，那麼即使論文中的觀點富有創見，只要過不了導師這一關，就別想正常畢業。因此，中國的學生是不能也不敢背離老師的，同時也必然是難於超越老師。

中國人常常表現得難以容下新鮮的、異質性的理論或見解，每每看到新觀念總是很習慣地首先去挑剔其中的"不適"之處。在此，思維方式的僵化是一個重要的根源，正是定型化的思維方式成爲對異於傳統、異於習慣的新奇事物的巨大排斥力，而中國的傳統教育對構成這種思維方式則起到了重大的作用。

中國的考試制度可謂最完美的求同訓練，它促使大家都朝着一個共同的標準答案努力。這種趨同化的學校教育使中國的學生練就了尋找標準答案的硬功夫，所以在各種有統一答案的國際比賽中，我們中國學生總是技高一籌、出類拔萃。然而，一旦超出了具體的框架、具體的限定，一旦面臨"求異"性的活動，如寫出有獨到見解的論文、提出富有創建的觀點、搞出有突破性的研究與發明等等，中國的學生就不行了。因爲，長期的求同訓練使我們的學生已經沒有自己的觀點、沒有獨創能力了。

求同與求異的不同文化背景形成了鮮明的對比：當美國的小學生獨自在圖書館利用計算機查找有關資料並綜合使用這些資料來寫作諸如"怎樣看待人類文化"之類的作文時，我們中國的博士生考生還在專業理論卷子上做着需要死記硬背並有着統一答案的填空題。實質上，學生能力上的缺陷反映的是教育體制上的缺陷。目前導師制的研究生考試形式，驅使學生致力於摸清導師的觀點、思想，以便盡力迎和導師，而不是獨立思考。由於最能完滿迎合導師的人往往是其徒子徒孫，即本校學生，因此，中國的大學總是近親繁殖的最佳場所，於是便形成了一代更比一代差的狀況。

在中國，文科類考試的論述題居然也有標準答案，即限定了論述的範圍，需包含的要點少則七八條，多則一二十條，少一條就扣相應的分數，學生所論述的部份甭管答的多有創見，沒答出足夠多的要點就別想得高分。毫無疑問，這種"求全"式的"求同"必然是高精度的"求同"，這種高精度的"求同"在現有考試制度的鼓勵下已把重複前人的工作推到了登峰造極的高度，爲了達到這個高度，學生們必須精通於他人之他論，而倘若所記所背確屬高論，背記一番也算值得，但多數考試內容並無記憶儲備的價值。

求同化教育的結果是思維僵化，從小接受的求同訓練使學生們逐漸失去了主動思考的能力。由此，我們的學校教育便培養了一大批出口成章,均引他人語,揮筆成文,皆摘他人言的錄音機式的"人才"。"求同"限定了答案,同時也就限定了思維。答案是確定的,結論是前人已有的,這裡不需要我們自己的思考,只需要重複已有的定論,而停留在重複水平是永遠不會有創新的。

求同化的教育體系培養了求同化的思維方式,這種思維方式也大大降低了我們接受新事物的能力和敏感性。正是由於我們中國人不習慣於差異的存在,因而很難容下別人的不同意見,更不會從對立面的觀點中吸取有益的內容。

現代社會越來越需要人的創造力,越來越需要多樣化帶來的活力。為此,我們有必要改變原有的求同化的思維方式,逐漸習慣於差異的存在,並能意識到差異所帶來的多樣化與豐富化,進而學會在差異中發現啟示,在差異中發現反向思維,以及在差異中發現創新的突破口。

"奪冠"還是"參與"

某日,我在電視裡看到一組鏡頭,觀後甚為感歎,這是在北京舉行的一場中外兒童國際象棋比賽,參賽者是來自許多國家的孩子。面對比賽的結果,中外孩子的態度差異極大,外國的孩子重在參與,不管輸贏都很高興,只見他們個個都是笑逐顏開、喜氣洋洋的樣子,而中國的孩子則重在輸贏,輸了就哭,且哭得悲痛欲絕,猶如世界末日來臨一般。

孩子的行為是一面鏡子,反映出各國教育的特徵。中國人是求完美的,習慣於要求孩子們做事有始有終並力爭出類拔萃,要學琴就要考級,要畫畫就要獲獎,要學棋就要奪冠,總之對學習的結果和外在的獎勵非常注重。我們很多成人恰恰沒有意識到,對於未成年的孩子來說，學習的過程比學習的結果更重要，而孩子的心理誤區則正是作爲教育者的成人誤導的結果。

記得當年我的兒子上幼兒園時，有一日，老師在週末留了家庭作業，要求孩子們用樹葉貼兩幅畫，兒子興冲冲地去公園揀樹葉，回家後又是設計畫面、又是剪貼樹葉，忙完了後將成果給我看，我很驚訝於他的製作，因爲其水平大大超過了我的預料，更欣賞於他從始至終都自己動手動腦的獨立精神，於是猛誇了他一頓，他也十分得意。可是第二天，他一從幼兒園回來就委屈地大哭，埋怨我沒有幫他忙，說所有的小朋友都由家長幫忙了，有些孩子的樹葉貼畫水平特別高，受到老師的表揚，還被展覽出來。兒子的眼淚和他在這件事中受到的負性教育使我深感悲哀，我向他灌輸了我的價值觀：自己動手做的作品，水平再低也是好的；別人幫忙做的作品，水平再高也是不好的。

次日，我專程趕到幼兒園看展品，果然所展的幾幅貼畫都技藝高超，不要說五六歲的孩子絕然做不出，就是我等缺少藝術細胞的家長也沒那份兒能耐。我忍不住對孩子的老師說，小孩子還是自己動手爲好，老師卻深表異議：孩子太小，沒有家長的幫忙就做不出這麼好的作品，我們鼓勵家長和孩子一起製作。老師的一席話使我大爲困惑，小孩子動手製作的目的到底是什麼？訓練孩子的能力怎麼變成訓練家長了？

重"結果"輕"過程"是我們國人普遍存在的思維方式，成人們習慣於教導年幼的下一代把注意力集中在力爭獎賞的最終結果上，而不是靠自己的力量在各項活動中鍛煉自己的各種能力。我們習慣於促使孩子們用最終的結果進行人與人之間的橫向比較，而很少鼓勵孩子們用活動的過程進行自己的過去與現在的縱向比較。這使我們的孩子在缺乏"重在參與"的精神的同時，還表現出追求上的狹隘性，由於所追求的僅僅是獲獎名次，一旦未果便難以承受。

何況，獲獎名次永遠是有限的，於是便注定了大多數人都是失敗者。

儘管我們成人總是忘不了在事後提醒孩子們提高心理承受力，可是卻常常忘了在事前引導孩子們注意"過程"帶來的種種收穫和快樂。可想而知，當我們把孩子的注意力集中到"奪冠"的"結果"上時，則很難避免他們在非理想結果出現時產生心理失衡。因此，深究而論，成人的重"結果"輕"過程"的思維方式是導致孩子心理承受力差的一個潛在的客觀因素。

我國中學生在近年來的國際奧林匹克學科競賽中總能獲得不少獎牌，使我國已成為世界公認的學科奧賽的強國。但是，通過與國外孩子的比較，我國的參賽者都深感在心理素質方面與國外孩子之間的差距。當我們看到國外的孩子在整個參賽過程中的瀟灑表現：競賽中的平和心態；流利地講幾種語言；自如地演奏鋼琴；津津有味地參觀博物館……都發出了自歎不如的感慨。相比較，外國的孩子多是以培養興趣、開闊眼界、增長知識為目的來參加奧賽，而我們中國孩子參賽的目的則只有一個，即拿金牌。由於是為了奪冠而參賽，所以就不可能有平和的心態，也不可能有瀟灑自如的表現。

一旦孩子們陷入到"奪冠"的誤區中，他們的體驗必然是痛苦多於歡樂，挫折感多於成功感，焦慮不安多於平和瀟灑，正是這種意識上的"錯位"使他們體驗不到"參與"本身的快感，而視野上的"狹窄"也使他們看不到參與過程中的眾多收穫。

重"結果"輕"過程"的思維方式必然導致本末倒置的結果，即原本是培養孩子的手段卻成了最終的目的，在這種狹隘的追求下，孩子的心胸也必然狹隘，同時能力培養的範圍也被大大縮小，而在各種訓練中形成新發現、新想法、新的求知興趣的機會就大大降低。

值得指出的是，當我們把"結果"看得高於一切的時候，我們便忽視了很多重要的東西,包括在"過程"中所能掌握的各種技能、學到的廣泛知識、訓練的多種思維能力、伴隨着的各類心理體驗以及一些難以預料的新發現。而如果我們的教育者能把目光放在"過程"上,我們的孩子則會有更良好的心理素質、更全面的能力、更開闊的視野、更靈活的創造性。

解開神童現象之謎

自科大開辦少年班以來,中國的"神童"就逐漸多了起來,再不像以往那樣只是一個一個地被挖掘,而是一批一批地被發現。這不僅對望子成龍的家長是個極大的刺激,同時也促使很多小學生將少年登科作為自己的奮鬥目標。對於這種現象可以說是喜憂參半,從中能夠引發出一些較為深入的思考。

1. 超前教育的適用面有限。

早慧兒童大都接受了超前教育,在中小學階段多次跳級從而比同齡人提前進入大學。這些孩子不管是否屬於神童,至少在學習知識的接受能力上超過了同齡人。通過分析少年大學生們的早期學習經歷,發現能稱得上天才兒童的只在極少數,多數早慧的孩子主要還是受益於後天的家庭教育,而這一現象的存在,則向今天的學校教育提出了挑戰,即如何改進教學方法、縮短學習年限、最大限度地開發兒童的智力潛能已提到日程上來。

人類知識是靠個體以學習的形式一代一代地傳遞下去的,隨着人類知識的不斷積累,個體花費在學習知識上的時間將不斷延長,而創造知識的時間將相對減少,這於人類的進化顯然是極為不利的。因此,改進教學方法、提高個體的學習能力不僅是可行的,也是必需的,應當說這是由人類的生存與進化所要求的。

觀察被媒體宣傳的國內外諸神童，其才能絕大多數都是表現在數理方面，少數是表現在外語方面，這一已呈現出規律性的客觀現象是我們在此研究和思考的出發點，即兒童的學習潛能主要表現在數理和外語等少數方面。這一客觀現象的存在，既決定了"神童"的學習能力發展不平衡，表現為單科突出，其餘平平，同時也決定了超前教育、大幅度縮短學習年限的適用面有限，即學科的自身特點制約了超前教育的內容與進度。

一般來說，數理學科對人的純智力水平要求較高，而對其它方面能力的要求相對較低。相比之下，工科需要較強的實踐能力，如動手能力及實際操作能力，這些能力的培養是同參與必要的實踐活動分不開的。文科則需要較強的閱讀理解能力以及人文思考能力，這不僅需要大量的廣泛閱讀，而且需要有相應的生活體驗。總之，數理學科由於其學習對象是易於定性定量的物質世界中的自然現象，學習內容多是理解和接受前人的現成知識，答案也基本固定且單一，故數理學科對人的學習能力的要求比較單一，對人的理解能力的要求也比較單純，而其它學科所要求的能力則呈多樣化，雖然也要求純智力方面的能力，但所佔的比重相對小一些，特別是人文學科，往往對主體的情感體驗、社會經歷有所要求，而這些內容積累的多少又常常是與人生經歷時間的長短成正比的。

從社會需要角度來看，數理方面人才的需求量遠不如工科、文科，因此，縮短學制式的超前教育只能限於小範圍和少數人。

2. 神童現象之謎。

在實際生活中，我們發現有一個令人困惑不解而又普遍存在的現象，即"神童"往往在少兒時期很"神"，因其掌握的知識遠遠超過了同齡孩子，但是成年後多趨於平常，有的甚至還不如常人。譬如韓國當年的神童金雄鎔，曾一度名聞世界，他兩歲就已會讀寫2500個漢字，10歲時智商高達210，然而隨着年齡的增長，金雄鎬越來越趨於平常，他參加 1979 年的高考，成績在 2763 名錄取者中僅位居第 2420 名，1990 年時有報道說，27 歲的金雄鎬已是一名極為普通的青年。

最為世人所熟知的神童應首推曾在 19 世紀轟動整個歐洲的法國神童卡爾·威特，我們國人一提神童也總是把卡爾·威特排居榜首。經老威特的早期教育，小威特 2 歲半識字，6 歲學外語，9 歲考上萊比錫大學，此時他已能自如地用德、法、意、英、拉丁、希臘等多國語言會話及閱讀，同時擅長數學並通曉動物學、植物學、物理學、化學等多門學科，他 14 歲獲哲學博士學位，16 歲時又獲法學博士學位。不言而喻，小威特的學業成就是相當輝煌的，他獲得博士學位的年齡比一般人至少提前了十年。然而，非常遺憾的是，這位學業出眾的神童後來的業績並不出眾，自獲得博士學位以後，他始終在柏林大學教授法學，雖然通曉多門學科，卻從未在任何一門學科做出過獨創性的建樹。

3．創造力與智力。

解開神童現象之謎的關鍵是重新理解智力的內涵，我們以往對智力的理解是褊狹片面的，儘管人們並不否認各種能力的存在價值，但卻將學習數理學科的認知能力看得高於其它種類的能力，並因此而認為學習數理學科所需要的智力是最高一級的智力，有了這種智力學什麼都能學好，同時認為學業有成者事業也必然有所成。這種觀念在人羣中是非常普遍的，並以此構成了特定的智力價值觀，而持有這種觀念的人則必然會困惑於神童為何成年後就不再"神"了。

"智商"一詞已被人們廣泛使用，但人們一般所指的智商其實只是學習知識時所顯示出來的學習能力，可謂之"學業智商"，當個體僅僅是在學校學習時，人們常常是用"學業智商"來衡量他的能力水平；然而隨着個體結束學業、進入研究領域，學業智商則顯然已不適用於作爲綜合能力水平的評價標準,此時取而代之的是"創造力"。因此,智力和創造力二者對個體能力的評價作用在學業與事業的連接點處出現逆轉。

我們用上述智力觀念來解釋神童現象,神童之謎的謎底則可迅速找到。由於神童只是具備了較高的學習數理學科所需的智力水平,而創造力水平並不比常人高,甚或還不如常人,故儘管可使學業成績出衆,卻難以使事業成就出衆。換一種說法就是,很多神童僅僅是學業智商高,而社會智商平平,這使他們在社會生活和社會工作中顯得很平常。

在一般人的心目中,"創造力"是比"高智商"還要智慧的詞,即認爲只有絕頂聰明、智商極高的人才會具有創造力。然而心理學的研究結果卻出乎一般人的意料之外,即有關研究表明智力與創造力之間並沒有多大的相關。國外的一項調查研究發現,"高創造力組"的平均智商低於"高智力組"的平均智商,甚至略低於在高校學習的人口的平均智商。這說明,創造力的培養只需要平均智商,即平均智商的人就可以被培養成爲有創造能力的人才,而高智商的人卻不見得富有創造力。一般來說,學習能力強總是與積累的知識多分不開,但並不是知識越多創造能力就越強,有時完備的知識容易導致先入爲主,反而不易於產生創造性的發現,這就意味着,學業有成者事業未必有所成。

許多研究表明,創造力與訓練之間有很密切的相關。事實告訴我們,一種按部就班的正規教育,未必能培養出具有創造力的人才。創造力的培養需要正規教育和自我指導教育相結合,創造能力也是正規訓練和自我訓練相結合的結果。

學習能力,特別是自然科學的學習能力,主要需要的是嚴謹的、條理性較強的集中型思維方式;創造能力則需要的是非嚴謹的、非條理的發散型思維方式。個體在學習活動中,目標是明確的，思維是規則的，所需的知識範圍是有界限的，個性品質所起的作用是不突出的；而在創造活動中，目標是未知的，從何處突破、如何突破都是事先難以預測的，思維則呈不規則化，所需的知識範圍界限模糊，經驗知識的分量加大，個性的色彩十分濃厚。學習能力強的人往往屬於博學型，知識掌握得既全面且系統，表現出總體知識水平比較優越；創造力強的人往往屬於專長型，所掌握的知識並不一定豐厚，常常集中在與專長有關的方面。概括地說，學習能力主要是體現在如何快速達到前人的水平，判斷學習能力的標準則是達到紀錄；創造能力主要體現在如何超過前人的水平，判斷創造能力的標準是突破紀錄。

4. 左腦與右腦。

腦科學的研究發現，人腦的左右兩半球在功能上有着高度的專門化，左腦擅長於言語和邏輯思維，是處理言語、進行抽象邏輯思維、集中思維、分析思維的中心，具有連續性、有序性、分析性等機能；而右腦則擅長於形象思維，是處理表象、進行具體思維、發散思維、直覺思維的中樞，具有不連續性、瀰漫性、整體性等機能。左右腦在創造性活動中起着不同的作用，右腦靠無意識的直覺產生頓悟，左腦則先要為頓悟的形成準備資料、提供信息，爾後將所頓悟的內容進行理性的驗證，並用概念化、邏輯化的言語形式表達出來。創造性的思維活動即是以非言語的思維來產生一些新奇的想法，而用言語思維來對這些想法進行驗證。

目前的教育重視發揮左腦的作用，偏重於邏輯和語言的訓練，但是具有嚴密結構的邏輯和語言對那種尋求創造性突破的具有靈活性的思維來說是不相適宜的。許多神童的"神"只是表現在學習知識、積累知識，即左腦的功能上，離開學校的學習生活之後，昔日的神童因在工作中的表現很普通、很一般，不再"神"了，人們對此在惋惜中常感到困惑和不理解。其實，這種神童現象正是重左腦輕右腦教育的必然產物。

由於左腦的"成績"能夠用言語表達出來，所以人們便不可避免地去追求由左腦掌管的那些邏輯性和言語性的智力訓練，而訓練的結果可通過學習成績直接表現出來，並成為人們評價神童的標準。然而，儘管學校教育注重左腦的訓練，並以左腦工作的成績為學習優劣的衡量標準，但是富有創造性的工作是必須由右腦承擔的，而左腦的訓練在不斷提高左腦能力的同時，一方面因減少了訓練右腦的機會而導致了右腦的不發展；另一方面因某些左腦的訓練直接有悖於右腦的訓練而降低了右腦的能力。

心理學的實驗表明，直覺思維明顯地與學校成績不相關。可以說，當左腦型的人在學校教育中變得越來越博學的時候，其直覺也越來越少。當一個人已形成了非常頑固的使用言語思維的習慣時，他便已失去了使用右腦非言語思維的能力。所以，按傳統教育培養和訓練出來的神童往往只是左腦優勢的神童，其成就只能體現在學習知識和積累知識上，神童長大以後之所以不神了，是因為從小就沒有進行過右腦訓練，或者是過度的左腦訓練抑制了右腦的發展，而要在研究工作中做出突破性的成就，起決定性作用的不是來自左腦提供的學習能力而是來自右腦提供的創造能力，一個人能否取得創造性的成就，主要取決於他在直覺方面能獲得多大程度的意外發現，這卻是神童們以往的訓練不大可能具備的能力。不言而喻，多數神童只是左腦的神童，他們的右腦很普通，有的甚至還不如常人。

如此我們便很容易地看到了一種矛盾，即人們實際上是用左腦的標準來評價神童的學習能力，而用右腦的標準來評價神童的工作能力，顯然，這於神童是很不公平的。當然，人們是在無意識中使用雙重標準，是出於對左右腦功能分化的不瞭解。從神童現象我們也發現了當今教育的弊端，我們極力挖掘的是左腦的潛能，培養的是學習型的人才，而不是社會所需要的創造型的人才。

在中國的學校裡，音樂、體育、美術之類的課程是名副其實的副科，不受重視，一到考試前夕，這些副科就被公然擠掉，即使不在考試時期，副科被主科佔用也是極為常見的。同時，中國的學校對動手操作性強的課程也同樣是極為忽視的，很多實驗課的設置常常是名存實亡。可惜的是，這些被輕視的副科對開發學生的右腦潛能是極為有利的，而那些被重視的主科，如語文、地理、歷史、外語及數、理、化等課程則都是以左腦為主的課程，所以，從學校教育的歷史及現狀來看，中國人是重左腦輕右腦的。

左腦的功能，如運算、分析、推理一直是學校教育的重點，但同時也是電腦工作的重點。也就是說，左腦的很多工作都可以逐漸由電腦來代勞。但是，右腦的直覺、創意功能卻是電腦難以勝任的。從目前的社會狀況來看，現代社會的工作要求人們應具備較高的右腦素質，主要包括敏銳的感應能力，即對各種變遷局勢作出快速而恰當的反應；彈性的適應能力，即行為模式具有可塑性、不墨守成規，能快速適應環境的變遷；豐富的創意能力，即能不斷產生新穎的思路和方案。

創造性的活動需要左右腦的共同參與，單方向的發展左腦或右腦都難以達到創造的目的。鑒於當今教育重左輕右的傾向，需要強調右腦的訓練，特別應指出的是左腦的過度發展會抑制右腦的發展，因而有必要進行正確的訓練使左右腦的發展達到一種相對平衡的狀態。

5. 才能與表現。

人們的各種才能所最早表現出來的年齡是不相同的，一般來說，數理方面的才能表現得比較早，而一些依賴社會經歷的才能就必然表現得比較晚，如社會交往的才能、人文方面的才能等等。另外，人們的學習興趣與工作興趣之間是有差別的，譬如喜歡學習數學並不一定就喜歡從事數學研究工作。在選擇職業之前，廣泛涉獵多種學科是十分必要的，一方面是由於確立自己的眞實興趣需要進行比較與鑒別，另一方面是由於適應社會工作需要多方面的能力。

人們發現自己的眞正興趣的年齡往往是在20歲以後，甚至在30歲以後，而且確立興趣所在也總是在進行了一系列的嘗試之後。當個體有了一定的社會經歷，積累了一定的生活經驗之後，會重新評價原有的興趣乃至確立新的興趣。值得指出的是，對於每一個人來說，能夠做的事不一定是有興趣做的事。

神童經大衆媒介宣傳後，總會自覺或不自覺地朝着大衆期望的方向努力，當然也有例外。我國當年有一位知名度很高的神童，至今還有人在做文章時將其作爲通才型神童的例證，他在大學畢業之後沒有按衆人的意願考研究生、出國留學，這樣當然令周圍的人很失望，而他對神童道路的反思卻沒能引起人們的注意。他認爲自己已經盡力了，但無法達到輿論所期待的水平，同時也表示出遺憾，認爲如果不是過早地確立了學業方向，自己原本是可以在數理學科之外的某些愛好中有所發展的。這就意味着，從他的整個人生發展過程來看，早年輝煌的神童道路於他並不是有利的生活經歷。

人們的能力差別不僅僅表現在學習能力與創造能力之間，而且就學習能力本身來說，也因不同的學科而形成不同類型的學習能力。如果按所學習和所應用的知識類型來劃分，人們的學習能力至少可表現在五個方面：適用於學習自然科學基礎理論學科的能力；適用於學習工程技術學科的能力；適應於學習社會科學的能力；適用於學習語言的能力；適用於學習藝術的能力。這五種學習能力並非是互相包含的，即各自獨立並有着各自的特點。譬如，一個人同時具備較高的數理智力與人文智力是有可能的，就是說，既能學好自然科學也能學好社會科學，但是僅具備數理智力而不具備人文智力的人很難在社科領域有所建樹，反過來亦然。同樣，僅具備數理智力而不具備創新能力的人雖然能在學校裡取得好成績，但很難在工作中取得高成就。

各學科所需要的能力是不一樣的，有的具有互通性，有的卻具有互逆性，因此，對某一學科領域的興趣以及所接受的訓練會導致對其它學科領域的感受性降低。譬如，對自然科學的興趣往往會帶來在審美情趣、情感衝動、人際交往等方面的感受性降低。

時間、精力、環境的限制使個體的學習傾向與潛力直指一種或一類學科，如一門藝術或一門科學。目前我國的超常教育僅限於藝術、體育和理科，並主要體現在數學、物理這兩門上。超前教育的結果是在個體還來不及判斷與驗證自己的興趣所在和能力所在時，就不由自主地走向了一個特定的道路。如果走到半路發現自身的實際興趣與實際能力與原來預期的並不相符時，則注定構成了神童的悲劇。因為，已經進行的定向訓練形成了對其它學科的負性影響，使個體不太可能在其它方面有突出的發展，一顆耀眼的星注定要失去以往的光環。

6. 神童現象揭示了什麼。

深入研究神童現象，可以發現一些值得進一步探討的問題：

（1）人類的少兒時期在學習數理學科方面的潛力大有挖掘的餘地。

（2）強化型的超前教育是以降低了某些能力為代價而提高了學業智商。

（3）不同的學科需要不同的智力類型，不同的智力類型有着相對的不相容性。

（4）智能的總量是相對守恆的，一種智力類型能量的升高必然伴隨着相對應的另一種智力類型能量的降低。

（5）將分散的智能集中，可突出發展某一特定的智力類型。

（6）人生經歷的作用不僅僅是積累社會知識、提高社會智商，更重要的是發現個體真正的智力潛能趨向。

超前教育在實踐中所顯示出的弊端主要包括：（1）過早定向的教育往往定錯了方向，因為數理智力的發展要早於且快於其它類型的智力，這樣易於造成假象，從而掩蓋了個體真正的興趣所在以及真正有發展的學科方向。（2）當個體在度過了少年期開始有了自己的思考並意識到自己的真正興趣不在數理方向時，往往很難有真正的改變，因為系統化的超前教育在快速發展數理能力的同時，也抑制了其它能力的發展，特別是人們進入青年期後就不再會有足夠的時間和精力去系統學習自己真正感興趣的學科。（3）目前超前教育的科學性極為有限，因主要培養的是快速積累知識的能力而不是創造性的思維能力以及與創造性活動有關的各種能力，故使個體的超常能力僅僅限於學習知識的能力而不是創造發明的能力。（4）處於超前教育環境下的孩子往往有超人一等的優越感，輿論的作用也使孩子必然產生虛榮心，從此，求知不再是為了滿足源於興趣的自然渴求，而是為了超越別人、贏得榮譽。昔日的神童一旦完成了輝煌的學業而在工作中無醒目的建樹，實際境遇的強烈反差必然使昔日的優越感變成了失落感乃至引發出各種不良心理反應。

單純培養智力所培養出來的人是"平面人"，而比較完善的人是"立體人"，即至少有四個平面：情感、社會交往、智力、職業技藝。毫無疑問，縮短教育年限的超前教育在縮短積累知識的時間上是有利的且是可行的，但同時代價也是極為明顯的。

遊戲的教益

中央電視台的"實話實說"節目曾設專題討論了"遊戲"在孩子的生活中有沒有必要，可惜沒討論出什麼結果來。當場放了一段錄像，展示了一個小學生的業餘生活：游泳、滑旱冰、彈鋼琴、跳舞、繪畫。大家看後都覺得缺了點什麼，可又說不出所以然來。這位小學生的母親則認為，面對競爭日益激烈的世界，孩子要從小抓緊時間培養各種技能而不能把時間花在玩上。

問題於是被提了出來：遊戲對孩子的成長到底有什麼益處？

現在的父母都比較注重於培養孩子的一技之長乃至多技之長，孩子的業餘時間基本上已被這些技能訓練塞滿。首先應當肯定，以各種正當的文體活動來豐富孩子的業餘生活其本身並沒什麼錯，不妥的只是，孩子的生活中缺了羣體遊戲以及缺了探究物體的活動。問題的關鍵在於，人們普遍認為遊戲僅僅是娛樂而並沒有什麼教益，但實際上，遊戲對孩子的心理發展不僅有益，而且有多重益處，這既體現在社會性發展上也體現在智力發展上。

"遊戲"一般分為個人獨自玩和結夥羣體玩兩種形式，而後者的益處則更為廣泛。有益的獨自玩主要指的是與自然物體直接的接觸，如裝拆玩具、操作和擺弄物體、各種類型的手工製作等等，這些實踐性的遊戲可提高孩子對自然世界、物體性質、機械原理的理解和認識並訓練動手操作能力。結夥羣體玩的內容很多，有攻擊性比較強的遊戲，如"攻城"、"搶家"、"騎驢"等（這類遊戲當今的孩子似乎已經不會玩了）；也有比較斯文的遊戲，如"木頭人"、"紅綠燈"、"跳皮筋"等。孩子在與同伴一起玩中所獲益的內容更多的是側重於社會性發展方面，譬如：體驗輸與贏、懂得規則的作用和意義、感受合作的快樂、掌握處理相互矛盾的技巧、提高領會他人意圖的理解力、發展靈活的應變能力和解決問題的能力、在集思廣義的交流中互相學習和積累生活經驗等等。值得指出的是，當今的家長更多地注重於培養孩子藝術方面的技能，而忽視了讓孩子參與合作性的且大活動量的遊戲以及操作物體之類的遊戲，這對孩子的智力發展和社會性發展都是一種缺憾。

我們鼓勵孩子多參加那些與自然物體直接接觸的實踐活動，是由於兒童在此過程中能夠引發出一系列的思維活動和心理探索活動。在與物質實體的接觸中，必然要涉及到操作的方法，而不同的方法所產生的不同結果又必然會引發出一系列的思考，這就是思維過程。這個過程包括了主動發現問題、獨立思考問題、經多次失誤後找出解決辦法等諸多階段，最終起到積累經驗、訓練思維、提高智力的效果。特別是，由於在任何一種實踐性的遊戲中，方法和結果都存在着多重可能性，所以孩子極易從中培養出求異思維的能力。由此看來，孩子在遊戲中不僅能體驗到玩的快樂，而且還能發展觀察能力、空間想像力、獨立思考能力。

思維能力的發展是智力發展的核心內容，而思維能力的發展是建立在主動思考的基礎上，主動思考又必須以主動參與爲前提，參與的動力則來自於好奇心這樣一種心理力量，好奇心則是在體驗到接觸新事物、建立新概念的心理快感之後逐步發展起來的。因此，兒童的智力往往是在隨意性很強的自由活動中才能得以快速發展，而成人定向化的各種教育，即便是合理的誘導也充滿了強烈的意向性與暗示性，從而剝奪了孩子主動思考、親身體驗、自由發揮頭腦的機會，其結果是不但沒有開發智力，反而抑制和削弱了孩子原有的潛在能力。

我們中國人理解"智力開發"一般來說是比較狹隘的，除了接收和積累書本知識，就是訓練文藝、體育特長，總之，是以能立竿見影的知識儲備量和能用於直接比較的技能指標來判斷智力開發的存在與否，由此，對於以娛樂爲目的、以感官快樂爲標準而不是以益智爲目的、以技能達標爲標準的遊戲之類的活動，就無論如何看不出智慧的存在。另外，中國人對於孩子在羣體遊戲中的社會性發展也往往意識不到，看到孩子們在一起打架就認爲是一種壞現象，其實，打架也是一種社會交往的學習過程。

相比較，今天的孩子更缺的還是成幫結夥集體玩的遊戲，很多家長根本不讓孩子出門玩，即使出門也只是帶着孩子去公園，結果孩子幾乎沒有參與交往性遊戲的機會。經調查，絕大多數孩子都有與別的孩子一起玩的願望，只是受到家長的限制而不能如願。還有少數孩子則僅願意在家獨自玩而並不想走出家門與別的孩子交往，這本身就是一種不正常的行為表現，表明孩子存在着異常的心理特徵，家長應當及時引起注意，這類孩子往往性格內向、行為退縮、怯於與人交往，對此類孩子的最佳矯正方式就是鼓勵孩子參加多夥伴的遊戲活動，以期發展開朗的性格和提高與他人交往的技能。

與以往的歷代孩子相比，新一代的獨生子女與長輩人的交往相對較多，與同輩人的交往則相對較少，而諸如合作性、互助性、理解他人、表達自己、協調相互關係等諸多社會性能力都是在與同輩人的交往中才能得到更為有效的發展。因此，作為這一代獨生子女的家長，應當有意識地鼓勵自己的孩子與盡可能多的夥伴一起玩，並從多方面為孩子創造參與集體遊戲的條件。

一技之長與多方涉獵

從電視裡看到了一組報道，關於一些父母們如何為了培養孩子的一技之長，讓孩子學鋼琴。電視上展現的畫面實在令人感歎不已，這些大人和孩子們都破釜沉舟般地全力以赴，很多外地人為了孩子的琴業全家常年駐守北京，住房和生活條件的艱難是不言自明的。最致命的是，不僅是大人辭了職，而且孩子也荒廢了學業，最後的結果卻是，孩子連年報考音樂附中或附小卻屢屢失敗，孩子的鋼琴之路已明顯是黯淡無光了，可回去繼續上學又肯定已跟不上同齡孩子的功課，如此便陷入了進退兩難的困境。由於付出太大，又斷了其它所有的出路，家長和孩子便只好在明知道學琴之路前景不妙的情況下仍繼續一條道走到黑。這樣的結局無疑已表明，只開闢一條生路是一種極不理智的選擇，因為一旦此路不通時，孩子必將面對着缺乏生存技能的危機，而這顯然是與父母的初衷相背離的。

我們中國人是比較重視培養一技之長的，作為一種生存技能，一技之長顯然是必需的。確切地說，一技之長是作為手段或工具以便使個體自立於社會，這一點是大家容易達到共識的。但是在實際生活中，如何為孩子確定一技之長的方向並具體地加以培養則是一個歧義百生的問題。值得指出的一個最重要的問題就是，對於未成年的孩子來說，"一技之長"的本意是，在其它方面與一般人一樣的情況下，又有某一方面很突出，而不是在什麼都不如別人的條件下只擁有一種技能。讓孩子放棄一切只追求"一技之長"，實際上是一種孤注一擲的賭博，賭注則是孩子一生的前程，一旦賭輸了，後果是可想而知的。

像電視裡介紹的這種賭徒般的家長，在比例上看畢竟屬於少數。前不久，我進行了一項關於北京市的兒童參加業餘特長學習班的調查，發現65％的孩子業餘時至少參加一項特長學習班，內容涉及器樂、繪畫、英語、舞蹈、聲樂、棋類以及各種體育項目。在這些致力於培養孩子特長的家長中，持有"定向培養，將來幹這一行"的家長僅佔1.42％，以此作為開發智力的一種手段的家長佔了最大比例（29.65％），其次是作為一種業餘特長來培養（24.77％），還有10.65％的家長希望孩子能有這方面的愛好。

調查中發現，在眾多特長培訓項目中，學樂器無論對孩子還是對家長都是付出最大的。特別是，愛學的孩子居少數，多數孩子都是按家長要求被迫學琴，於是，大人和孩子便陷入到相互對立、相互抗爭的極大困苦之中。

本人曾採訪過一些讓不願學琴的孩子繼續學琴的家長，發現了造成學琴困境的一個來自思維方式的根源。實際上，只有少數家長是從一開始就立意讓孩子將來當個音樂大師、走音樂之路，絕大多數家長只是抱着培養孩子的一種業餘愛好、學習一點音樂常識的念頭。然而一旦把琴學起來，往往是欲罷不能，致使物質和精神的投入都越來越大。其原因正如一位琴童的家長所言："我知道孩子不愛學，但我不能讓孩子建立想不學就可以不學的概念。"家長無疑是想讓孩子從小懂得做任何事都要"持之以恆"而不是"半途而廢"，但是，這種"持之以恆"是相當盲目的，以致付出了無謂的代價。

中國人是推崇"持之以恆"並貶斥"半途而廢"的，無論做什麼事情都講究："要不就不做，要做就一定要做好"。可以說，"持之以恆"作爲世代相傳的古訓是每一代中國人向後輩傳遞的不可缺少的內容。

在以往緩慢進展的傳統社會中，持之以恆地學習和掌握一技之長就足以在社會中立於不敗之地。然而，在當今快速變遷的現代社會，隨着科學技術的迅猛發展，知識更新速度不斷加快，對於個體來說，不僅會面臨原有的知識和技能不夠用、需要增補新知識和新技能的挑戰，而且還會出現原有的知識過時和原有的技能完全被淘汰、需要更換新職業的困境。面對這樣的社會，一技之長顯然是不夠的，而限於人的時間精力，要想多"技"且都"長"又是不太現實的。看來，我們有必要反思傳統的思維方式，同時尋找適應現代社會的高效生存方式。

目前從國有企業下崗的職工恐怕對具備多重技能有着更深刻的切身體會，即使是受過正規高等教育的知識份子也意識到知識老化和淪爲新科盲的危機。現代社會日新月異的技術變化對我們的生存技能提出了新的要求，即需要靈活的轉型能力，這要求我們必須具備相應的能夠適應多種職業的基本能力、基本素質和思維模式。從實際生活中我們也不難看到,那些能快速接受新知識、掌握新技能、適應新崗位的人是生存自如且大有發展前途的人。

要具備靈活的轉型能力,相應的知識結構顯然不是單打一式的"一技之長",而是廣泛領域的多方涉獵,而"持之以恆"的指導思想則必然要被"適可而止"的學習戰略所取代。考慮到社會現實,我們應當鼓勵年輕的後輩進行多方面的嘗試,同時不反對他們進行有取捨的選擇,在此,當然不排除"半途而廢"。其實半途而"止"並非意味着"廢",因爲此時而廢的半堵牆常常會成爲彼時而立的整座樓的基礎。

在我們中國人的思維中,總認爲一項技能只有掌握到出類拔萃的程度才會於個人有利,其實,年少時涉獵的各種技能即使水平極有限,也會在自己的人生道路上起到意想不到的正向作用。因此,年輕人的廣泛涉獵,不必有太多的功利性考慮,憑自己的興趣既可,也不必求甚解,更不必求出衆。經歷過的事作爲一種經驗,總會在日後或幫你渡過難關,或幫你解脫困境,或幫你意外遂宿願。

回溯過去,不知有多少人在"持之以恆"的道路上走向了成功,而展望今天,在同樣的道路上卻有不少人已陷入了困境。在此,我們必須意識到,新的時代需要有新的思維方式、新的知識結構、新的學習戰略以及新的生存技能,而多方涉獵的"多面手"則永遠不會使我們走入絕境。

興趣是最大的能源庫

在我搞的一項問卷調查中,有一問是:"什麼樣的人最有發展前途?"結果超過80%的人認爲,智力水平高、聰明的人最有發展前途。這表明絕大多數人都是將智力作爲一個人成功的第一要素。從大衆媒介也不難發現，對於成功者，媒體在宣傳報道中總忘不了去挖掘出主人公少時乃至兒時的聰慧之處，以證明其先天的智力不凡。

除了先天的智力之外，中國人對"毅力"的評價也是非常高的，一個人作出了某方面的成就，如果沒有出衆的智慧，媒體便總忘不了宣傳其百折不撓的毅力。俗話說，勤能補拙。簡短的四個字表達了中國人對成功要素的高度概括：一要聰慧，二要勤奮。鑒於高智力者少且多屬先天能力範疇，於是人們對勤奮、毅力的強調就達到了相當的高度。

相比較，中國人對"興趣"的評價卻很低，人們普遍認爲"興趣"即使對成功有作用也是極微不足道的作用。我們不難發現，輿論對一個人成功的最普遍的解釋就是，先天的智力加上後天的毅力，而"興趣"在成功裡是沒有地位的。人們在歸納一個人成功的諸因素時，"興趣"總是被遺忘的內容。然而，"興趣"對成功的實際作用卻遠遠超出了我們以往的想像，這是一個值得引起我們充分注意乃至重點強調的心理力量。

"毅力"和"興趣"對個體來說雖同爲內在的力量，但其來源卻大不相同。"毅力"受轄於"超我"，是一種靠外在目的支配的內在力量，故需要調動相當大的心理能量來維繫，所以"毅力"的生成和持續都是較困難的，這就是具備強大毅力的人不多的緣故。"興趣"則受轄於"本我"，是一種帶有自然和原始色彩的內在力量，故其本身就有着強烈的衝動性以及亟待滿足的驅動性，所以"興趣"對完成一項工作或任務來說，比"毅力"有着更大的爆發力和推動作用。然而，"興趣"正因其源頭在人的心理內部慾求，所以斷了源就沒有能量了，而"毅力"因源頭在人的外在心理慾求，可不斷從外部輸入能量，故"毅力"比"興趣"有着較大的持續下去的可能性，這就是人們重視培養"毅力"、忽視培養"興趣"

的根本所在。不過，值得我們國人特別注意的是，當"興趣"處於持續不斷的狀態時，"興趣"對成功的貢獻要遠遠勝過"毅力"。

　　我從電視裡看到一段令人回味的鏡頭，當某學部委員接受記者的採訪時曾提到，他現在招的研究生同以往大不一樣。以前他總是注意招那些刻苦、用功的學生，即所謂"苦大仇深"型的學生，以為這樣的學生才能做出學問。可後來他發現，這類學生用功的目的不在學問本身，他們一有機會就改行、跳槽，白費了老師的一片心血。所以，如今他比較注意招那些雖然看上去並不是很用功，但對所學專業卻是真有興趣的學生，這類學生因出於興趣愛好而學習，故日後很少有改行的，他們往往終生熱愛本專業並因此而必有所成。這位學部委員的親身感受告訴了我們一個基本道理，即能使學問持之以恆做下去的人並不是刻苦用功學的人，而是懷着極大興趣學的人。這顯然與我們以往的觀念不大一致，但其中的道理卻並不難理解。

　　無獨有偶，一位心理學的女教授也有與這位學部委員同樣的見解，她在錄取前來報考的研究生時，勾掉了分數最高的學生而錄取了分數略低的第二名。當別人發出疑問時，她說，以前她總是挑選那些得分最高，看起來也最埋頭苦學的學生，認為這些學生是因為熱愛本學科才會如此努力而取得了優異的成績。但許多年過去之後，她發現，這類學生努力學習的目的是為了改善自己的生存條件，追求知識是為了給自身帶來各種優越條件與好處。一旦目的達到了，他們對科學本身的摯愛就會漸漸淡漠，並代之以新的優化生存狀態的努力。因此，這樣的學生對於作為學業繼承者來說就不是最好的人選。如今她發現，真正熱愛本學科並富有潛質的學生往往是這樣一種類型，他們看上去很悠閒，甚至有點懶散，而且不太虛心，對導師的指導和批評總是有保留的接受，但是失敗的時候難得氣餒，輝煌的時候也顯不出異樣的高興，正所謂榮辱不驚。這類學生也許是邊玩邊走，但卻是興趣盎然地、始終如一地朝着既定目標不停地走。這位女教授的話也表達了一個核心觀點，即"興趣"是走向成功的一個不可或缺的必要條件。

靠"興趣"來完成一項工作同靠"毅力"來完成一項工作相比，最大的區別就是前者是樂在其中而後者是苦在其中。凡是做樂在其中的事時，人們是不知疲倦的，正所謂"樂此不疲"，所以，當人們從事有興趣的事情時，精神狀況必然振奮而工作效率也必然很高。另外，人們對於自己感興趣的問題總是樂於思考的，或者說，只有感興趣的問題才能引發出持續的思考，而長久的思考是難題突破的基本前提。因此，興趣實際上是創造之母。

我們是個崇尚吃苦的民族，人們普遍認爲成功是與吃苦耐勞不可分割的，而對樂在其中、樂此不疲的現象卻感到不可思議。所以，人們對興趣在成功中起的作用幾乎是視而不見的，更不可能將興趣與成功直接畫等號。中國人重"毅力"輕"興趣"，究其實質主要是，注重外界對自我的約束力量而輕視自我本身的天然驅力；注意到理性的控制力而看不見感性的衝擊力；善於靠強制自我來達成目的而不善於靠挖掘自我潛力來開發自身；善於發現和利用外部能量而不善於發現和利用自身的內部潛能。由此，我們往往是勞神費力地、從無到有地培養"毅力"去學自己不感興趣的東西，以及勉強自己在不感興趣的方面爭取成功，卻不懂得開發出現成的"興趣"來實現自己真正渴望的人生價值。

在沒興趣的條件下完全靠毅力來做成一件事，這是常人難以做到的，然而，在興趣的驅使下去做任何即使是有一定難度的事情，每個一般智力的普通人都不難做到。實際上，"興趣"是人的自身潛能，挖掘出來將是一個巨大的能源庫。具體地說，"興趣"能使一個人輕鬆愉快地掌握某種知識，同時得心應手地發揮自己的能力。因此，當我們在自怨智力有限、毅力欠佳而與成功無緣時，不妨重新觀察一下自己的興趣所在並加以有效利用，而一個人如果能以自己持續性的興趣為支點，那畫出的圓肯定很圓滿。

麵包與獵槍

上大學的時候，有位教力學的老師在講授第一堂課時有一段令我記憶深刻的開場白。他說，高水平的老師教給學生的主要不是知識，而是學習方法，其道理就猶如給一個長途旅行者若干片麵包不如給他一桿獵槍，因為麵包總有一天是要吃完的，而有了獵槍則能隨時捕獲到各種充飢的獵物。

這段比喻對如今的學生已經毫不新鮮了，而且現在還有了在語言上對比更恰當的一些比喻，如"魚"與"釣竿"。然而，在那至理名言並不流行的年代，力學老師的這段教誨使我茅塞頓開。

我們中國的學校教育給了學生們很多現成的知識，讓他們儲存在大腦裡，用的時候就拿出來，很多老師們就是這樣教導學生的：知識裝在你的大腦裡，那就是你自己的東西了，需要的時候用起來很方便。這就是我們的傳統教育觀和傳統的思維，並代表了我們中國人對學習知識、使用知識的基本認識。這種認識當然很實用，只是有點短視。因為學生們接受的現成的知識不僅僅是現成的食物，而且還是熟食，無需再加工，這些食物日子久了會餿、會變質，即使有永遠不會過期的食物，也總會有食物吃完餓肚子的那一天。所以，長遠的看，我們的孩子應當學會的是覓食的本領和加工食物的技能。我們的教育應當使學生們在掌握一定的現成知識之外，還懂得如何尋找工具以及尋找什麼樣的合適工具去獵取為自己所需的知識或信息，同時要懂得如何分檢、合成、提取、加工信息。

如果沒有"麵包"與"獵槍"的對比性比喻，學習方法很容易被理解為吸收具體知識的技巧。然而，具有"獵槍"性質的學習方法並不是與吸收知識等位的一種輔助工具，而是高於知識接收的一種學習戰略。這裡不僅包括了如何有效地學習知識，而且還包括，在眾多未吸收的知識類型中如何判斷和選擇自己應學的知識、在自己已經學習的知識中如何進行是否繼續學習的取捨，以及如何評價各類知識與自己所應具備的知識結構之間的關係等等。

我的中小學是在"文革"中度過的，這段時期對於學生來說，最大的特點就是沒有書可讀，想讀書就只有通過各種途徑向有書的人借，由於所借到的每一本書都是來之不易的，所以根本不存在內容的選擇，那時我無論借到什麼樣的書都如獲至寶並記筆記以避免遺忘。對於當時的我來說，衡量自己吸收知識的程度就是以借到書的數量作尺度的，至於書的內容是否有讀的價值則不存在考慮的餘地。而到如今，書已多得根本讀不過來了，於是"選擇"成了必需的，選擇的能力問題便也隨之突顯出來。

從認知習慣上看，我們中國人往往是比較重視知識在量上的累積，注重大腦儲備知識的能力，注重對知識本身的擁有和佔有，所以我們往往對"取"知識很在行而對"捨"知識卻不僅外行還十分陌生，同時，我們對於學習方法和學習戰略也常常缺乏足夠的思考。

毫無疑問，社會需要的人才是好槍法的"獵手"，而不是吃完了麵包就無"技"可施的人。但是，走在求學道路上的學生們主要還是依靠"麵包"來生存，其原因是多方面的，如路不太遠（考上大學就是目的地），有夠吃又現成的麵包，誰還去苦心學打獵？又如路上沒有獵物（考試就考死知識），有槍也沒用。另外，缺乏經驗豐富的老獵手，想學打獵也無處學。

學習方法比具體知識抽象，所以就不如具體知識易於學習。同時，學習方法也不像具體知識那樣一目了然並可以在量的基礎上進行比較或衡量，所以學習方法的效果缺乏直觀性。當然，最根本的還是來自目前教育體制上的缺陷，這造成了學生們必須依靠死知識來得到學業與職業上的保障，而不能使自己成爲社會眞正需要的人才。

值得指出的是，在信息爆炸的當今社會，積累知識的盲目性比以往有着更大的危害，同時，有效駕馭知識的能力則顯得格外重要。

靈感的分量

有位朋友爲某出版社策劃了一本圖文並茂的兒童讀物，他負責文字部份，然後找人根據文字內容配畫。最終的結果顯然很成功，書的印數不少，銷量也很可觀，這肯定是與他的總體策劃新穎獨特、文字富於童趣有着必然的直接關係。但是，在付稿費的時候，出版社以他的勞動付出有限爲由，沒有按事先的約定付策劃稿酬，而只是按字數付了很少的文字稿酬。於是他大感不公，認爲他爲出版社生產了剩餘價値，他的勞動中不僅包含着有形的文字，更重要的是包含着無形的智慧，出版社之所以能從這本書中賺錢，正是靠着他的勞動與智慧，而出版社卻剝削了他的剩餘價値。

我很爲這位朋友報不平，覺得他說的很有道理。單純的文字寫作同總體策劃的工作量的確是不能相提並論，策劃中所涉及到的初期創意、總體設想以及全書的結構設計都完整地體現着策劃者的個性與獨創性，這無疑是意味着較高層次的智慧，也的確是爲出版社創造價値的根本所在，而智慧的"無形"，卻使人們有意無意地將其忽略掉。

愛迪生那句名言"成功意味着百分之一的靈感和百分之九十九

的汗水", 人們已習以爲常地將其用作"勤奮是成功第一要素"的佐證。這似乎是無可懷疑的, 既然汗水佔據着成功中的百分之九十九的"量", 其勤奮的重要性自是不可低估的。然而, 如果我們不從"量"的角度而從"質"的角度來分析, 所下的結論便會大爲不同。試想, 在灑了百分之九十九的汗水之後, 若沒那百分之一的靈感, 則仍舊是與成功無緣, 這足以顯示出"靈感"的"量"雖少, "質"卻極高, 它與勤奮的比值幾乎是以一抵百。

在此, 筆者並無意貶低"勤奮"在成功中的應有地位, 誰也無法否認"靈感"是以"勤奮"作爲基礎的這一事實, 正像成功缺不了那百分之一的靈感一樣, 也同樣缺不了那百分之九十九的汗水。只是由於我們中國人不太在意"無形"的智慧, 而常常無視"靈感"的獨特作用, 故有必要在此加以提示。

前不久, 在一次筆會上, 筆者高度評價了某雜誌上所載的某篇文章其觀點的新穎性, 當場就有某位記者表示, 那樣的觀點不算什麼, 他只是沒寫, 否則也同樣能寫出來。這種事後諸葛亮式的淺薄語言我們在很多場合、從很多人的口中都可以聽到, 可以說這是人們對他人創造之物的一種極普遍的心理反應, 而這種心理現象卻反映出人們對"創造"的無知。從生活實際來看, 別人已經創造出來的東西, 我們的確會常常感到那並不難於創造的, 只是我們沒想到。然而, 創造的價值就在於意想不到之中, 創造的本意就是使某種新觀念、新設想從無到有。因此, 對於那些無論事後看起來是多麼簡單的道理、觀點、設想, 只要我們事前想不到, 就必須折服於那擁有發明權的第一人。

靈感之類的智慧產物之所以受到忽視, 不僅僅是因其運作的過程"無形"而難以直觀看到, 同時也是因其運作的結果在構成有形之物後, 易於被人們想當然地視作平常之物, 而看不到個人的獨創性在其中起到的支撐作用。另外, 精神產品難以評價也是一個不可忽視的因素。

　　人們在按勞付酬時，對那些伴隨着汗水和勤奮的各種辛勞、苦勞，都不僅看得清也算得清，而對於那些交織着靈感和智慧的各種腦力勞作，則不僅是看不清也算不清。於是，從經濟收入來看，便導致了如今的現實，即寫書的不如編書的，編書的不如出書的，出書的不如賣書的。類似的現象在各行各業中都很常見，譬如，人們總忘不了爲歌星付高額的出場費，卻總不記得爲作曲者付歌曲的使用費。客觀的說，我們的社會還沒有發展到能夠形成崇尚智識性勞動、崇尚創造之風的階段，由此導致了越是需要創造性的勞動其收入卻反而越少的不正常現狀。

　　面對現實，也許我們會感到很無奈，因爲靈感與智慧的分量儘管於成功是很重的，但又的確是不易衡量的，這需要我們對知識與創造的內涵有足夠的瞭解。

　　有位在國內從事鋼琴教學工作的赴美訪問學者，當他在紐約的一家私人雜貨店購物時，在漫不經心的閒聊中爲那位有心讓自己的孩子學鋼琴的華裔店主詳細介紹了鋼琴初學者的入門訣竅以及如何鞏固和提高彈琴技藝。結果當他拿着買的東西要付款時，店主卻不收他的錢，說："剛才你給我上了一堂鋼琴課，對我的啓發很大。你付出了勞動，我受了益，當然要付報酬，你選的物品，就權當我應給你的報酬……"這個故事顯示了美國人對智識性勞動的重視，他們以付酬的形式來表達對別人提供的知識技能的尊重。這使我聯想到國內的相反情況，譬如，各報刊記者往往在人物採訪之後根據採訪對象的言論寫一篇採訪錄，稿酬則是記者自己獨拿。實際上，這是很不合理的，因爲文章雖然是記者寫的，但是思路、觀點等基本內容卻是被採訪對象提供的，這份勞動理應得到報酬。又譬如，某社會調查機構花了人力、物力搞了一項大型問卷調查，然後寫了一份調查報告投稿某報。該報認爲原稿的可讀性不強，於是讓報社記者在原始數據的基礎上重新寫了一篇,並以稿酬是發給寫作者爲由而沒給那家調查機構一分錢。在此,該報社顯然是無償佔有了別人的勞動,無償佔有了別人靠腦力勞動和體力勞動共同獲得的有價信息。

在我國,無論是體現獨創性的靈感或智慧,還是體現一般知識價值的思路、觀點、信息都沒有合法的渠道獲得其應有的報酬,而最爲遺憾的還是,人們對此習以爲常且視而不見。儘管我們總是把"尊重知識"的口號叫得很響,但由於不懂得知識的內涵,而致使不尊重知識的行爲隨處可見。

該不該和別人比?

在北京的一些中小學裡有不少外國人的子女就學,由於文化上的差異,外國學生的家長同中國教師在教育觀及教育方式上常常出現很大的分歧乃至激烈的爭辯。其中較突出的差異表現在,對學生的要求是使用單一標準統一要求,還是根據學生的個體差別而區別對待。外國學生的家長常常特別不滿中國教師用橫向比較的方式要求所有學生都達到同一標準,並認爲這種做法是非常荒唐可笑的。他們向中國的教師表示,自己的孩子根本無需也沒必要與別的孩子進行比較,只要與自己的過去比有進步就足矣了。面對如何評價孩子,中國人與西方人有着截然不同的思維方式和評價方式。

在西方,教師盡量避免對孩子進行橫向比較式的評價,對學生往往是既不表揚也不批評,其理由是,批評了這個孩子會刺激他本人,表揚了這個孩子會刺激別的孩子。這種有關評價的觀念與我們中國的觀念是大相徑庭的,尤其是表揚一個孩子就意味着傷害其他孩子的思維方式是中國人很少具備的。

有位中國學者去美國訪問時，某天在飯館裡吃飯，同桌共餐的眾人中有兩個小女孩，其中一個長得特別漂亮，以至於這位中國學者情不自禁地出語誇讚。不料，另一位長得難看的女孩的母親對他的這一行為提出了鄭重的批評，指出他當着兩個孩子的面誇讚其中一個，實際上是傷害了另一個孩子的自尊心。這位母親的話使他懂得了一個他以前從未留意過的道理，也使他為自己的雖無意卻是不妥的行為深感慚愧。事後，這位中國學者還得知，這位母親並不是孩子的生母而只是養母，從而更欽佩這位美國母親尊重孩子人格的教育思想。

　　在中國的學校裡，批評和表揚是教師最經常運用的教育工具，與西方教師注意學生自身的縱向發展而避免對學生進行相互橫向比較的作法正相反，中國的教師最喜歡採用橫向比較法，即利用小紅花、小紅旗等方式鼓勵孩子們競賽，看誰表現得好。在中國，無論是教師還是家長，當糾正孩子的不良行為時常常是採取表揚其他孩子、以其他孩子作榜樣的方式。所以中國人從小就學會用外在的、客觀的標準來衡量自己的行為，特別是通過與他人的橫向比較來評價自己。

　　東西方人反映在比較評價上的縱橫差異，其根本點還是在認識集體意志與個體差異的關係上。中國人強調個人服從集體，在中國的學校，主要是以整齊劃一的集體活動為主，個體被要求與集體保持一致，如果出現不一致則需調整自己的行為。在此，中國人強調羣體意識而不是個體差異，甚至於不認為存在着個體差異，因而學校總是用統一標準要求所有學生。中國的教師對表現欠佳的學生最常用的批評語就是："別人都能做好，你為什麼就做不好？"實際上，個體差異的存在是個不容否認的社會現實，中國學校的教師對學生個體差異的否定態度其實質是否定這種差異存在的合理性，於是要採取各種措施以期消除差異。

相比較，西方人不僅承認而且非常強調個體差異，教師們總是根據不同孩子的不同個性與能力安排不同的活動並作出不同的要求。西方的教育屬於個人中心型，其主要的特徵就是重視個性、突出個人，西方的教師之所以有差別地對待學生，其目的是為了使每個孩子都能成為有別於他人的獨特個體。具有鮮明對比的是，中國實行的是不考慮個體差異的平均主義教育，其教育的最終目的是使每個孩子都能成為與他人保持一致的羣體成員。

中外不同的教育觀和教育方式根源於不同的文化。中國人注重個人與羣體的關係，不習慣於脫離羣體，包括因出眾而獨立於羣體。於是，與他人保持一致便成為規範自己行為的依據及動力。由此，進行人與人之間的橫向比較就是通過與大眾化形象的比較來瞭解自己的位置和調整自己的行為。

從發展的角度來看，理想的現代教育應當是東西方文化的融合，包括東西方教育觀及教育方式的融合。我們當然沒有權利要求西方人吸收東方文化，但我們自己應當能夠明智地意識到吸取西方文化精華的益處。僅就學校的教育方法而論，橫向比較式的評價法的確有着明顯的弊病，首先，無視客觀存在的個體差異本身就是一種不科學的評價態度；其次，絕對化的橫向比較使個體不能正確認識自己的長處與短處，不利於學會採取揚長避短的生存策略；第三，注重與他人比較必然會導致攀比心理定勢的形成，這是造成眾多心理失衡的根源。愛攀比是中國人的一個非常明顯的特點，正是因為從小被灌輸橫向比較的思維方式，使中國人時時、處處、事事都要與周圍的人進行比較，而客觀現實中不可避免的眾多差異又誘發了人們諸多的心理不平衡。

其實，絕對的縱向比較是不存在的，在由人羣的相互合作構成的社會中，人與人之間的差異作為客觀現實已構成了自然比較，因而，對橫向比較的強調必然是一種過度導向。對於個人來說，我們無力改變中國人的這種橫向比較的思維習慣,但是,意識到這種思維方式的弊端,可使我們在思考問題的時候避免步入這方面的誤區,從而能夠正確地把握自己。

事例與數據

認識了一位來華作學術訪問的美國教授,在探討學術問題時,我就注意到他不斷地使用具體的數據來說明他的觀點。私下裡閒聊時,發現他還是數據不離口。在談到計算機已開始進入中國普通家庭時,他馬上問佔百分之多少;一提到中國這幾年境內境外的旅遊熱,他又趕緊問,百分比是多少。我其實根本不知道具體數據,可看他那沒有數據支撐就一臉的困惑狀,只好憑自我感覺信口估計了一個百分比,而他便信以為真,又一臉歡欣地交談下去。我暗自好笑,想老外對拍腦瓜拍出來的數據居然還挺當回事。

在觀看美國大衆化的電視談話節目時,也發現統計數據無時不出現在社會問題的討論及社會現象的描述中。顯然,美國人偏愛數據並不限於知識份子。另外,美國人運用數據,不僅是在說明某種現象時以此作為事實憑據,而且在表述自己觀點時以此作為論述依據。

咱們中國人對"數據"不感興趣,熱衷於的是"事例"。無論哪一刊物的編輯在約稿的時候,都忘不了囑咐我要有生活例子,千萬別堆數據。"事例"其實就是特例,不管所述事例多麼具有普遍性,作為單一的具體的事例則只能算作一種特殊情況。只述一例,從邏輯上來看,應當說是不具代表性的,僅從一例就推出一系列結論,應當說是不科學的,西方人也正是如此認為的。相比較,中國人則偏愛事實,正所謂"事實勝於雄辯",一個生動的例子比一堆確鑿的數據更能使中國人信服。聯想前不久，當衆多報紙都報道了同一個事例：某來自農村的小保姆如何天資聰穎，學富五車並等價於資深的老專家時，縱使你心存疑惑也難免會因那充滿細節的生動描寫而相信人間奇跡無處不有，直到又有記者用更詳細、更確鑿的事實揭露那是一例假報道時，你才恍然發現自己幾乎爲假事實所騙。

比起連環畫般的事例，數據缺乏直觀性，自然也缺乏生動性，而數據所代表的意義還往往需要一定的想像與延伸，即需要讀者具備一定的理解力和抽象思維能力。不過，數據自有其特定的優點，即能表達出普遍性，並能從普遍性中推出相應的結論。如果說，因病退學的大學生中有 62％是患有精神疾病，那麽就可以推知，精神疾病是導致大學生病退的第一位病因；還可以推知，每三個因病退學的大學生中幾乎有兩個是精神疾病患者；進一步的推論則是，防治精神疾病可以降低大學生的因病退學率。

"事實"的力量則在於它發生了，雖然只有一例，卻完全可能再發生一次。某種病死亡率極高，可只要有一例生存期超限，就會給其他病友帶來極大的希望。廣東某三歲女童識字超過 3000，一經媒體宣傳，立刻使衆多的年輕父母對生養一個神童充滿信心。建在福建農村的高速路儘管設有安全隔離網，卻總有鄰近的村民們不顧交通安全的宣傳而在高速路上隨意穿行或騎自行車，因爲他們圖方便已不只一次，他們的邏輯是，以往的事實已證明穿行高速路沒有危險。總之，我們中國的老百姓習慣於對偶發性事件作出進一步的推論，於是爲無望帶出希望，爲危險帶出僥倖，爲特殊帶出一般。

西方人重表達的精確性，而量化的數據能夠達到這一目的。西方人多認爲，無論是陳述事實還是表述觀點，僅舉一例是無以爲據的，故在面對單一事例時，他們往往感到無法展開思維，他們會認爲還缺乏足夠的信息而難以得出令人信服的結論。只有見到了"百分比",他們才感到擁有了對全局的總體把握和全面瞭解。西方人比較注重事例的發生率,即所述事實到底有多大的代表性,百分比低的事例則因帶有偶然性而缺乏引證的力度。這就意味着,數據的大小直接關係到所述事例的引用價值。所以,對西方人來說,數據比事例重要。

有一次,我與一位美國教師聊天,我不無自豪地談到:"中國的學生就是聰明,你看,在美國的學校裡,學習拔尖的總是中國學生。"老外沒有直接表示不同意,只是很平靜地說了一句:"到美國來上學的中國學生都是國內最好的學生。"我當即就體味到東西方人思維方式上的差異,我們只看到了中國學生在美學習突出這一表面現象,卻沒有意識到,我們是用自己最好的學生與人家的普通學生進行比較。這顯然是一種不等價比較,因而不具有解釋價值。在此,事例因具有特殊性而不具有普遍意義。

對於我們中國的大多數人來說,數據是空洞抽象的,並與個人毫無關係,只有看到了具體的事例,個人才感到擁有了比較的參照、評價的對象、仿效的榜樣。所以,在中國人的眼中,事例比數據重要。"事例"的特點是富有感性化的感染力,"數據"則無疑是理性化思維的素材。中國人看問題是比較感性的,不像西方人那樣理性化,所以中國人偏愛"事例",而不像西方人那樣熱衷於運用"數據"。

無論是重"數據"還是重"事例",都表達了不同的思維方式。僅從"數據"與"事例"的側重性來看,西方人的思維方式帶有演繹法的特徵,即從一般到特殊;中國人的思維方式則帶有歸納法的特徵,即從特殊到一般。然而,無論我們怎樣評價有差異的思維方式,有一點是必須意識到的,即不同的思維方式必然會導致分析問題的角度不同、解釋問題的依據不同、理解問題的層面不同以及推理的邏輯程序不同。

跳起來抓機遇

剛聽說一位老同學考英國某校的留學生，筆試順利通過，分數還挺高，挫敗了衆多競爭者，可是面試時卻意外地敗北。所謂意外，是他周圍的人倍覺意外，而我對此卻並無意外之感。這位老同學屬內秀型人才，性格內向、不善言談，無論是體態外貌還是舉止談吐都顯示不出機敏的內涵，所以在面試中，他不太容易給別人留下滿意的印象。實際上，面試失敗的例子在實際生活中是極爲常見的，這不僅反映在求學中，還更多地反映在求職中。

就平均水平而論，我們中國人是屬於"敏於行而訥於言"的民族。當然，這種民族性的形成主要的還是源自我國特有的兒童早期的社會化訓練。一般來說，中國人對自我表達能力的訓練是不重視的，在語言訓練方面，對於學齡前的孩子，總是以背誦歌謠和詩歌爲主，對於學齡期的孩子，則以背誦課文和概述他人觀點爲主。總之，整個語言訓練過程都沒有爲如何完整有效地表達自己的思想觀點留下足夠的位置。所以，中國的孩子往往不能清晰、流暢地表達自己的所想、所思，與此同時，從大腦思維到口頭語言之間的轉換常常出現障礙。

在中小學階段，甚至大學階段，由於學校採取的是老師講、學生聽的"一言堂"式的教學法，同時又缺乏各種形式的討論會、辯論會，所以，中國的孩子在整個求學期都非常缺乏自我表達的訓練機會，由此而導致了我們的演說能力普遍低下，這也直接導致了很多人害怕在衆人面前講話，一旦需要面對較多的人發言，就會出現由心理障礙帶來的諸如臉紅心跳、緊張慌亂甚至兩腿哆嗦、語無倫次的局面。

另外,中國人的處世哲學是"言多必失"、"少說爲佳",因而寡言常受到社會的認可,有言道"沉默是金",而"誇誇其談"則總被視作不妥的行爲表現。概觀而論,正是忽視自我表達的語言訓練方面的社會化和沉穩處世的價值觀,使我們中國人在推銷自己的方面有着天然的弱勢,而許多機遇卻恰恰是由於這一弱勢的存在才喪失的。

"機遇總是落在有準備的人頭上",這句名言本身並沒有錯,只是我們的理解常常有誤。首先是對"準備"的理解太狹窄,似乎"準備"僅僅意味着專業知識和專業技能的具備。其實,"準備"中還包含有"抓"機遇的本領,而這一本領所涉及的範圍很廣,大到適應社會的能力,中到語言表達能力,小到面部表情的表現力等等諸多方面。

另外,我們對"機遇"與"準備"的關係也往往缺乏恰當的理解。很多人似乎覺得,機遇像箭一樣專門射向有準備的人,或者是,只要做好了準備,自有那機遇送上前。其實,有準備僅僅意味着在碰到機遇時不會失去機會,而機遇卻並不會特意落在有準備的人頭上。在此,不僅抓機遇的本領與有知識的準備不是一回事,而且具備抓機遇的基本素質與具備抓機遇的具體技術也不是一回事。譬如,有的人雖然總體素質不錯,但只是被動地坐等機遇的降臨,於是等來機遇的次數就不如那些會跳起來去抓機遇的人多,因爲跳起來抓的機遇常常是原本飛向別處僅路過於此的"過路客",這就是說,懂得主動抓機遇的人比起坐等機遇的人將同機遇有着更大的緣份。

在實際生活中,對於每一個體來說,有機遇卻沒準備的情況是常見的,如看中了某份工作去應徵,卻因不具備聘用單位的技能要求而落選;同樣,有準備卻沒機遇的情況也不少見,如自信具備某項專才卻屢屢懷才不遇。一般來說，專業訓練、知識儲備的重要性是顯而易見的，人們多不會忽視，而對於那些諸如自我表達能力、自我推銷能力之類的社會技能，人們卻只是在當今面臨各種職業選擇的面試中才剛剛注意到其重要性。

"不善言詞"是中國人的普遍特點，這是受到傳統文化推崇的性格特徵，在學校，老師也是希望學生少說多聽，所以，一個人如果語言表達能力不強，在學生時代不但不是一個缺點，還常常是個優點。但是，在現代社會，很多職業都對人的語言表達能力提出了越來越高的要求，如導遊、節目主持人、律師、商貿洽談、公關部門等等，語言表達能力無疑是現代社會的一種必備的生存能力。

在我過去的同學中，不乏聰明智慧者，他們出國留學、讀博士、進博士後流動站，可這些人工作後，能力平平，使人難生敬佩之心。令我深感佩服的卻是一個沒上過正規大學的女同學，我對她的佩服甚至始於上小學的孩童時代。當時的一般孩子，包括我自己，沒有講稿就不會在眾人面前講話，或者是緊張地說不出話來，或者是不會組織語言而說出一些詞不達意的話，而獨有這位女生能無需任何準備，也不在乎有多麼眾多的聽眾，洋洋灑灑，口若懸河。她在同學和老師的眼裡永遠不在聰慧者之列，可她的能幹卻是誰也不能否認的。她從小學至高中，不僅是班級裡的幹部，還是學校的幹部，她的組織能力由於她那出色的表達能力而顯得十分出眾。由於家庭經濟困難，不能同時供兩個孩子上大學，作為長女的她儘管學習成績很好卻放棄了考大學，而把機會留給了妹妹。後來，她利用業餘時間讀了大專，在重學歷的社會中，她靠着自己的能力，從一個普通的工人幹到了某大型國企單位的高層領導。有一次，在電視裡，我很偶然地看到了她，電視畫面裡的她正在眾人面前講演，還是像當年一樣自信、坦然、能言善辯。我想，善言詞這個能力無疑使她受用終生，她的機遇也與她的這項能力密切相關。

随着改革开放的进行,社会的职业流动大大加快,各种各样的机会似乎多了起来,然而,与此同时,社会对人的整体素质的要求也越来越高了。结果我们发现,当我们面对逐渐增多的机遇时,却常常遗憾于自己因缺乏捕捉机遇的能力而错过了机遇。已使我们开始注意的是,从目前的社会发展现状来看,社会对人的素质的要求与以往传统的社会化训练及学校教育的目标之间存在着相当大的差距,这无疑会成为今后整个社会变革和教育改革的一种契机,同时也成为每个人自我校正、自我完善的契机。

汉字与思维特点

汉字是建立在象形字基础上的表意方块文字,汉字的最大特点就是它像图画,识读汉字其实就是看画展。从汉字的特性来看,汉字是一种"视觉语言",其记忆的效果要远远大于口语这种"听觉语言"。人类是通过五官吸收知识的,其中吸收最多的就是眼睛。根据实验,人类所吸收的全部知识,83%是来自眼睛,11%是来自耳朵,其余为6%。因而,文字对于人们学习知识、训练思维的影响占据着天然的优势。

汉字是一种以形表意为其主要特征的文字,而象形文字的识别与儿童的思维相符,由此使汉字成为易于为儿童所接受的文字。在英美等西语国家,约有10%的儿童患有"阅读困难症"或"失读症"。自本世纪60年代末以来,东西方学者的大量研究发现,在使用汉字的中国和使用汉字及假名的日本,儿童中并不存在"失读症"。70年代初,美国的研究发现,教有阅读问题的美国儿童直接用英语读认汉字,结果很成功。80年代初,西德的研究发现,教痴呆儿或弱智儿学习包括汉字在内的象形文字要比学习拼音文字容易得多。因此，所謂的"失讀症"僅僅是"純拼音文字失讀症"。

中國人在智力上的優勢與漢語的語言思維方式是有密切關聯的，漢字具有獨特的認知方式以及獨特的邏輯推理方式。我國心理工作者對上海市區兒童智力進行的測驗表明，在12個項目指標的測試中，中國兒童有七項超過美國兒童，僅兩項低於美國兒童，尤其是在算術、詞彙、數字概念方面的廣度、譯碼等一些大指標上，中國兒童的潛力更大。

漢字的邏輯性強，主要體現在兩個方面，其一是數字的規律性和明確的進位概念；其二是以字組詞的功能，漢字因單音孤立而具備了很強的以字組詞的功能，這使漢字的字意存在着很大的邏輯推演性以及豐富的聯想性。漢語的語法同數學的語法非常相近，數學只有10個數碼，能夠表現一切數值，一是靠靈活的組合，二是靠變換符號的次序，漢語語法也是遵循了這兩條原則。中國兒童數學智商高的一大原因，就是漢語的思維與數學的思維相一致，由此，中國的孩子能夠輕而易舉地領悟數學思維的精髓，這使中國孩子學數學的能力比印歐語系的孩子強。

漢字呈方塊形，與長短不齊的拼音文字相比，每個字所佔據的空間均相等，故靠視覺進行分辨時，眼睛無需對所接收的映像進行方位上的調整。人在進行視知覺時，視線總是集中在視覺對象的某一點上，呈平面方塊的漢字則因具有較強的聚焦性易使目力集中，從而使視線準確地聚於最佳點。另外，漢字的字形結構緊湊，字型短，使每次注視單詞的覆蓋率高，同時因漢字呈等距離排列，又可使視線的移動規則化。因此，從視覺生理來看，漢字易於高速閱讀。有研究證實，漢字的認讀速度比英文快1.6倍。日本的研究表明，漢字的認知速度比假名快10倍，比羅馬文快20倍。

漢字培養了中國人良好的視覺語言能力，包括視覺分辨力和視覺記憶力，但同時又構成了中國人在聽覺語言能力方面的薄弱。有趣的對比是，外國人學漢語時，常常能說一口流利的普通話，甚至賽過衆多一輩子都有口音的中國人，但卻一個大字不識；而中國人學英語時，常常是能讀大部頭的專業書，甚至能譯世界名著，但卻一句話不會說，一個詞聽不懂。不同的語言特點培養了人們不同的語言能力，中國人在視覺語言能力優越的同時，聽覺記憶力和語音分辨力也的確不如印歐語系的人。

漢字在結構上是以形聲字爲主流，形聲字基本上都是由形旁和聲旁兩部份組成，如"裘"字，"衣"爲形旁，"求"爲聲旁。形聲字的"形"以它的字義來與其所表示的詞的意義發生聯繫，它的"聲"是以它的字音來與其所表示的詞的聲音發生聯繫。由於形聲字能同時表示詞的聲音和意義，故學漢字學到一定程度就可以從字的形旁和聲旁猜出陌生字的發音與字義。這種形聲字一般用已有的漢字作爲字符重新組合，在漢字體系中並不增加新的字符，即"生字熟旁"，故極便於記憶。我們學漢字都會有這種體會，看到一個生字卻並沒有十足的陌生感，因爲字形是由我們所熟知的內容組合而成的，於是我們既可以推測字義又可以推測字音。無疑，漢字培養並訓練了中國人的一種思維方式，即類推。

識記漢字還是一個分析、綜合過程，識獨體字要做筆畫分析，包括分析筆畫的順序及位置組合。識合體字要做部件分析，包括分析哪一部件表音，哪一部件表意，以及各部件的方位組合。識記漢字又是一個比較過程，需要不時地將一些形雖近而意相遠或音相同而形、義迥異的字進行比較。漢字字型的基本特徵以及相應的特徵分析在漢字的模式識別中起着關鍵的作用，實際上，一個漢字的辨認過程就是將該漢字的基本特徵進行分析，然後再與長時記憶中的相近字形進行比較，一旦獲得最佳匹配，該漢字便被識別了。由於漢字大量使用了對稱性的類比，促成了中國人使用類比的思維習慣。

心理學實驗證實，總體特徵的知覺快於局部特徵的知覺，而且當人有意識地去看總體特徵時，知覺加工不受局部特徵的影響，但當人注意看局部特徵時，則不能不先知覺總體特徵。也就是說，總體特徵是先於局部特徵被知覺的，總體加工是處於局部分析之前的一個必要的知覺階段，知覺過程開始於總體的組織，然後才是對局部特徵的分析，這種現象被稱之為總體特徵優先。漢字的識記是個整體認知的過程，人們只要看到一個字的基本輪廓，用不着看清細節，即具體的筆畫，就可以辨別這個字。這就發展了中國人的整體認知的思維習慣，事實是，與西方人相比，我們中國人的確比較擅長於從整體、綜合的角度來看待問題和分析問題。

漢字的直觀形象性，不僅使具有直觀性的字形與具有內在性的字義結合得非常緊密，而且也容易引起直覺想像，這又構成了中國人喜歡靠直覺來進行判斷和思維的潛在影響因素。

由於語言文字是一個人在兒童期就必須學習、掌握的社會技能，同時人們是借助語言文字來進行交流和自我表達，所以，語言文字的特點必然會伴隨着人的成長而影響到思維的特點。總之，我們中國人的一些思維習慣或思維特點是與漢字的特點密不可分的，也就是說，我們在遵循語言文字的規則來學習語言文字的過程中，已經採用了該語言文字所特有的思維邏輯，並在潛移默化中，將這種思維形式運用到我們的日常生活裡去。

科學的冷與熱

如今年輕人報考大學的熱點是經貿、財會、外語、法律等文科專業，這與十幾年前的情形大不一樣。回想 70 年代末至 80 年代初，全國都處於科學興國的熱潮之中，當時人們報考大學的熱點是在理工科而不是文科，最熱的學科則是物理學、數學等理科。報文科往往被認為是智力有限的表現，於是很多喜歡文科的人只要有能力學理工就不去報文科。毫無疑問，在那個時代學自然科學有着很高的社會地位。許多大學生們都夢想着將來能像楊振寧、李政道那樣獲諾貝爾物理學獎，或是像陳景潤那樣摘取諸如哥德巴赫猜想之類的數學王冠。

時過境遷，現在屬於科學範疇的專業對年輕人的吸引力越來越小，同時，媒體對科學的關注也早已轉移到了別處。結果，科學的春天過後，經過火爆的夏日，如今已進入了帶有涼意的秋季。

大眾媒體對"科學"的熱情不會長久的其中一個原因是，有興趣為媒體供稿的人大都對科學或是不懂或是沒興趣，而對科學有興趣而又在行的人又多半沒興趣參與媒體的活動。同時，人們是到專業性的刊物裡去尋找科學，而到大眾媒介裡只是覓食文化快餐。

中國在科學方面一直落後於西方，由此，科學應當受到格外的重視而不是冷落。科學由熱變冷的主要原因是，整個社會對待科學的功利性態度使學科學的風氣日漸衰弱，不僅由此降低了人們學科學的動力，而且也減少了從事科學工作的後備軍。具體表現為：政府對待科學項目的態度是功利性的，有實用效益的科研項目就大力資助，否則便漠然置之；學校對待科學教育的態度是功利性的，以高考為教學的核心而忽視了科學興趣與科學精神的培養；個人對待學習科學的態度是功利性的，學科學只是為了應付考試，最終目的是考大學，即為了生存而不是為了求知，由此只要能找到更好的生存方式就可以放棄所學的科學專業。

另外，科學知識的普及在中國一直是個薄弱環節，一方面科普知識被作為專業知識而被排除在中小學正規課程之外，同時又作為非理論知識而被排除在大學的正規課程之外。因此，即使是理工科大學畢業生也未必具備專業範圍以內的科普知識。這就意味着，即使是接受了自然科學高等教育的人，對科學的瞭解也是極為有限的，更不用說其他人。

科學是借助理性的手段，運用理性的思維進行獨創性的探索活動。科學的基本使命或主要功能是認識客觀世界，而把握事物的本來面目、揭示自然界的奧秘則是科學探索的目的。在這種追求眞知的過程中所需要的各種必備的素質就構成了科學精神，其中包括客觀性——對客觀規律的尊重；寬容性——對各種異議的兼容；進取性——對未知世界永無止境的探索。由此，以求眞爲主旨的科學探索活動必然是求實、理性、批判和創造的。

在我國，科學精神的缺乏導致了社會中浮誇多於求實、盲從多於質疑、求同多於求異、保守多於創新、非理性多於理性。究其根源，從培養人的科學精神角度來看，學校敎育是個重大的缺陷，以與科學精神相背離的敎學方法來敎育學生，即使是敎授科學知識也不能讓學生具備科學精神。譬如，追求統一答案即是鼓勵求同而非求異；在各項學習中不允許學生犯錯誤，出點錯就罰作業，即是與科學的寬容性、試誤性背道而馳；強調書本乃至課本的權威性則是培養了盲從的習慣而不是獨立思考和質疑的意識；文科考試中要求一字不差地按標準答案答卷，不許有個人的發揮，則是與探索、進取的科學精神相對立的。

科學精神不僅僅爲科學研究活動所需，而且爲各種社會活動所需，科學精神能夠幫助我們在觀察和分析各種社會問題時進行理性的思考。實際上，科學的應用或技術影響着我們的生活方式，而科學的理論與原理則影響着我們的思維方式。如果我們有一定的科學常識，就不會相信水變油之類的騙術，如果我們懂得一定的科學方法，就不會輕信一些取樣不科學的數據乃至推論。科學知識的具備使我們遠離愚昧、迷信、無知，科學精神的具備則能使我們對一切偽科學的東西進行合理的質疑與批判。

人性評價的困境

不久前，媒體曾大肆報道過一則新聞，某正在監獄裡服刑的犯人，在假釋回家探親期間，因奮不顧身下河救落水的兒童而不幸溺水身亡，其父母在悲痛萬分之時沒提別的要求，只是聲淚俱下地懇求組織上能爲他們死去的兒子授予"烈士"的稱號，以便換下那令全家人蒙羞受辱的"犯人"稱號。顯然，這是一道具有高難度的倫理難題。

這位具備犯人與英雄雙重身份的人，年僅24歲，入獄的原因是出於仗義幫哥兒們打羣架且致人重傷，受傷者後因搶救無效而死亡。據監獄管理人員介紹，該小夥子在獄中始終表現不錯，由此受到減刑、假釋、表揚等多種形式的嘉獎，平日他也一向愛幫助人，故救人之舉並非偶然。我們中國人歷來是講究"蓋棺定論"的，而此例中的主人公卻在蓋棺之後難以定論。其中之矛盾是顯而易見的，對於被他所救的那個孩子的父母及親屬來說，他無疑是大德大善的救命恩人，是捨己救人的英雄；而對於被他打傷致死的那個青年的父母及親屬來說，他又顯然是傷殘人命的有罪之人。面對如此不可調和的矛盾定論，作爲其他非當事人的旁觀者，則衆說紛紜、莫衷一是。

我在想，這件事若放在西方社會恐怕不會出現如此這般的評價困境，因爲在西方，昔日的社會名流、英雄人物即使因犯法而入獄，其崇拜者之衆多也絲毫不減當年。這其中的差異主要在於東西方人在理解人性和評價人性的不同方式上，一般來說，西方人注重分階段、分層次地評價一個人的功與過，東方人則注重人性發展的連貫性。

中國人看人是比較固定化的，俗話說，"三歲看老"，三歲的性情就能定終生了，更不要說一個成年人的人品如何被定型化。在中國的文學作品中，人物性格都是前後連貫統一的，雙重性格或多重性格的人物幾乎是看不到的。在評價歷史人物時，我們常常是採取"三七開"的方式，但是，對於那些處在輿論評價為善惡兩個極端的歷史人物則多是採取百分之百的否定或百分之百的肯定。在日常生活中，人們相互間的看法也常常是沒有伸縮變化的餘地，即人們習慣於用一個現成的固定框架來套一個人的所有言行，這種一成不變的思維方式、判斷方式在解釋複雜變化的人性時則難免會陷入到矛盾的評價困境之中。

在現實中，中國人無論在感情上還是在理智上都認為被推崇為英雄的人物應當是完美無瑕的，而且是整整一生都完美。由於我們是把英雄作為理想化的楷模來仿效，故容不得英雄身上有絲毫污點存在，或者說，我們認為經不起推敲的人是難以作為榜樣的。

從理論上講，中國人一般認為，人性發展具有連續性，正所謂"冰凍三尺非一日之寒"，無論好人還是壞人都是長期的德性日積月累的結果，意即好人就是長期行善的產物，而壞人則是長期作惡的產物。這種絕對化的觀點，顯然無法解釋善惡共存的複雜的人性現象。其實，對普通人來說，善惡共存現象並不是表現在極善與極惡之間，而多是在中小善與中小"誤"之間。這裡的"誤"即錯誤、失誤等類大大小小的過失。

我們不敢說世界上就沒有十全十美的至善者，但這肯定是極少數，就猶如健康的肌體也會時有小病侵擾一樣，完善的人也會時有小誤出現。這樣的道理，其實任何普通人都懂。問題的關鍵在於，中國人敬英雄實際上不是在敬人，而是敬"神"。我們是把英雄當做一種完美無缺的做人標準，並作為衡量我們自己行為的參照尺度，而尺子是必須精確、萬萬不能有誤的。這裡所顯現的誤區是，一個人做了好事以後，我們總是提倡向這個"人"學習，包括這個人的一生，而不是集中學習這個人具體的好行為。

　　實際上，英雄人物被神化的具體過程是人為的，而有刪改的宣傳使大眾看到的英雄則是失真的。記得當年我小的時候，只知道雷鋒叔叔是世界上最勤儉的人，他穿很舊很破的衣服，因為在展覽中看到了他那補丁摞補丁的襪子，卻不知道雷鋒叔叔也有呢子褲、有夾克衫、有英納格手錶。在當時我的心目中，雷鋒叔叔除了做好事不會幹別的也沒時間幹別的，殊不知雷鋒叔叔是個愛唱歌、愛跳舞，生活上很有情趣的人。正是缺乏真實性的媒體宣傳拉開了英雄人物與普通人之間的距離，並致使人們將英雄這一整體都冠以超現實的形象。於是，來自普通人的英雄一旦被列入對外宣傳的英雄榜，便被罩以"神聖無瑕"的光環。

　　其實，當我們用辯證的、階段性的、層次化的思維方式去評價人時，就可以避免因人性的複雜合成性而陷入矛盾的困境；而當我們以普通人的心態去理解真實中的英雄人物時，將會找到一個更接近於實際生活的學習榜樣。

四・心理世界的逆向湍流

心理健康教育的死角

　　在電視裡看到，記者在採訪一些小學生和家長時，問什麼樣的孩子是好孩子，結果回答的一致性非常高，即學習好的孩子就是好孩子。看到這情景深感悲哀，小孩子倒有情可原，學習幾乎是他們生活中的唯一內容，他們實在想不出還有什麼是比學習更重要的。然而家長也這麼認為，這便意味着一個普遍存在的社會問題，即以書本學習取代全面教育。毫無疑問，這種急功近利的應試教育，必然是以孩子的心理健康為代價的。

　　前不久，北京西城月壇地區的公安人員破獲了一起重大案件，案犯王某持刀扎傷 30 餘人，受害者有男有女、有老有少，其中一名大學剛畢業即將赴美留學的女學生被刺後身亡。王某與這些受害人均素不相識，只因其某日在街上與兩男一女路人發生口角，繼而被毆打致傷，欲復仇，卻因天黑未認清對方面孔，於是僅憑模糊印象將刀扎向所有被他認為與其仇人相像者，有的僅僅是髮型相近，有的則只是騎的自行車與他的仇人騎的自行車的型號一樣。

　　值得深思的是，王某從小無劣跡，學習好，聽話，是人們心目中標準的好學生。他大學畢業後在某出版社任編輯已多年，單位裡的人對他也無任何不佳評價。正是這樣一副斯文的知識份子形象，使公安人員在最初的立案偵查中並未懷疑到他。猶如人們認為學習好的孩子就是好孩子一樣，人們也易於認為有文化的人不會舉刀殺人。

王某從小性格內向，寡言，孤僻，從未有過任何朋友，與周圍的人也極少交往，自那次被打之後即將復仇作為生活的核心內容。被捕後，記者問他有沒有想過，被他傷害的人都是無辜的人。王某毫無悔意地坦然答道："沒有，我只想着報仇。"足可見其冷酷之心。

按照時下世人之見，孩子上了大學就是成了才，而王某這個大學生卻成了濫殺無辜的罪犯。毫無疑問，王某的陰暗心理並非一日所成，他在學校時已是一個心理不健康、人格不健全的學生，家長和老師並非沒有覺察，但都未能引起重視，只因心理問題在人們的心目中總要讓位於學習問題。何況，對於學習好又聽話的孩子，家長和老師往往都很放心。

值得引起我們注意的是，心理健康教育對於那些學習好並使老師、家長放心的好孩子不僅是急需的、必要的，同時也是我們成人易於忽視的死角。有不少調查表明，那些一貫受到老師喜愛並令家長十分自豪的優秀生、班幹部卻往往是心理素質不良者，他們普遍有好表揚、怕批評、嫉妒心強、虛榮心重、敏感多疑及自我中心等不良心理特徵和個性缺陷，而這些不良的心理素質往往被學習好、聽話等表面現象所掩蓋。成人們總是將批評的焦點放在那些學習成績差或有明顯行為問題的差生身上，結果這些差生因成天挨批倒具備了較強的心理承受力，而那些受到老師、家長寵愛信任的優生，由於經受的挫折少並總是生活在表揚裡，故心理脆弱，一旦處於逆境，則會產生出比普通孩子更大的心理困擾，更容易出現心理危機並採用極端的方式來處理生活中的挫折。

四·心理世界的逆向湍流 | 155

實際上，優生的某些優越背景恰恰是生成許多不良心理素質的溫牀。譬如，一貫拔尖者難免會伴隨着好表現自己、好爲人頭領的心理慾求，並由於怕失去已有的優越地位而生怕別人超過自己，同時也必然有較強的嫉妒心理，並因此而好壓制別人抬高自己。也就是說，一些不良的心理素質乃至陰暗的心理傾向恰恰是優秀生之優越條件的必然伴隨產品，這一點的確是以往作爲教育者的家長和教師很少注意到的。

當"學習好"成了好學生的代名詞時，心理健康、道德品質等內容統統被人們遺忘了，其結果是，受過良好教育的人卻並沒有同時具備良好的心理素質、完善的道德品質以及較高的文明程度。

面對下一代，我們確實有必要認真思考一下"什麼是好孩子？"並在好孩子的標準中加入"心理健康"這一重要內容，同時也有必要面向整個社會提出一個新口號，即下一代的心理健康教育遠比智力教育更重要。

應試教育的雙重代價

從報紙上得知，近日，兩名在加拿大留學的中國學生自殺，都年僅二十幾歲。一名是電腦博士生，因在加拿大找工作困難而自殺；另一名是生化博士後，因工作受到指導教師指責而自殺。另據報道，這兩名留加學生的自殺均源自經濟和精神壓力所致。

對於重視學業的中國人來說，把書唸到博士可謂成大才了，然而，在學業上成了大才的博士生卻因難以承受工作、生活壓力而尋了短見，如此結局則使人在歎息之餘又不免有所深思。

在我國，儘管教改的口號年年在喊，但中國的教育始終是一種應試教育。整個學齡期，學生們都爲了考大學這一個目標而埋頭學業，學校和家庭都把學習放在第一位，孩子們也不用訓練其它本領，學習成了生活中的唯一內容。與學習相比，身體鍛煉、道德品質、心理素質都成了可有可無的身外之物。其結果是，越是學習好的孩子，缺的東西越多，包括基本生活能力、面對困難的心理承受力、靈活的社會適應能力等等。從國際知識競賽的成績來看，中國的學生的確是很優秀，但這顯然是有代價的，即以犧牲孩子們學習以外的各種能力為代價才換來的。

應試教育是一種缺陷教育，使青少年的生活除了學習沒別的內容，因而無法經歷完善的社會化，由於缺乏必要的社會交往和人際交往的技能訓練，故而缺乏足夠的環境適應能力和人際交往能力，一旦面臨這些方面的現實問題，則難免陷入心理困境。另外，應試教育培養的學生缺乏各種生存能力，而一個事事無能者在實際生活中遇到的困難必然較多，所產生的挫折感也必然較強。不難想像，一個除了學習其它方面一概不懂的人，一旦要獨立面對各種生活困難時，將會處於怎樣的精神壓力乃至心理危機之中。也就是說，生存能力的缺乏相對增大了原有的困難，同時也相對增大了對心理承受力的要求。

西方的孩子從小邊打工邊掙錢，他們從小就在各種打工活動中瞭解社會、適應各種環境以及瞭解自身能力。因此，他們在真正進入社會時就有着足夠的精神準備和經驗準備，這使他們有足夠的實踐能力和心理承受力來應付來自生活中的各種困難。相比較，中國的學生，學習與工作是截然分開的，對新的工作環境的適應是突然開始的，而相應的能力卻難以突然產生，於是社會適應不良乃至由此而伴隨的心理危機就在所難免了。尤其是單身出國留學，不再有父母幫助出謀劃策以及解決各種生活中的困難，獨當一面的生活也必然是獨自承受各種心理壓力，因而中國留學生因生活壓力造成精神崩潰而自殺有着內在的必然性。

其實，即使在國內，也有某些學生因交不起學費或家庭經濟困難而自殺的。近年來，還有些學生是通過沿街乞討而不是打工來掙學費，問及乞討的理由多為：學費高，家境貧，打工難。看來，中國的學生的確是太缺乏自強自立的本領了，一遇到生活中的困難，就採取自殺或出賣尊嚴等極端性的辦法，似乎除此之外就沒有其它出路了。

應試教育在生活價值觀上也限定了學生，似乎只有一種公認的成功之路，狹隘的追求使年輕人意識不到生活的路是多種多樣的，以及個體有着寬泛的選擇範圍。正因如此，個人的生活、工作一切順利猶可，一旦遇到挫折和失敗，往往缺乏面對困難的坦然心態，缺乏靈活應對困難的生活策略，同時也缺乏對遠景的基本預測能力。

中國的應試教育還造成了學生的強迫性心理，包括思維的刻板性，一條道走到黑的狹隘性。從小在"摳分數"的教育環境下長大的孩子，必然喜歡鑽牛角尖，也難有開朗的性格。現有的考試方式、學習方式都造成了今天的學生缺乏靈活性，包括靈活地適應社會環境、靈活地選擇生活道路、靈活地調整自己的人生安排等等。應試教育下的訓練方法培養的人是謹小慎微的、是心胸狹窄的、是目標單一的，同時也是能力單一的，其結果，生存道路也必然單一。這多方面的因素合起來則造成了年輕人的一種心理劣勢：一般的生活困境容易演變成生存危機；一般的心理困擾容易轉換成致命的精神危機。

從目前的情況來看，認識自我、權衡環境、合理地調動自身潛能、客觀地理解自我與他人的關係以及自我與環境的關係、策略地解決各種生活困難乃至巧妙地擺脫各種生存困境、科學地運籌自己的人生之路等等這一系列的能力都是中國的學生大大缺乏的，也是從應試教育中無從培養的。

總之，中國的學生在面對學習以外的困難時，之所以顯得很無能，是由多方面的能力缺乏共同造成的，也是急功近利、只求學業成功的應試教育的必然結果。在這種教育下的產品應當說是一種犧牲品，個體的自我是不完善的，心理是不健康的，而人生中的充實感與幸福感也是難以產生的。

　　應試教育對我們的下一代所帶來的摧殘不僅僅是心理方面，而且也包括身體方面。據調查，我國中小學生近視率不斷升高，僅在1991～1995年間，小學生近視率從15％升至20.6％，中學生從35％升至49.8％，高中生則從50％升至60％。以北京市最著名的重點中學四中爲例，所招各屆高一學生的近視率都高於64％，以此爲初始條件，到高三畢業，近視率則達到70％，而該校還是被公認是眼睛保健比較規範的學校，其它學校的高近視率現狀則更是可想而知。近幾年來，僅哈爾濱光明眼科所就收治了視網膜脫落的小患者54例，這些年齡爲13～17歲的小患者由於近視嚴重惡化而終致失明。

　　現實真是觸目驚心，看來，學校教育無視學生健康的狀況是我們難以否認的事實。各級學校對學生的視力基本上是採取漠不關心的態度，而個別教師甚至向學生宣傳，"要奮鬥就會有犧牲，要考大學就顧不了視力"。

　　不僅僅是視力，我國學生身體素質的其它方面也同樣是存在着程度不等的問題。據中國預防醫學科學院營養與食品衛生研究所的抽查，我國孩子的骨骼發育狀況令人擔憂，尤其是城市兒童的情況更爲嚴重，與生活水平相對較低的山區相比，市區兒童缺鈣程度更爲顯著，而骨密度重度降低和中度降低的市區兒童的比例比山村兒童高出近一倍。骨密度的狀況之所以是山村孩子好於市區孩子，主要是由於骨密度的提高是與身體運動量成正比，山區的孩子要走幾里地上學，回家還要幫家裡幹農活，加上課業負擔輕，戶外活動的時間多，因而比城市的孩子有着較多的身體鍛煉機會。

我國學生運動能力低、身體素質差的主要原因是學校不重視身體鍛煉，雖然國家教委一再強調，各校應確保學生每天有一小時的體育活動時間，但是很少有學校能做到這一點，不要說每天一小時的體育時間根本做不到，就是每週二次的體育課也常被擠佔，由於是副科，一到期末，體育課就要為主科讓道。

儘管有明文規定，體育課是學生畢業、升學考試科目，但是由於沒有相應的監督機制，有些學校往往虛報體育成績。清華大學曾在 1995 年對考入高校的各省市高考前十名的 127 位學生按高三年級《國家體育鍛煉標準》進行測驗，結果有 63％的學生不及格。

在 1998 年的高考中，與高考總體成績比去年有所上升形成強烈反差的是，福建考生的身體素質明顯下降。在參加體檢的考生中，純合格率僅為 14.66％；視力受限率為 80.56％；乙肝表面抗原陽性率為 16.6％。

1998 年夏，以效益好著稱的濟南小鴨集團從高校精心挑選了 160 餘名大學生進企業，沒想到在體檢中發現，竟有 1/4 的大學生患有肝病、肺病、心肌炎等大病，這裡還不包括近視眼之類的小病。出了校門就進病房，這就是我們今天學校教育的產品。

令人痛心的是，學生們的學業成績是以犧牲身心健康的雙重代價換來的。事實表明，這個代價實在是太大了，教育在培養人的招牌下卻在摧殘人。因而，我國教育的徹底改革已迫在眉睫。

望斷人生路

看過一個記錄片，其中一組鏡頭令人難忘，即當記者採訪一個偏僻鄉村的放牛娃時的一段對話：

"孩子，你在這放牛為什麼?"

"讓牛長大!"

"那牛長大了呢?"

"賣錢，蓋房子。"

"有了房子又做什麼?"

"娶媳婦，生娃。"

"生了娃呢?"

"讓他來放牛。"

看到這兒，我感歎不已，但沒有意識到還有很多觀眾在共同感歎，更不曾想到，一個14歲的少年在觀看了這個電視節目後聯想到了自己："我為什麼讀書？考大學。考上大學又為什麼？找一份好工作。有了好工作又怎樣？找一個好老婆。然後呢？生孩子，讓他讀書，考大學，找工作，娶媳婦……生命輪迴，周而復始。"

這是孩子寫的遺書，由於發現生活沒有意義、生命沒有價值，他自殺了。該少年身材高大、相貌英俊，在學校是班長且是連續三年的校級三好生。從14歲的年齡來看，他的人生之路才剛剛開始，可他已望見了路的盡頭且不想再走下去了。這少年無疑是個好孩子，也很有思想，他的死似乎是因為他看得太清楚了。

我們的教育，包括家庭教育和學校教育為孩子們指出的人生之路的確就是這樣：好好讀書以便考上大學、有了文憑利於找理想的工作、有了社會地位再建立美滿家庭，然後撫養下一代，整個人生就這麼完成了，而這如此沒有新鮮感的人生內容對於十幾歲的青少年來說肯定是沒有吸引力的，看不到生活的樂趣與意義也就看不到生命的價值。

現行教育已把豐富多彩的知識世界變成了枯燥乏味乃至可怕的牢獄，在此，探求未知的樂趣蕩然無存，而這種樂趣不僅是學習的動力，更是生活的動力。我們的教育還把知識、技藝、課程分成了三六九等，與考大學有關的就是上等，否則就是下等。於是，孩子們的好奇心被壓抑了，廣闊的知識變狹窄了，學生們不能按自己的興趣意願選擇學習內容，培養多方面才能，而只能在有限的知識範圍內進行無限的重複練習。

與此同時，社會把不可或缺的各行各業也分成了三六九等，這種等級化的職業價值觀驅使人們擠向少數行業。重學歷輕能力的社會傾向，又驅使學生們擠向升學的獨木橋。於是，寬廣無比的人生道路被人爲變成了狹窄萬分的羊腸小道。面對這樣的人生，年少的孩子感到失望乃至絕望是順理成章的。

有位判高考作文卷的老師說，從作文中看到，面對挫折，特別是學習上的失敗，相當多的考生表示以離家出走或自殺的方式來解決。於是指出，現在的孩子心理承受力普遍低，意即出現在學生中的問題其根源在學生自身。這樣的結論其實並不確切，因爲孩子們的心理素質現狀是由家庭、學校和社會多方面造成的。當考大學成爲唯一的生活出路時，失敗必然意味着無路可走，此時產生各種消極的心理反應都是極爲自然的。

心理素質的高低與性格特徵有着極大的關聯。我們的孩子從邁入小學的第一天起，就被學校不斷強化分數意識，由此中國的學生都患有"分數敏感症"，一分兩分甚至零點五分的得失都足以使孩子們愁腸百結，以這般狹隘的心胸又怎能形成高強的心理承受力。分數的激烈競爭還不可避免地培養了孩子們的嫉妒心，導致同學之間互相提防乃至互相貶低，於是，生怕別人過得比自己好成了當今孩子們的普遍心態。"互相提防"心理的伴隨物必然是孤僻、冷漠、好猜疑，這些心理特徵無疑都是與良好的心理素質相背離的。

如果我們的孩子不是個別人而是普遍都心理承受力低，則說明孩子們所處的教育環境和社會環境有嚴重缺陷，使孩子們無法形成良好的心理素質。也就是說，問題表現在孩子們的身上，根源卻是出自孩子們所處的社會環境。

人生價值觀的建立對青少年來說是極為重要的，因其影響到人的整個一生。然而，目前學校的升學主義教育和社會的職業等級觀念，向孩子們展現的人生畫面是黯然失色的而不是多彩多姿的，是重複以往的而不是創新變化的，是既定已知的而不是莫測未知的，是沉悶乏味的而不是充滿生機的。面對這樣的人生，年少的一代對待人生的態度則難免是消極的乃至厭世的。

實際上，學業競爭的根源是職業競爭，也就是立足於社會的生存競爭。這是我們成年人必須面對的社會現實，但考慮到孩子們的身心發育與健康，不宜過早地讓未成年人參與進來。然而，我們的教育制度和社會制度沒有設立必要的"防護網"，而是讓職業競爭連帶着學業競爭一齊壓向未成年的孩子，使孩子們不得不以身心健康為代價來適應如此殘酷的社會現實。作為成年人，我們現在要做的恐怕不僅僅是呼籲"救救孩子!"

人際關係與心理困擾

由於生活方式和社會習俗的不同，中國人在人際交往的頻度上要比西方人高，加上中國人極為注重人際關係，因而人際交往在中國人的工作和生活中佔據着十分重要的位置，人際交往的結果則不僅影響到工作職位的升遷，還直接影響到個人自我感覺的良好與否以及心理健康的實際狀況。

從心理諮詢中發現，當今中國人最大的心理困擾是來自人際關係，包括與領導、老師關係不良，與同事、同學關係不良，與父母、配偶關係不良，與親友、鄰里關係不良等等。另外，從自殺的統計與調查中發現，在中國人的自殺誘因中，人際衝突佔了相當大的比例。這些事實一方面說明，人際關係在中國人的生活中有着舉足輕重的地位，人際關係不良會直接導致當事人的心理痛苦和心理危機；另一方面也說明，在中國的社會文化結構和中國人的人格結構中，存在着誘發人際衝突頻繁出現的基本因素。

中國人普遍欣賞的性格便是老成持重，包含有知足、忍耐、責任感強、不輕舉妄動、不好衝動、感情不外露、言語不多等等成份。概括而論，中國人的這種理想性格具有強烈的內傾性，而內向性格與精神疾病、心理危機乃至自殺率之間的密切關係已得到醫學研究和統計調查的明確證明。

中國是一個注重人際關係的社會，人與人之間存在着較強的人際依賴和人際制約，正是這種強烈的人際依附性決定了人際摩擦的高頻出現率。同時，中國人所特有的源自人際交往的心理困擾是根植於中國人所特有的情感表達方式和思維方式，可概括爲：情感表達的含蓄性和思維方式的求全性。中國社會的文化習俗促使個體形成了比較內向的性格特徵，並因此決定了情感表達方式的含蓄性，由於很難將感情和情緒直率地表現出來，故不僅加大了人際間理解的難度，同時也加大了誤解的可能性。中國人求完美的思維主要體現爲，在道德觀和人性審美上既苛求他人又苛求自己，這種缺乏寬容精神的求全思維加深了人際間的隔閡，從而加大了人際間的摩擦系數。

實際上，傳統的人際交往習俗與人們的心理困擾之間存在着必然的聯繫。出於文化傳統，中國人的人際交往有着極爲複雜的交往準則，如報大於施、禮尚往來；內外有別、親疏有間；和合爲貴、避免正面衝突；防人之心、不可輕信他人等等，這種複雜性使不少人在與他人打交道之前便已先入爲主地對人際間的交往充滿了畏懼乃至恐懼，因而"社交恐怖症"在中國人中的比例要大大高於西方人。中國人的社交恐怖症其實質就是畏於爲人處世難，爲人難是難在抑制自我慾求以達到文化設置的理想規範上，處世難則是難在人際關係的調和與處理上。

另外，正是因爲人際關係在中國社會的至關重要性，以及中國人高度的人際依附性，決定了中國人在人際交往中的謹愼與敏感，其結果必然導致說話者含蓄婉轉、隱喻、雙關語多，而聽話者則多疑、敏感，且誤解多於理解，由此，人際間的矛盾與衝突便在所難免。

人際敏感可以說是中國人普遍具有的性格特徵，也是導致心理困擾的一個重要因素，其根源是出自"他制"、"他律"的人格取向，即個體對自我的判斷總是取決於他人對自己的評價，而自我感覺的良好與否則主要依賴於他人對自己的態度以及人際交往的實際結果。這種對人際關係的過分注重、對獲得他人好感的極力追求，使中國人普遍存在着對來自他人指責的恐懼。因此，他律人格與焦慮情緒密切相關，如有的人在公衆場合惟恐說錯話、做錯事，結果言行過度謹愼，舉止極端退縮，這是"表現焦慮"；有的人在別人面前總要刻意修飾，生怕暴露自身的缺點，這是"缺點暴露焦慮"；有的人每逢面對父母、上級、長輩就深感不自在、不坦然，這是"地位焦慮"。總之，他制他律的人格特徵易於使個體在社會交往中產生焦慮心理乃至社交恐怖心理。

多疑也是中國人比較普遍具有的性格特徵，社會上廣泛流行的許多俗語則充分表明了這一現象的存在，如"人心難測"、"人心隔肚皮"、"知人知面不知心"、"聽話聽聲，鑼鼓聽音"，而最能代表這種猜疑心態的俗語則是"防人之心不可無"。也就是說，中國人在人際交往中的敏感與多疑主要是用於防衛，即防止自己因輕信他人而上當受騙，這顯然是一種自我保護式的防禦心理。但毫無疑問的是，過度防禦的心態加大了人際交往的難度。

"忍讓訓練"是每個中國人都經歷過的非常重要的社會化訓練，

因為"忍讓"是保持人際和諧必不可少的能力。然而，"忍讓"的觀念與"滿足個人意願"之間往往是互不相容的，因此，"忍讓"與個人慾求之間的矛盾也是人際交往中一種常見的心理困擾。

不容否認，對於中國人來說，人際關係稱得上是社會生活裡最重要的內容，每個人的大部份生活精力都是被消耗在人際關係的調和處理之中。可以說，如何掌握忍讓的尺度，以便在維護人際關係的和諧性與維護自身的切身利益之間尋找平衡，是每個中國人都必須面臨的社會問題，同時也是產生心理衝突及心理失調的一個重要的困擾源。

洋為中用的心理諮詢

近幾年來，從西方傳入的心理諮詢在中國已經為人們逐漸熟悉了，很多人還成了心理諮詢機構的常客，即已學會利用心理諮詢機構來解決自己的各種問題。但是，心理諮詢對於中國人所具有的意義卻與西方人大不相同。

在中國，人們有意求助於心理諮詢的不僅僅是心理問題，還囊括了生活中的各種各樣的問題，而且問題無論大小，都希望心理諮詢員能幫助徹底解決，至少是能給出妙主意或好辦法。尤其是一些懸而未決的問題，更希望能得到準確的預測。結果，心理諮詢一時間變成了算命的代名詞，心理學與巫術劃上了等號。更值得擔憂的是，一些大眾媒介對此起到了推波助瀾的作用，許多報刊、雜誌乃至電視台在所謂的心理諮詢、大眾心理之類的欄目下，向讀者、觀眾兜售了大量偽科學乃至迷信的內容。

其實，心理諮詢在它的發源地西方並不是如我國這樣。記得在看美國的一個電視劇時，有這樣一組鏡頭，一個年輕女人因自己目前的人際關係困境而求助於心理醫生，在進行心理諮詢的過程中，她希望醫生能對她打算實施但還未實施的某一項人際交往行爲的結果予以定論性的推斷，只見心理醫生對她說："我是心理醫生，不是未卜先知的巫師。"那位女病人立刻意識到自己提出的要求是不合適的而放棄了這一要求。

西方的心理諮詢有一個重要的基本原則，就是"非指導性"原則，即心理醫生對求診的病人所提出的具有選擇性的問題不作指導性評判，只做客觀的分析，最後的抉擇由求診者自己做出。在此過程中，心理醫生一般多採用非直接的勸告方式，即把來自諮詢員個人的解釋、建議、勸說降低到最低限度。這種方法可幫助求詢者樹立自主獨立的意識，即學會自己解決自己的問題。心理醫生給予求詢者的幫助僅僅是，利用專業知識幫助求詢者客觀地分析自己、分析周圍環境，找出潛在的甚至是無意識的心理影響因素，並給予啓發性的指導，包括分析心理現象和解決心理困擾的具體技巧。因此，在西方的心理諮詢過程中，求詢者本人並不是被動地求診，也不是被動地聽取指導、被動地索取意見，而是必須進行主動的思考，畢竟生活中的每一步還需個人自己去走。

心理諮詢一傳到中國就被中國人洋爲中用了，人們指望心理諮詢能提供的幫助遠遠超過了心理諮詢本身所應提供的幫助。首先是把諮詢機構視作"智囊庫"，希望能從此中獲得源源不斷的"高見"、"高招"、"錦囊妙計"，以解決自己在生活中遇到的各種難題。其次是把心理諮詢機構作爲信息服務機構，在中國，信息服務機構比較少，人們常常苦於信息不通而難於解決生活與工作中遇到的各種難題，於是，心理諮詢機構就被人們想當然地用作信息服務工具，成爲人們索取所需信息的一個窗口。如此一來，心理諮詢的功能便隨着心理諮詢在中國社會的運作而被擴大化了。

心理諮詢能在中國廣泛地開展起來，還有一個重要的人格因素。一般來說，中國人多具有崇尚權威、依賴權威的特點，因而人們在遇到困難、缺乏自信時，往往希望能從權威性的人物那裡汲取智慧和力量，於是，具有專業知識和善解人意的諮詢員、心理醫生就成為人們尋求心理依靠的理想對象。另外，人們對自己未來命運的關注以及渴望預知，使他們往往把心理諮詢員當做算命先生。

當然，不少的人還是在尋求心理指導的同時發現了心理諮詢的一個基本功能，即心理宣洩，也就是說，很多人求助心理諮詢的目的很明確，就是通過心理諮詢來找個合適的地方以便訴說內心中的煩惱與苦悶。

西方人信仰宗教的居多數，向神父做懺悔也很常見，這本身就是一種心理宣洩，神父的工作有如疏導，結果懺悔的過程在客觀上便起到了心理保健的作用。中國人則多不信教，與西方人相比，中國人也比較內向、不善表達，加上中國社會的人際關係比較複雜，難得有合適的機會和合適的場所暢所欲言。所以，人們常常有內心鬱悶無處訴說之感。於是，心理諮詢很自然地被中國人有意無意地用做心理宣洩的工具。從效果上來看，心理諮詢就猶如懺悔，心理醫生或心理諮詢員就猶如神父，人們則借此訴說一切煩事、瑣事、心事乃至見不得人的事。

中國心理諮詢的本土特點實質上就是中國人的特點以及中國社會的特點，考慮到中國人性格中的依賴性、內向性、優柔寡斷性，以及中國社會人際關係的複雜性，中國人將比西方人更需要心理諮詢，更渴望從心理諮詢中獲得社會支持、心理支持乃至生存智慧與生存力量。

身病與心病

　　幾年前曾寫過一本有關中國人精神疾患的書，主要的關注點是哪些社會文化因素、人格特徵構成了中國人精神疾患的誘因和病源。此後，我又逐漸有了新的關注點，即開始注意和觀察中國人有哪些傳統生活方式或人格類型起到了緩解心理病患症狀的作用。

　　據一項研究發現，同樣是抑鬱症，中國人多呈軀體症狀，如出現頭疼、失眠等軀體上的不適；日本人則多出現人際關係方面的失調，如不想與人交往、總想孤身獨處；而美國人則多表現出有關存在意識方面的憂慮，如覺得活着沒有價值、生活失去意義等。從不同國度的人的比較中不難發現，中國人明顯存在着精神疾病的軀體化現象。

　　據北京某大醫院的調查統計，在內科門診中，有38％的病人伴有不同程度的精神障礙，其中包括各種類型的神經症。而在這些患者中，只有12％的人對所患的精神疾病有明確意識，並只有8％的人曾經求助過精神科。這組數據說明，廣大的中國民眾對精神疾病還缺乏足夠的瞭解，因而很多人即使自己已出現了相應的精神疾病的症狀，也只視作內科病症而去內科就診。對這種現象深究其原因，除了人們對精神疾病缺少常識之外，還有一個重要的因素，就是伴隨精神疾病的軀體症狀比較突出從而掩蓋了心理症狀。

　　身病與心病難以分清，主要是因二者常常交織在一起。有時是先患有軀體疾病，然後產生恐懼、悲觀等心理反應並由於調適不當而導致心理疾病；有時則是因生活受挫、內心消沉而導致精神病症，並因精神狀況不佳而出現頭暈、乏力、厭食等軀體症狀。對於中國人來說，我們總是更多地關注於自我以外的人際關係，故對

"自我"的瞭解有限，對自我的調適與否也不太敏感，同時對心理症狀的描述能力也十分有限。由此，在同時出現身心症狀時，我們往往只注意到軀體症狀而看不到心理症狀。

精神疾病的表現形式因文化的差異而各不相同，其根本原因在於不同文化背景下的人們有着不同的自我結構，從而對同樣的精神病症會產生極爲不同的身心體驗，以精神疾病中的常見病"抑鬱症"爲例，我們會很淸楚地看到，東西方患者的表現形式是大有差異的。由於西方文化培養的是個性化的自我結構，自我具有獨立性、自足性和可分化性，這使個體能把自我作爲客體來認識，而當個體能夠以客觀的方式認識自我時，一旦陷入抑鬱狀態，就容易出現孤獨寂寞、自我分化等與生存意義有關的情感體驗。相比之下，中國人的自我結構是非個性化的，中國人的社會化過程培養了個體很強的羣體歸屬感。對於大多數中國人來說，"自我"不會是一個客體，而只能是一個主觀過程。因此，當中國人處於抑鬱狀態時，大都進入不到存在意識層次，故不易出現那些人格化的情感體驗，即中國人的抑鬱體驗不是關注於人格的內部狀態，而是關注於軀體狀態，這就是爲什麼中國人更敏感於疾病的軀體症狀而不是心理症狀。

仔細分析，中國人的"軀體化現象"實際上具有緩解精神疾病的功能。人們在身病與心病並存時，如果將注意力集中在治療軀體疾病上，由於注意力的轉移，會相對緩解來自諸如工作學習壓力、家庭矛盾之類的心理失調；同時，患病本身也會使工作單位、學校、家庭成員自動放鬆對病者原有的各種要求；另外，身體有病易於得到周圍人的同情、關懷。於是，在治療軀體疾病、調理身體狀況的同時，也必然降低了心理壓力、調整了心理狀態並獲得了衆多的感情關愛與精神慰藉。因此，對於易於從和諧的人際關係中獲得內心滿足的中國人，治療軀體疾病的同時實際上也是在緩解心理病症。

　　一般來說，中國人對身病與心病不是一視同仁的，可以說存在着對精神疾病患者的歧視，人們也非常害怕承認自己有精神疾病的症狀。西方人會很坦然地對別人說自己近來心理狀況不佳，需要去看心理醫生。中國人則絕對不會如此，即使去看心理醫生，哪怕是普普通通的心理諮詢也要背着熟人、偷偷摸摸地像做了賊一樣。人們對身病與心病的不同態度，其原因恐怕是由於中國人多把精神疾病與大腦思維不正常畫等號，人們也習慣於用完全正常和完全異常這兩個極端來劃分精神狀況，而理解不了多數人的心理狀態是介於正常與不正常之間這樣一個事實。考慮到中國人的這些本土心理特徵，當國際醫學界將"神經衰弱"這個病名作為神經症的一種類型而劃歸在抑鬱症之內時，我國醫學界仍保留了這個病名並仍劃歸在內科。於是，人們避免了上神經科去看"神經衰弱"，同時也避免了把該病作為精神疾病治療時可能產生的心理障礙，結果我們是在治療軀體症狀的過程中來治療這個中國人最熟悉的神經症。

　　從心理調適的實際效果來看，中國人是通過"養身"而達到"養心"的目的，可謂因病獲益。從無意識角度來看，心理疾病的"軀體化"是中國人避開心理困境、防範精神疾病的一種有效方式。

　　另外，從統計數據中得知，對於中國人來說，人際矛盾是誘發精神疾病的一個重要誘因，似乎複雜的人際關係是精神疾患的一個惡源。然而，中國人的人際關係實際上起着雙重作用，不僅常成為心理病症的誘因，而且也常成為緩解心病的良藥。與身病不同的是，心病更多地不是依賴藥物而是依賴心緒的疏導，中國人之間較多的人際交往，會傾聽、懂安慰的社交技能都非常有利於不良心緒的疏導。

四・心理世界的逆向湍流

健心比健身更重要

　　與西方人相比，中國人在年輕的時候一般都不太注意鍛煉身體，雖然近幾年來爲獲得理想體型而參加健美運動的青年人越來越多了，但以身體保健爲目標的健身運動多是在中年以後，甚至在退休以後，最爲常見的是在一場大病之後。

　　人體像機器一樣，日久天長便會出現各種故障或損傷，中年以後，體內各種器官的功能都會出現程度不等的退化，遂成爲各種疾病突發的隱患。然而，由於這種身體機能的變化是漸進的，所以人們不太容易注意到，結果會導致一些意外發生。如前不久，不滿45歲的作家王小波因超負荷寫作而突發心臟病猝死，令相識者感歎萬分。其實，生活中的類似例子也不少，即使沒有達到猝死的程度，也很令當事人及周圍的人警醒。

　　張先生是個事業心很強的人且事業有成，如今年齡已逼近五十，他長期以來埋頭工作，早出晚歸，生活節奏相當快，一直自恃身體健壯。不料某日突然中風，口眼歪斜且臥牀不起達三月之久，經過近一年的多方醫治方恢復正常，此時的他已大傷元氣。在這場大病之後，張先生一改以往的作息時間，大大降低了生活節奏，每晚不再忙於工作，飯後天天堅持到室外去鍛煉。這場突發的疾病不僅改變了他的生活方式，而且也改變了他的生活價值觀，即認識到身體比工作更重要。

　　王女士，生性好強，工作和家務從來都是兩不誤，樣樣事情都要做得完美無缺，於是時間總覺得不夠用，當然是無暇參加體育鍛煉，平日身體有什麼不適，隨便找點兒藥吃，很少上醫院。43歲那年的某日，她一覺醒來便驚恐地發現自己四肢中的一半都不能動了，半身不遂幾乎把她逼入絕境。經過長達五年的治療，她才基本恢復正常。從此以後，健身活動成了她每天中最重要的生活內容。

中年人的繁忙是普遍的，因爲他們有着雙重的重負，既是單位裡、工作上的頂樑柱，又是家庭裡老少成員的支柱。日常工作與家庭事務的繁忙使中年人往往顧及不到自己的身體，他們常常是要到一場大病之後才意識到健康與健身的重要性。很多人在歲數進入中年後，工作速度和生活節奏仍然保持原樣，結果那些正逐漸退化的肌體器官便處於超負荷的狀態，遂爲疾病的突發埋下了伏筆。因此，中年人的健身問題是一個值得引起家庭成員關注的問題，也是值得每一個即將進入中年的人提前加以注意的問題。

隨着年齡的衰老、疾病的增多，在老年人的生活中，養生、保健逐漸成爲中心內容，與此同時，疑病症也特別容易出現。

李老太的身體雖然算不上太好，但也沒什麼大病，可以說，沒有任何需要長期吃藥、理療及住院的病。然而，李老太有癌症恐怖症。最初李老太認爲，得了癌症就必死無疑，於是熱衷於防癌活動，對致癌物的傳聞特別注意，只要聽說某種食品可能含有致癌物，就立刻忌口，結果弄得可食之物越來越少，李老太自然是越來越瘦，營養不良的症狀便越來越多。後來聽說醫學界已宣佈，癌症不是不治之症，只要能夠早期診斷。李老太得知後爲之一振，開始改變方針，積極投入到癌症的"早期診斷"活動之中，她無論身體的哪一部位出現不適都要到醫院進行癌症檢驗或相關檢驗。於是，李老太不斷地住進醫院去經受各種名目繁多的檢查。在此期間，李老太可謂受盡苦難，因爲每項檢查其本身就是一場皮肉之苦、臟器之災。同時，在老太太住院期間，兒女們要不斷地探視、送可口飯菜，賠進不少的時間和精力，而最後的檢查結果又總是一切正常，於是兒女們便難免生出不滿和怨言，嫌老太太閒着沒事瞎折騰，不僅花錢買罪受，還弄得一家人不安寧。結果是，李老太不僅自己的某些器官因檢查器械的不良作用而留下若干痛苦的後遺症，而且還引發了家庭的不和。

"疑病症"在老年人中是一種比較常見的心理病症，一方面是由於老年人的身體不適較多，另一方面是由於老年人對疾病的心理負擔較大。一般來說，當相識的同齡人患了某種病，而自己又有某些類似的症狀時，最容易形成疑病心理，而一旦形成疑病症，必然會導致沒病找病，小病變大病的後果。

趙老漢屬身子骨硬朗的老人，除了傷風感冒並沒有別的病，可趙老漢每次感冒都特別難癒。醫生很奇怪，病症非常輕卻用什麼藥都不管事兒。仔細問家屬方知，問題出在心理上。趙老漢一有點病就覺得自己活不長了，於是躺在牀上大呼小叫："我要死了！"對於他這每病必發且不絕於耳的叫聲，兒女們或不以爲然，或表示厭煩，趙老漢便由此認定兒女們不孝，於是又長吁短歎自己如何命苦。趙老漢如此這般的小病大養引起了家庭成員的不滿反應，而家裡人的態度又導致了他不良的心理狀態，如此惡性循環，便造成了小病長期不癒的後果。

心理狀態對軀體狀態的影響是非常明顯的，好的心理狀態可以促進和加快身體的康復，而壞的心理狀態則只會加重病情。某小區的一棟樓裡同時有兩位男性老人患了晚期癌症，同是肝癌並同被醫生判斷爲"頂多活五年"。其中一位老人悲觀絕望，整天對人一臉苦相，結果鄰里的小幼兒們一見他就嚇得大哭，而他又很迷信，認定小孩子哭就是自己死的預告。如此不到一年，這位老人就去世了。而另一位老人卻生性樂觀，每日積極鍛煉，富有生活情趣，待人和藹寬容，家裡家外的人際關係都非常融洽，結果如今超過五年期限已好幾年了，他卻依然健在。

一個人的性格、生活觀、心理狀態都與疾病痊癒的速度及身體康復的快慢有着直接的關聯，而良好的身體狀態的前提是良好的心理狀態。當今醫學界和社會學界都提出了"健康老齡化"的口號，人們已經意識到我們不僅要長壽，而且要健康地度過老年期，其中"健康"的含義是同時包括了身體健康與心理健康。

對於每一位中老年人來說，要想獲得良好的健身效果及疾病治療的療效，首先應當具備開朗的性情、大度的心胸、樂觀的生活態度；其次是盡自己的能力通過多種渠道學習基本的醫療衛生常識，學會科學地對待自己的各種肌體變化和疾病症狀，以便能夠比較準確地判斷，什麼類型的症狀需要求醫問藥，而什麼類型的症狀只需要健身療法或飲食療法。值得注意的是，無論是健身防病過程還是尋醫診治過程，都從始至終地貫穿着自我的心理調適，由此我們必須建立一個新概念，即健心比健身更重要。

從家庭角度來看，中老年人對待疾病的正確態度，不僅有利於家庭成員的和睦相處，而且也是為晚輩樹立了良好的榜樣，為年輕一代形成健康向上的人生觀做出了表率。總之，一個人如何對待疾病不僅會對自己的身心狀況產生相應的影響，而且會直接影響到他與其他家庭成員的關係。作為家庭中的長輩，中老年人應當意識到自己能否積極地健身與健心，不僅僅是個人的事情，而且將關係到能否建立和諧、健康的家庭氛圍，使家庭中的每一代人都能處於良好的身心健康狀態。

退休綜合症

退休是步入老年的一大標誌，到了60歲，不管個人是否願意承認自己已屬老年人，社會已通過退休制度作了宣判。很多人難以適應退休所帶來的一系列變化而出現了心理和生理多方面的失調，如心情鬱悶或暴躁易怒、身體的某些器官感到不適等等，這些身心症狀被稱之爲"退休綜合症"。

退休對於每個人的影響是因人而異的，並不是每個人在退休時都出現退休綜合症，而在具有身心症狀的人中，有的人以心理症狀爲主，有的人則以軀體症狀爲主，前者顯然易於被發現，後者則較爲隱蔽，常使當事人及周圍人僅關注於表面的軀體症狀而忽視了潛藏的心理症狀。

退休綜合症的嚴重程度，一般來說，從性別上看，男性較女性重；從職位上看，職位高的較職位低的重；從業餘愛好上看，沒有業餘愛好的較有業餘愛好的重；從社會交往上看，不喜歡社交的較喜歡社交的重；從性格上看，內向的較外向的重。其原因是，男性比女性更多地投入社會工作而非家庭生活，一旦離開工作崗位回到家庭便會產生較大的不適感；職位高的人比職位低的人從職權上獲得的尊重與利益較大，一旦失去職權便會產生較大的失落感；沒有業餘愛好的人往往把工作當做生活中的全部內容，一旦停止工作便會產生較大的無意義感；不喜歡社交的人比喜歡社交的人更大程度地將自己歸屬於工作單位這個大家庭，一旦離開了這個大家庭便會產生強烈的孤獨感；內向性格的人比外向性格的人自我封閉性強，在面對因退休帶來的各種不適時，因缺乏與他人交流而難以自拔，故往往產生較強烈的抑鬱感。總之，退休綜合症的表現形式及程度是因人而異的，所以每位退休的老人應當根據自己的具體情況進行心理自我調適並對退休後的生活進行系統安排。

現代人的壽命在不斷延長，如今活到 80 多歲是極尋常的，長達二三十年的退休時光相當於一個人從新生兒長至青壯年，因而，每位退休的老人都有必要對退休生活進行長遠的規劃。

根據退休後的生活安排可將老人大致分爲三類，一類是熱衷工作且身體條件尚好的老人，他們或在原單位反聘或另找單位就職，即繼續原有的工作內容和作息時間。這些老人往往從心理到外表都不顯老也不服老，他們會一直工作到身體不行了爲止，在此，可將這類老人簡稱之爲 A 型老人。第二類老人退休後不再出外找工作，也沒有文體、娛樂愛好，生活內容以做家務、上醫院爲主，此類老人可簡稱爲 B 型老人。第三類老人退休後以娛樂休閒活動爲主，即脫離了原有的工作而投入到某項愛好之中，如繪畫、書法、跳舞、健身等等，此類老人可簡稱爲 C 型老人。

不服老的 A 型老人往往容易出現心理問題，儘管自己的身體還行，還能幹下去，但是伴隨退休制度而形成的年齡地位體制，使退休無形中成了有用與被拋棄的分界線，不接受這個現實，不做好伴隨年齡轉換而帶來的社會身份轉換的思想準備，則必然會產生伴隨身份危機而出現的心理危機。

B 型老人的生活圈子太小，生活內容也太貧乏，缺乏活力的肌體必然會快速走向枯萎，因而 B 型老人無論是心理還是身體都衰老得快，各種疾病頻發。經統計，大多數除開工作沒有其它興趣愛好且後來也沒有培養愛好的人，退休後活的年限不長，多屬於短命者。

C 型老人是一羣值得稱讚的老人，他們投身於一些有益於身心健康的文藝、體育、娛樂活動，生活充實且富有情趣。有些 C 型老人也參加一定量的社會工作，但僅作爲生活的一種調劑而並不作爲生活的中心內容。對於這類老人來說，退休時光是隨心發展自我、自由選擇生活方式的黃金時代。

一位女性老人退休後開始學繪畫，儘管一點基礎都沒有，卻進步飛快，她很感歎於早年沒有發現自己的繪畫才能並慶幸自己能在有生之年展現自己的潛在才能，由於沉浸在繪畫創作的快樂之中，老伴的去世並未對她造成精神創傷。一位男性老人退休前是個司局級幹部，剛失去職權時因待遇的較大變化而產生了強烈的失落感，然而當他迷上書法之後，功名利祿感驟然淡化，可謂心靜神寧，心理健康狀態良好。新的愛好不僅能改善心態、豐富退休生活，還有利於重新認識人生、重新認識閒暇、重新認識自我。

　　一個人的人生經歷可分為三個階段，學習階段（25歲以前）、工作階段（25～60歲）、退休階段（60歲以後）。為了將來能在社會中較好地生存，青少年階段需要勤奮學習並時時都處於學習壓力之中；為了贏得更滿意的金錢、地位或聲望，人們需要將努力奮鬥貫穿於整個中青年階段。因此，相當多的人只有到了退休之後才有可能隨心所欲地發展一些業餘愛好，才有可能在沒有學習壓力、工作壓力的條件下學一些自己想學的東西和做一些自己想做的事。從自我發展、自我完善角度來看，退休階段確是一個沒有壓力、輕鬆自由的美好時光。

　　退休生活如何安排應視自己的具體情況而定，但有兩點是每個退休老人都要盡力做到的，其一是要每日安排健身時間，健身的具體形式可依自己的喜好而定；其二是要培養至少一種文體、娛樂愛好。至於人際交往則需注意兩點：其一是多參加與同齡人交往的各種活動以利思想交流；其二是與年輕人交往時，不要擺老資格，不要對自己看不慣的現象橫加指責，包括在家庭中，對成年子女的事情要少干預、少評價，少說多聽的老人比少聽多說的老人更容易受年輕人歡迎。退休之後需要適應許多轉折，其中一個轉折就是在經歷了教育和輔導後輩之後，要反過來向後輩學習。

　　做父母應經歷三個階段：首先是在孩子年幼時做孩子的保護人，使孩子的身心能不受損害地健康成長；其次是在孩子少年時做孩子的老師，能給孩子傳授一些人生經驗和為人之道；最後是在孩子成年後做孩子的朋友，這時的父母除了以平等的身份與子女交流外，更重要的還是學會側耳聆聽。對於中國的父母來說，前兩個階段的目標都不難達到，但最後這個階段的目標就很難實現了。對於中國的老年父母來說，當習慣了居高臨下地與子女說話，一下子要平起平坐就難免有些彆扭，而要一言不發地光聽、不發表任何意見，則更是難以做到。然而，客觀地說，老年人學會聆聽確是一大明智之舉。

進入老年之後既要"服老"也要"不服老"，在身體方面要服老，做事要量力而行；在社會工作方面要服老，理解將機會和位置讓給年輕人是社會進步的必然保證。然而，在娛樂、學習活動中要不服老，要勇於學習新東西。目前，有不少六七十歲的老人學外語、學電腦、學國標舞、學服裝設計等等，這是極好的現象，因為，有學習慾望的老人心理必然是年輕的，而保持富有活力的心理狀態是健康長壽的必要條件。按照中國的傳統習俗，人到中年就不再學習新東西了，更不用說老年，因而，中國的老人必須為了健康而與來自傳統文化的惰性作戰。

實際上，退休階段是一個新的學習階段，要學習重新安排生活，要學習轉換身份，要學習新的休閒方式。學習新東西並對退休生活採取積極的態度，這是治癒退休綜合症、延年益壽的良方。因此，老年人要有意識地培養自己新的學習興趣，做晚輩的也要積極支持自己的父母、祖父母開展各種有益健康的學習活動。

見面怎麼稱呼？

近年來的社會變遷也同樣反映在人們相互間的"稱謂"上，想當年，人人皆稱"同志"，繼而稱"師傅"，以後便盛行"小姐"、"先生"、"老闆"，而在學術界則皆稱"老師"。有人曾對此變遷甚為不滿，撰文陳述"同志"的重大含義，以呼籲回到過去的稱謂上去。遺憾的是，社會潮流、社會變遷並不以個人的意志為轉移。

客觀地說，中國人對稱謂是很敏感的，記得當年北京還在遍地喊"師傅"時,廣州已習慣於稱"先生"、"小姐"了,當時本人出差由京至穗一時改口不及,在商店裡一連串的"師傅"叫出,女售貨員根本不搭理,經人指點方知是稱謂有誤。另外,中國人的稱謂與年齡總是有着內在的聯繫,譬如西方人所稱的"小姐"並無年齡的限定,只要是未婚的女人,九十歲也是小姐。但中國人習慣於把"小姐"與年輕姑娘劃等號。我曾親見一幕,某四川姑娘在商店裡邊低頭看貨邊高呼"小姐",待抬頭望見售貨員為一五十開外的婦女時,慌忙改呼"阿婆",換來周圍人的一片哄笑,弄得雙方當事人均很尷尬。看來,"年齡"是中國人稱謂中的一個更敏感的焦點。

中國人的稱謂也是個挺複雜的學問,我對此深有體會,早年剛參加工作時就曾被同事間的"稱謂"弄得不知所措。由於沒有問年齡的習慣,便跟着其他同事稱一相貌相當青春年少的中年人為"小Z",不料當即被旁人斥責為沒大沒小,不懂規矩。得到教訓後,又畢恭畢敬地稱一禿頂大半球且相貌明顯已入中年的同事為"老Y",又不料他只聽了兩次就忍無可忍地對我說:"別'老'來'老'去的,把人都叫老了!"心中暗自叫苦,真夠累人的,"小"也不行,"老"也不行,而講中庸的中國人在稱謂上卻偏偏沒有"中"字輩兒。無奈,只好以不變應萬變,甭管對方是"老"還是"小",一概連名帶姓呼出,儘管旁聽的人仍有感覺彆扭者,但好在當事人的反應尚屬正常。

曾有一位相識的男士憤憤不平地對我說,人們稱某位與他同齡的女同事為"小D",卻稱他為"老L",對此他大感不公。他這麼一說倒使我突然意識到,時代不同了,男女都一樣了,女人怕被人叫老了,男人也同樣想年輕。人們對稱謂的敏感反應表明,以"老"為尊的傳統習慣與追求"年輕"的現代時尚正在矛盾地交織在一起,並影響到人們對年齡的複雜感受。

我們中國人在與人交往時,總是有意識或無意識地將自己與對方的關係定位，以便掌握稱謂和說話的語氣、措辭，而定位的標準主要取決於雙方的職位差、年齡差。西方的女性忌諱問年齡，現在中國的女人們甚至男人們也有了同樣的心理，但是在不相識者之間的初次交往中，人們還是要想方設法、拐彎抹角地探出對方的年齡，以便把握談話的分寸和交往的尺度。同時，"年齡"還是瞭解一個人閱歷的最重要的信息，由於在一定的年齡段便必然跟一定的歷史事件相聯結，並必然有着相對應的生活經歷，所以知道了一個人的年齡也就大致瞭解了他的生活背景，甚至還可推知其生活觀和價值觀。正是因為"年齡"是個包容量極大的信息源，所以人們對探問年齡非常感興趣，並視其為社交前最必要的準備工作。由此，儘管中國人相互間的"稱謂"隨着時代的不同而在不斷地變，但人們喜歡詢問別人年齡的習慣卻始終沒有變。

與通稱"同志"、"師傅"的年代比，現在的稱謂名目繁多，弄得你在剛認識一個人時常常不知該叫對方什麼才合適，人們也變得對稱謂更敏感了，尤其是對稱謂所顯示出的身份意義、年齡意義非常在意，於是在當今社會，初次相識的社交就變得更複雜了。

稱謂的變遷說明了什麼？無疑是說明了，人們在追求身份、裝束乃至心態與稱謂的一致。人們不再互稱"同志"，因為"同志"是與中山裝和軍裝相配的，"先生"則與西裝更協調，而"小姐"與旗袍及各種時髦的女裝更貼切。另外，在中國"小姐"一聲呼出，即便沒有貌美的含義，至少有"年輕"的意思；"先生"的稱謂則透着尊敬之意；"老闆"的稱謂則透着有錢。顯然，人們在稱謂中都在各自尋找着自我的最佳感覺，而反映在社交語言領域的稱謂變遷則從一個很微妙的角度展示着人們心態的變遷。

交換不僅以錢爲媒

據某報載,某小學一名四年級男孩生財有道,將自己家的圖書拿到學校出租給班裡的同學,租金是每本書每日五角錢。孩子的母親得知後不滿孩子的這種掙錢行爲,希望孩子能把自己的書無償借給同學看,而該男孩卻認爲自己的書不能白借給別人。對此,這位母親甚感擔憂,認爲現在的孩子把純潔的同學關係變成了買賣關係。

看到一個年僅10歲的孩子能夠想到靠出租自己的書來掙錢,頭一個感覺就是這孩子夠精明的,將來做生意肯定是高手。其次,我自問:如果我的孩子出此舉措,我會如何處理?

我恐怕要先搞清楚孩子的主要目的,是想通過這種途徑來掙零花錢,還是的確有心借書給同學,只是不想白借。如果掙錢是目的,我會幫他找個更恰當的"行業",譬如賣報紙。因爲出租父母花錢買的書,不屬於自食其力,而是不勞而獲。如果是後一種目的,我會鼓勵他以書換書,即互相借書。如果他靠自己掙的錢買了書再出租給同學,又的確受到同學的歡迎,那我就不會再干涉了,只是我會勸他把租金降低一些,因爲每書每日五角對於小學生來說太貴了。

那位孩子的母親認爲與現在的孩子把純潔的同學關係變成了買賣關係不同的是,以前的孩子互相幫助且不講回報,其實並非如此。孩子之間的交往與成人間的交往一樣存在着交換關係,而能夠長久發展的交換關係必然是互惠性的等價關係。即使在我們小時候那個沒人懂得市場經濟的時代,孩子們之間的交換關係也的的確確是存在的,只是交換物中難得見到"錢"。

我的中小學時代都是在"文革"中度過的,那是一個通過正常渠道一本書也看不到的時代,愛讀書的孩子無形中結成了一個借書網,大家都各顯神通地去借書,然後互相傳閱。在此,沒有任何明文規定等價交換的原則,然而當"書"成為每個人都渴求的"稀缺物資"時,沒人情願只當書源的提供者,同時所有的人都恥於只當書源的接受者。於是,共同的需要加上互通有無便構成了長期而穩定的交換關係。

　　任何交換活動都必然存在着等價與否的問題,即使沒有"錢"的參與,不等價的交換也必然導致"討價還價"的結果。記得當年,一個同學借給我一本外國小說,我只回借了他一本中國小說,而在當時,外國小說更難於借到,由於物以稀為貴,該同學認為這一交換於他很不公平,要求我如果借不到外國小說,就再借他一本中國小說,而我也覺得他"討價還價"的要求很合理。

　　至於"公平意識",其實很小的孩子就具備。記得我上幼兒園的時候,鄰居家的小女孩與我同班,那時的孩子都上全託,有時候一個星期都不回家,父母們時常上幼兒園去看望孩子。兩個家庭的父母在看望自己的孩子時,都同時帶給兩個孩子同樣數量的糖塊。然而,在兩個孩子一起玩並發生爭執時,這個小女孩總是對我說:"你必須聽我的!因為你家給我的是水果糖,而我家給你的是奶油糖!"我自然是無言以對,儘管當時並不懂得什麼是等價交換,但終歸知道奶油糖比水果糖貴且確實更好吃。在此,不等價交換的結果是一方對另一方擁有了支配的權力,而"權力"與"服從"的交換在成人的世界裡是司空見慣的現象。

　　情感、友誼、愛心都有可能成為不求回報的交換動力,但一個普通人不大可能對所有的人都情深意長,一個普通家庭也不可能有足夠的經濟支撐力。因而,物與物的交換、錢與物的交換,權力與服從的交換就成了各種交換活動中極為自然的產物。中老年一代的中國人更習慣於用"人情"作為交換物，然而，"人情債"的實質就是"權力"與"服從"關係。客觀而論，以"人情"做交換物遠不如"錢"與"物"的交換那樣簡單、輕鬆，沒有心理負擔，這恐怕是年少的人更喜歡以"錢"做"買賣"中介的主要原因。

我的英語老師是個美國人，也是六個孩子的父親。就此處討論的問題，我特意探訪了他，想知道西方人的看法。本以為在市場經濟極為發達的美國社會，以擅長打工掙錢著稱於世的美國孩子肯定都參與著諸如此類的校園買賣活動，卻不料聽到的回答是，"從沒聽說過有這類事情"。我又問他，如果他的兒子以這種方式掙錢，作為父親他會怎麼做？他說，他個人不太喜歡這種掙錢方式，他也會把自己的想法告訴孩子，但如果孩子之間是自願交換關係，他也不會去橫加阻止。也就是說，西方人並沒有把孩子之間的這類"買賣關係"看得那麼重，也不會像中國的父母那樣生發出一系列的憂慮。

從大雜院到高層樓房

小何一家五口從待拆遷的矮小平房搬進了高層住房，經過了最初的喬遷之喜之後 3/5 的家庭成員開始出現了懷戀舊居的情緒。首先是六歲的兒子大叫新家沒有意思，因為樓裡的孩子都不出門玩而缺少玩伴，繼而是老父嫌沒有棋友，最後是老母遺憾沒有聊天的老太太。儘管大家對新房的物質條件均很滿意，但對周圍環境的冷寂與無人交往深感不習慣。

隨著城市住宅的改善，人們的社會交往形式也發生著相應的變化。以前是大雜院，人際間的交往頻率最高，一個院的各戶人家都要共廁、共水、共院子、共活動空間；繼而是筒子樓，一層的各戶人家要共廁、共廚；然後是低層單元樓，各戶廚廁俱全，沒什麼可共的了，大家相互見面的機會僅僅剩下是收水電費的時候或是共進一個樓門的時候。到如今，越來越多的人們住進了高層單元樓，全樓一百多戶人家，收水電費則只收同一層的住戶，與不同層的其他人相逢的機會便只剩下在電梯裡。於是，住上幾年，甚至十幾年的不同層的同樓鄰居卻完全有可能從沒見過面，更談不上相識及交往。顯而易見，人們的住房設施越簡陋，越需要鄰里之間的互助，人際間的交往也越密切；而住房設施越完善，家庭的封閉性越強，人際間的往來也越寡淡。

住宅的改善除了有生活方便這一顯而易見的物質性的優點之外，最大的精神性的優點是使人們的私人空間得到了越來越好的保障，衛生、廚房設施的單元化也大大降低了人際矛盾、人際糾紛的可能性。在大雜院裡，生活的客觀條件造成了人際間的高頻接觸，一方面促使人際矛盾叢生，另一方面，人們難以擁有起碼的個人空間，同時也很難使自家的隱私不外露。當然，大雜院的生活也有很多令人留戀的內容，其核心成份就是"人情味兒"。院內鄰里間的相互關愛，使大家有福同享，有難同當。誰家做了什麼好吃的，總忘不了給別人家送點兒嚐嚐鮮；哪家有了什麼難事，全院兒的人都會前來相助；俩口子吵嘴、打架，總有鄰居出面相勸，不知有多少家庭矛盾、個人的心理困擾是在鄰里的勸慰中得以緩解乃至消除，這與高層建築中鄰里間老死不相往來的情形的確是截然不同的。

從年齡來看，一般來說，青年人與中年人更喜歡封閉性強的住宅，他們更喜歡私人化的家庭環境。但是，老人和孩子卻更喜歡公共化的環境，開放性強的住宅似乎更適合於他們的需要，孩子們需要有盡可能多的夥伴，老人們則需要有足夠多的閒聊對象。

不同的生活環境造就了不同的生活方式，也構成了不同的社會交往方式和性格特徵。正是由於住宅形式決定了人與人之間交往的性質以及交往的頻度,所以便使其成爲影響人之性格形成的一個重要的客觀因素。在大雜院裡長大的人往往熱情、樂於助人,而且也比較合羣,但同時也好打聽、傳閒話,不太注意避開別人的隱私。在高樓裡長大的人則待人比較冷漠,不太愛助人,而且社交能力也往往十分有限,但同時也少有打探別人隱私的習慣。

大雜院隨着舊房改造工程的進展正在逐步走向消亡,與大雜院生活相伴隨的一系列性格特徵也將會逐漸在人們身上消失,高樓的生活環境則在培養着另一種類型的人。毫無疑問,現代城市人的特徵必然帶有高層建築的痕跡:冷漠、寡言、不愛管閒事,人際交往淡如水甚至不喜社交。

住宅條件的不斷完善使家庭生活的封閉性不斷提高,同時,人際交往的性質將產生兩大改變:其一是人與人之間的直接交往減少,人們與外界的聯繫更多地依賴於電話、電視、報刊等通訊工具與大衆媒體;其二是人與人之間的閒暇性交往減少,尤其是,純粹消閒式的閒聊正在從人們的生活中悄然消失。

新的交往特點促使人們提高了時間的利用率,加快了生活節奏,但同時也失去了享受閒暇性交往的樂趣,以及失去了來自閒暇性交往的各種收益:交流信息、啓迪思維、放鬆神經、訓練表達、感受人情等等。生活永遠有着正負兩個面,人類永遠在得失中進化。

人際關係怪圈

某單位,老張找小王談工作,幾個回合下來,話不投機,老張便認爲小王的工作態度有問題,小王實際上是身體不適加心理不適,於是百般辯解,卻不料小王越解釋,老張的成見越深,並認定小王是自我膨脹、目中無人，最後是小爭變大吵，雙方徹底鬧翻。

在我們的社會生活中，諸如此類的人際矛盾可謂司空見慣。中國人的人際關係最複雜是世界公認的，我們自己也無一不對這難以應付的人際關係深感困擾。於是，需要我們反思的是，中國人之間爲什麼這麼難相處？

仔細分析，人與人之間關係難處主要體現爲，相互間的理解率低而誤解率高，其根本原因有三：

其一是自我表達能力低。中國人從小受到的最基本的社會化訓練就是理解他人，小孩子首先要學會聽懂大人的指令以便照着去做。幼兒的語言訓練，在國外是以表述自己的想法爲主，在中國則是背誦詩歌、故事，成人們對孩子是否能流暢自如地表達自己的感受與觀點並不重視。相比較，西方人注重於培養孩子的自我表達能力，以便使別人能理解自己，我們中國人則注重於培養孩子傾聽別人表述的能力，以便使自己能理解別人。由於我們從小缺乏必要的自我表達訓練，所以，中國人的自我表達能力普遍較低。

其二是少說爲佳的處世原則。中國人從小就接受了"言多必失"、"禍從口出"的古訓，因而對自我感受、個人觀點的表述總是有意識地加以限制，常常是話到嘴邊留半句，這樣就難以提供足以讓別人瞭解自己的信息量。除此之外，很多主客觀因素的存在使個體往往不能表述眞實的想法，結果是說話含蓄以便留有餘地，或是出於某些顧慮而適時適地適量地說假話等等，這些都無疑會加大理解的難度或人爲製造出種種誤解。

其三是猜疑戒備心重。幾乎每個中國人都懂得"人心難測"的道理，正所謂"知人知面不知心"，於是便建立了"防人之心不可無"的戒備心理，在"防"與"戒"的心態下，傾聽別人的過程就不可能僅僅是理解言語的表面意思，而且還要猜測隱含的意思，即"聽話聽聲，鑼鼓聽音"。在社會交往中，對他人的戒心勢必包含着對他人的不信任感，於是，總是習慣性地對別人言行的真實性產生懷疑，繼而是猜測各種可能的意圖，而猜疑必然帶來誤解。我們每個人在實際生活中恐怕都有過這樣的經歷，即自己說的是大實話對方卻無論如何不相信，而且是越辯解對方越不信，這就是"疑人偷斧"的心理後果。一旦疑心建立，偏執的推理過程就會使誤解愈演愈烈。正是對他人的防戒之心，使多疑和偏執不可避免地成為中國人性格特徵中的一個基本成份。

當我們的自我表達能力原本不高，還要適量加以保留或掩飾時，讓別人來理解的確不是件容易的事，如果我們再將相互理解建立在猜測的基礎上，那要達到正確理解必然是難上加難。這是一個惡性循環的怪圈，出於自我防禦，每個人都在含蓄地表達自己，同時又在費盡心機地靠猜測來理解別人。於是，人際關係被人為地複雜化了，人際交往成了一門深奧的學問，我們每個人都被牽制在其中，耗費了大量的心理能量。面對這一怪圈，於單一個體來說，不管你對此怎樣不滿都將是無能為力的，為了生存，你必須適應於其中。然而，對於一個民族來說，減少人際間的內耗無疑會加速社會發展的進程。

道理大家都明白，但我們還是在維護着這個怪圈繼續循環下去，我們還在繼續注重於培養下一代察言觀色、猜測他人的能力，繼續告誡他們要有節制地表達自己，無形中，我們也把自己的多疑和偏執傳給了他們。沒辦法，我們不得不如此，因為這是現實社會中基本的生存能力，這是我們每一個欲立足於此的個體必須學習的能力。

看清了人際關係複雜性的根源，有助於我們發現人與人之間溝通難、理解難的客觀性以及被誤解的普遍性，使我們能夠意識到，並非只有自己一個人受到來自人際關係方面的困擾，實際上，人與人之間各式各樣的糾紛構成了我們中國人社會生活中的必然內容。

有了這種心態，我們就有可能淡化個人之間來自人際矛盾、人際摩擦的種種恩怨，並有可能提高對人際困擾的心理承受力。

什麼人好說話？

　　某電視台的記者在街頭隨意採訪，其採訪的主題挺有趣："男人和女人誰更好說話、好辦事?"其結果是，被採訪的男人和女人們多數回答：女人好說話，因為女人富有同情心。可惜記者沒採訪我，根據我的生活體驗，還是男人好說話，儘管男人並不一定比女人更富有同情心。當然回答這個問題還得先排除"熟人好說話"，討論僅限於互不相識的陌生人之間。

　　客觀地說，要確切回答這個問題不僅要分性別、還要分年齡。實際上，最好說話、好辦事的是年輕的小夥子，其次是年輕姑娘，居中的是老年婦女和老年男人，最不好說話的是中年男女，而最最不好說話、也最最不好辦事的則是36～59歲的中年婦女。

　　在生活中我們不難發現，小夥子們往往熱情、樂於助人，求小夥子辦事總是挺容易的；年輕姑娘比小夥子要差得多，但多是因缺乏辦事的能力而較少有固執、難說話的毛病；至於老年人，儘管剛接觸時會板着面孔，但當你訴出衷腸來，他們總能生出惻隱之心；而面冷心硬、最難被打動的就是中年人，人們一旦走近"不惑"及至步入"知天命"的年齡，笑容便不大容易出現了。不信，你可以注意一下，最不愛笑的人是中年男子；最喜歡在商店裡和公共汽車上吵架的人是中年婦女；你若到任意一個單位去辦事，最難通融的是中年女性管理人員。

　　某日，本人給某高校某辦公室的某位已步入中年的女主任打電話詢問有關事宜，儘管非熟人，但見過兩次面，也算有兩面之交，本人先報出姓名，只聽得對方冒出一句冷冰冰、陰森森且鏗鏘有力的"問候"："你要幹什麼?!"那像審訊犯人般的聲調、語氣就好像我是一個圖謀不軌的歹徒，我真沒想到居然還有這麼一句社交用語，由於太突然了，一時間由"驚"至"慌"，竟至語無倫次，倒真像是有什麼不軌之圖似的。自此以後，凡遇有接洽之事，一看對方是中年婦女，還未開口我便先生出幾分畏懼。

年齡與人的心理狀態及待人接物的儀表是大有關聯的，這倒不是年齡本身有多大的心理作用，而是與年齡緊密相關的生活經歷影響和制約着人們的行為。年輕人生活經歷少、家庭負擔小，他們總是愉快的時候多、不快的時候少，所以容易以自然的微笑和輕鬆的態度來對待旁人。另外，年輕人好衝動，容易被語言感染，並有着與外界交往的強烈願望，所以容易與別人交流，也容易在助人的活動中體驗到快樂，這是他們好說話好辦事的心理因素。

老年人歷盡滄桑，早已閱盡人間春色，面部難免要佈滿沉重，但退休後的老人隨着退出社會工作，開始渴望受到別人的注意與重視，以確定自身價值的存在，故對社會交往有了新的需求，所以與老年人打交道也不是件難事，只要你給予他們以足夠的尊重。

相比之下，中年人的生活負擔最重，往往是上有"老"下有"小"，自己的身體也開始每況愈下，家裡家外煩雜的事又不斷侵擾，所以心境好的時候不多，故沒精力、沒心緒理解或體諒別人的困境。另外，中年人絕少青年人的衝動性、情緒性，他們往往理智、冷靜、現實，所以要想僅依靠言語來打動他們就絕非易事。尤為重要的是，中年人沒有老年人那種渴望得到認可的需要，他們既是單位的棟樑，也是家庭的支柱，作為社會的中間力量，他們總是被要求更多地展現自信、自控而不是同情和寬容。

中年婦女比中年男子則有着更多的煩惱，她們在單位裡幹的工作並不比男人少，而回到家裡還要幹比男人多好幾倍的家務活，孩子雖說是兩個人的，可主要的操心者卻永遠是做母親的。同樣是40歲，男人被稱作年富力強而受到提拔重用，女人則被視作老弱病殘而面臨精簡下崗。因此，中年婦女的心境最差，她們的氣兒最不順，而這氣兒是絕對不能撒向單位中的領導、同事，也不能撒向家中的丈夫、孩子，否則引來的煩惱會更多，所以作為她們壞脾氣、壞情緒的接受者就只能是素不相識的陌生人。

不同年齡、不同性別的人確實因各自不同的經歷而有着不同的公眾形象，並顯示出一定的羣體特徵。有必要指出的是，在我們這個由不同年齡的人組成的社會中，相互間的瞭解和理解是十分必要的。年輕人似乎應當在中年人鐵板一塊的表情背後看到更多的生活重負，中年人則更有理由在自己的社交形象上添幾筆輕鬆而寬容的笑顏。

東西方人的社交之別

東西方人的社會交往方式是大不相同的，譬如，有不少同西方人打過交道的中國人都認為西方人很傻，會相信一些明顯有詐的謊話。其實，這只是西方人的一種社會交往習慣，即西方人對他人的言語是先相信後驗證。中國人則正相反，對他人言行往往是先懷疑後釋疑，"防人之心不可無"這句俗語反映了中國人在社會交往中的普遍心態。通俗地說，西方人在同他人交往時，先把對方當"君子"，中國人則習慣於先把對方當"小人"。

從實際生活來看，西方人在交談時總是開門見山，揀最重要的事先說；中國人則往往要繞很多彎子，在談自己最想說的事之前要進行大量精心的鋪墊。一個中國人要是有求於人而登門拜訪，往往不會在一進門就把來訪的目的說得一清二楚，而是要先客套、寒暄一番乃至幾番之後才逐漸透露來意，有時則要在馬上起身走人之前才說出真正的拜訪意圖。甚至更為常見的是，中國人在求人辦事的正式拜訪前，要進行少則一次，多則數次的禮節性拜訪，其內容是聯絡感情，俗稱"套近乎"，其目的是作為一種過渡性的交往以使下一步的"走動"顯得自然，並使將要提出的要求不至於顯得唐突。

東西方人在社會交往上的一個最大的差別，就是對待陌生人的態度。西方人交朋友往往適可而止，難有中國人那種兩肋插刀式的朋友之交，但西方人在陌生人之間的相助熱情卻比中國人要高得多。譬如，在國外，向陌生人探路問事總能得到熱心指點，但在國內，人們總是把美好的表情和助人的熱情留給熟人，對待陌生人的態度則至少是冷漠，甚至於很不友好。比較而言，如果說西方人是助"生人"為樂，中國人則是助"熟人"為樂。

東西方人交往方式的不同主要還是由於思維方式的不同，中國人一般認為：待人接物應分親疏遠近，應按相互間關係的親近等級來分發自己的熱情；一旦成為朋友，相互關係則越近越好；先把別人往壞處想是為了避免自己因輕信而上當受騙。在與人交往中，中國人更多的是憑感覺和經驗作判斷，"多疑"是出於自我保護意識；西方人則更習慣於以事實為依據，"輕信"是出於尊重事實、不冤枉他人的基本原則。

無論對西方人還是對東方人來說，社交都不是單純的情感往來，而是一種社會投資、一種社會交換手段，起到對交往雙方互惠互利的作用。然而，由於中國是一個重"人情"的社會，在實際生活中，人情的作用往往要大於各種法規制度，所以與西方人相比，人際交往的互惠交換性在中國人的社會生活中顯得更為突出。中國人對熟人與陌生人的態度之所以有着極為懸殊的差別，正是由於施予陌生人的熱情是無"利"可圖的，而施予熟人的優惠卻可以得到回報，當然，回報的方式是多種多樣的，包括感情形式的回報和物質形式的回報，總之，熟人之間的互惠互利終歸能夠構成等價交換的利益關係，這就意味着，給予熟人的熱情不會是無償的付出，或遲或早總會換回某種形式的回報或實惠。

中國人的社會交往還有一個非常重要的基本原則，即在與周圍有"關係"的人交往時，總是想方設法地盡量避免衝突，無論是採取中庸、調和，還是採取謙恭、忍讓的方式，核心的目的就是圍繞着如何避免出現人際間的不和。西方人即使在朋友、親屬之間，也會因為堅持維護個人的權益而不肯相讓，中國人則多以自己吃一點"虧"的方式來換取相互間的和諧關係。儘管中國人在與陌生人交往時常常會缺乏耐性、忍讓精神而大肆爭吵乃至大動干戈，但是在熟人之間卻是相當講究謙讓、忍讓的。

中國人在公共場合與陌生人吵架，大概是出於無所顧忌的宣洩。但是在認識的人中間，值得顧忌的內容就太多了，考慮到各種利害關係，"忍讓"則成為人們通用的交往準則。實際上，在人際交往高度頻繁的中國社會，"忍讓"是一種生存策略，是求得"安全感"的一種人生技巧。中國人對"安全"的需求，既包括了身體安全也包括了心理安全，珍視即得利益、不輕易冒風險是為了保證"身"的安全，而重視人際關係的和合性、重"忍讓"則是為了"心"的安全。中國人在人際交往中的善"忍讓"或"自我壓縮"，其根本用意是為了避免一切可能招致的敵視以獲得心理的安寧。

中國的成人在教育孩子時，也非常注重灌輸以自己吃虧的妥協方式來求得平和的人際關係。譬如，在我搞的一項幼兒家長的調查中，有一問題是"當您的孩子手中的玩具被別的孩子搶走而大哭不止時，您怎麼辦？"結果是，72.35%的家長回答"讓孩子大方點兒，讓別人玩會兒"，只有3.69%的家長是"鼓勵孩子自己把玩具搶回來"。在此，成人們不僅僅是向孩子灌輸"忍讓"的傳統價值觀,同時也是出於避免因孩子之間的衝突而導致大人之間的矛盾。也就是說,中國人即使是在處理小孩子之間的爭執時也要考慮成人之間的人際和合關係。

對於中國人來說,兩個人之間的交往,其實際意義往往要大大超出兩個人的範圍,即因相互間牽扯的其他相識者而使一對一的二人關係擴展成錯綜複雜的網絡關係。

有很多人,在國內時總嫌中國人之間的人際交往太"累",可到了國外,又常嫌西方人太自我,沒有謙讓精神。看來,我們在不滿本民族的一些習性時,自己卻難以擺脫這些民族習性的根本制約。

五・性格寫照的多角透鏡

謹愼至上

　　在我剛進行的一項問卷調查中發現，中國人最欣賞的性格特徵是"認眞謹愼"，這個結果應當說是意料之中的。中國人比較欣賞謹愼行事、老成持重型的靜態性格者，從中小學生選班幹部到成人社會的幹部晉升，候選人性格是否謹愼、穩重都是被考慮的重要條件。

　　我曾經在一些幼兒園裡搞社會調查，印象最深的一件事是，當一位優秀的幼兒教師在向我介紹一名被教師們公認爲相當優秀的幼兒時，使用的形容詞是"特別穩"，這令我很感慨，對於一個本應是充滿稚氣、活蹦亂跳的學齡前幼兒，成年人最欣賞的性格居然是"特別穩"，由此不難推知，"穩"對於每個中國的成年人該有多麼重要。

　　中國人好靜，中國人的性格審美觀實質上體現的是對靜態美的欣賞。人們對表情含蓄、說話嚴謹、有節制的人評價普遍較高，而對那些具備與"動"相連的性格特徵的人，諸如"活潑"、"豪放"、"熱烈"的人則多評價爲"浮"而不大易於委以重任。

　　中國人普遍認爲，具有"靜態"性格特徵的人辦事認眞、爲人謹愼、責任心強，所以可堪當重任，反之則可信度低、不可靠。毫無疑問，性格靜態者較性格動態者因其三思而行、處理問題周全而不容易出差錯，包括處理具體工作，也包括處理人際關係。但是，靜態性格與慢節奏、停滯不前也是聯繫緊密的。實際上，具備靜態性格的人對變化缺乏靈敏的反應，適應變遷的能力也差，另外，由於瞻前顧後則必然導致諸多良好機遇的喪失。

相比較，動態性格的人往往開拓性強，對新事物反應靈敏，對變遷的適應能力強，能及時抓住機遇。但是，出各種差錯的可能性也大，擔當重任時確有一定的風險。中國人做事是講究留有餘地的，首先是要求不出問題，其次才是有所成就。於是，靜態性格的人則必然成爲幹部選拔中的優先考慮對象，而動態性格的人則常被認爲不大可靠而被剔出備選名單。

中國人崇尚深沉穩重而不好熱烈奔放，即使是對年少者，也喜歡少年老成的形象，然而老成謹愼者必然是規行距步的，因此，靜態性格往往與"因襲"有着千絲萬縷的聯繫，相比較，動態性格則因其流動性的思維而常與"創新"更容易相通。動態性格者的最大特點是敢於夢想、敢於冒險，而帶有新發現的成功往往總是獎勵給那些富有冒險精神的人，即大的成功總是與大的冒險分不開的。靜態性格的人則習慣以"守"勢應對現實，沒有十分的把握不會貿然行事，做事之前先考慮退路，盡量避開風險。所以，靜態性格的人不會出大錯，也不容易有大的成功。從中不難發現，我們的社會文化所欣賞的性格是趨於安穩而不是突進的、是趨於保守而不是創新的，而一個欣賞靜態性格的民族對於社會變遷而必然有一個較長的、緩慢的適應期。

人們的性格審美觀根源於傳統文化習俗，同時也順應現實社會的要求。在中國社會，無論作爲哪一級、哪一行業的管理者，處理人際關係都是最重要的工作內容，而靜態性格的人比起動態性格的人來說，不僅不容易樹敵、不容易誘發矛盾，而且善於調解、化解矛盾，並善於平衡多重人際關係。由此看來，靜態性格的人以其穩妥的行為方式而更適於員工管理工作，動態性格的人則以其開拓的思維方式而更適於工作局面的展開。

很顯然，崇尚靜態性格的傳統性格審美觀與當今突變的社會變遷存在着一定的矛盾，在改革的大潮中，傳統的幹部選拔觀念受到了衝擊，而在妥善處理人際關係與高效推進工作進度之間的權衡，則使幹部的遴選處於兩難困境。其實，從社會組織的角度出發，動態性格與靜態性格應當說是互有優劣的，前者更有利於社會的快速發展，後者則更有利於社會的平衡穩定。兩種不同類別的性格同時具一身是不太容易的，但是，兩種不同類型性格的人同在一個領導班子卻是不難做到。因此，綜合選配不同性格的人在同一個領導班子，以便同時利用兩類人才的優勢，將是現時代人才管理的科學舉措。

不過，目前我國管理幹部的選拔類型還是以擅長人際關係的靜態性格者為主流，僅由前不久北京公開選拔副局級幹部的考試內容中，就可以很清晰地看到我國政府部門幹部選拔的基本標準，其中一個最重要的工作能力就是處理人際關係的能力。譬如，在競聘北京市委工業工委副書記一職時，有考題為：

一位處長思路清晰，觀點亦能得到廣泛認同，但得理不讓人，往往影響別人發言。你如果作為副局主持會議，該如何處理？

據官方透露，此次副局競聘的最後獲勝者是那些理論功底和工作實績都相對優秀，同時人際關係良好者。而這種人在整個選拔過程中也給人一種拿得起，放得下，開朗豁達的印象。

其實，處理人際關係的能力一直是我國管理幹部、管理人才選拔的核心內容。記得十幾年前，當中、英兩國聯合在中國大陸第一次招收工業管理碩士研究生時，專業課的考題中佔分數最多的一道大題是："你將赴任某廠新廠長，現任的主管業務的副廠長和總工程師都各有所長，但相互間人際關係緊張，你上任後將如何開展工作？"顯然，在主考官看來，最能體現一個人領導水平的就是處理人際關係的技巧，這也的確非常符合我國的具體國情，即在我國，人際關係是一個管理者、領導者所面臨的最複雜、最難處理的問題。以處理人際關係作為管理者的核心內容的幹部選拔，無疑已限定了候選人的性格傾向。

反映在性格審美上的社會傾向性和傳統價值觀，不僅體現出特定的國民性格，而且通過相應的幹部選拔、任用的潛在標準無形中限定了各層領導者、管理者的基本性格特徵，並由此而決定了我國管理者階層的基本管理風格、工作速率乃至社會效果。

"老實"不再受誇獎

某日，接到一老同學的電話，長聊起來，儘管十幾年未謀面，仍能感覺到他的性情依然如舊，於是感歎道，在外企工作多年的他居然還能同以前一樣的憨厚老實。本意是誇他，能在外企環境中保持單純的本性，卻不料他大叫："你這不是在罵我笨蛋嗎？"

我大惑不解，經他細說方知，如今，"老實"的代名詞就是"笨蛋"，意即"不能幹"。在他們外企公司裡，如果前來找工作的人被介紹為"老實"，便根本不予考慮，洋老闆明確表示，公司需要的人是精明能幹的人，而不是老實的人。由此，他們這些外企員工視"老實"為貶義詞。我聽了又是一番感歎，外企單位所具有的企業文化把西方觀念直接傳輸給中國員工，從而帶來了中國人在性格審美觀方面的變遷，而觀念的變遷又帶來了日常語言的變遷，一些原本是褒義的詞，如今卻意想不到地變成了貶義。

當然，這個變化就目前來看還僅僅是發生在外企。因為"老實"一詞在國營的企事業單位裡仍不失褒揚之意，與過去不同的只是，如今各單位所需之人是"能幹的老實人"，確切的含義是，既要在工作上能幹又要在人際關係上簡單，對於領導來說，一般希望自己的下屬最好是既能幹又聽話，其次是雖不能幹但聽話，至於能幹而不聽話的下屬，則只能使用不能提拔，而既不能幹又不聽話的人則到哪兒都沒人要。總之，與洋老闆將"老實人"一概劃在"笨蛋"類不同的是，中國人將"老實人"又進一步分解為"能幹的"與"不能幹的"兩大類。

老外所理解的"老實"就是人不精明、反應遲鈍、能力有限。但中國人所說的"老實"與工作能力並無直接聯繫，主要是指人很本份、略有口拙或寡言、人際關係簡單，一句話就是好對付、容易相處。改革開放到如今，儘管我們也開始講究工作效益，重視人的能力，但是人際關係在各行各業裡仍然是與工作同等重要的內容，這是我們社會的中國特色，也是當今的社會變遷難以改變的傳統特徵。因此，各單位在招募新人時，總是在考慮能力的同時還希望入選者在人際關係方面是個"老實人"，意即不僅少是非而且"聽話"。

"老實"這個詞在中國社會原本是被用來描述一個人的某種性格特徵，而現今卻與人的能力直接掛上了鉤。那麼，值得一問的是，老實的人是否真的不能幹？一般來說，老實的人往往小心謹慎，說話留神，做事留意，膽子較小，這樣在需要創新意識、有一定風險的工作方面顯然不太合適。老實的人往往按章辦事，循規蹈矩，做事不會超越一定之規，所以對於需要靈活性、變通性的工作顯然不太合適。老實的人往往口拙，語言表達能力有限，所以那些需要口才、需要社交能力的工作顯然不太合適。如此看來，諸如節目主持人、商品推銷員、企業主管、律師等當今比較時髦的工作都不太適合傳統型的老實人。

"老實"一詞在以往的中國一向是褒義詞隊列裡的一員，而且也一貫是與"厚道"、"本份"、"實在"、"誠懇"等類詞相提並論，然而，一旦"老實"的詞義中包含了"不能幹"的成份，即使不被馬上列入貶義詞的行列，也至少成了褒貶含義共存的詞彙。

如此看來，一個現實正擺在我們面前，在傳統意識與現代意識共存的今天，社會在需要一種矛盾的性格，既需要我們能具備適應傳統人際關係所需的性格特徵，又需要我們能具備滿足富有挑戰性的現代工作要求的性格特徵，這種共存現象會是相當持久的。當然，中國的傳統文化具有極強的同化力，重視人際關係這種社會特點也會長期存在下去，所以在相當長的時間內，傳統的性格審美觀既是一種文化習俗，也是一種社會需要。

從職業羣體角度來看，外資企業正在逐漸傳輸着一套非傳統的文化，從而導致了人們思維觀念、性格審美觀念的變遷；而一些多年來在單位體制、工作性質都改動不大的職業羣體，則保持了更多的傳統思維方式、傳統行為方式以及傳統人際交往方式；真正感覺到新舊文化劇烈衝突的則是一些工作性質新、人際關係舊的職業羣體。總之，在不同的職業背景下，不同的職業羣體對東西文化的衝突會有不同程度的感受。

性格審美觀的變遷，意味着人才評價標準的變遷，以及員工選用標準的變遷，同時也必然影響到成人對下一代的性格培養導向。當然，這種變遷是包含着傳統與現代的雙重性，而面對矛盾的社會現實，人們在有意無意之中已開始學會將矛盾的社會要求結合到自己的社會工作、社會交往之中，並以矛盾的性格特徵、矛盾的自我形象表現出來，與此同時，人們也開始懷着矛盾的心態用雙重文化標準在培養着新的一代。毫無疑問，這新的一代，必然比我們有着較少的傳統性格特徵，並比我們有着較多的現代性格特徵。

完美與缺陷美

某日從電視裡看到，一位記者正在採訪一個普遍家庭，主要是涉及家庭教育問題。採訪的結束語來自這個家庭的小孩，一個四年級的男孩，他說："儘管我還沒有達到十全十美，但我要爭取做個十全十美的人。"這句話在我看來，可以稱得上是頂天立地的豪言壯語，因爲"十全十美"就意味着沒有缺點、不犯錯誤，不要說一個小孩子，即使是一個比較理性化、比較完善的成年人要做到"十全十美"又談何容易？

我們中國人算得上是完美主義者，無論做什麼事都希望能盡量完美，甚至是好上加好。在我曾搞過的一項問卷調查中，有關家長"對孩子做任何事的要求"一問，71.38%的家長回答"盡量完美"，還有9.67%的家長的回答是"好上加好"，即超過80%的家長在要求孩子方面是追求完美的。可以說，"盡善盡美"是中國人做人的最終目標。

仔細觀察現實，我們不難發現，中國人求"完美"實際上是不給"缺陷"留有任何餘地，即認爲"錯誤"犯得越少越好，最好是不要犯任何錯誤，人則是越完美越好，最好是不要有任何"缺陷"。這裡涉及到我們對"錯誤"的認識問題，也就是說，中國人多認爲，"錯誤"在一個人的生活中只有壞作用沒有好作用，或"錯誤"對一個人的發展只有負功能而沒有正功能。

其實，在人世間，人們是注定要與"錯誤"相伴而與"完美"

相去甚遠的。首先是人們不可能十全十美，因爲"錯誤"是貫穿於任何認識過程的必然產物，是限於人的認識能力而無法排除的客觀現實。其次是人們不必十全十美，因爲"錯誤"帶給人們的不僅僅是失敗的感受。

俗話說，"失敗是成功之母"，實際上，同樣也可以說，"錯誤是創造之母"。無論在科學研究、各項事業的發展以及具體的生活中，犯錯誤、走彎路都不僅是件壞事同時也是件好事，特別是對激發創造力來說更是如此。因爲，人們在出現錯誤、面對失敗時，將不可避免地嘗試各種可行的方法以擺脫困境，這個過程也將必然伴隨着諸多新思緒的迸發，而在許多新想法新意念的激烈競爭中，創造性的思維過程必然得到極大的促進。

從我們今天的教育來看，求完美的教育就是一種不許犯錯誤的教育。從孩子上小學一年級起，成年人，無論是家長還是教師就要求所有的孩子都要考試得"百分"，甚至是"雙百分"，眞可謂百分之百地追求完美無缺。在學習以外的其它方面則要聽大人的話，不能有自己的想法。特別是，要守紀律，不許淘氣。在如此"規矩"的規範下培養出來的孩子，思維的廣度、靈活性、創造慾以及求新求異的能力都很難有正常的發展。

"不犯錯誤"似乎是意味着沒走彎路而有可能直達成功，然而，"沒走彎路"也意味着失去了接觸更廣泛的事物、開拓更多條道路的機會。也就是說，"不犯錯誤"本身倒成了一種缺陷，即謹小愼微地防範錯誤將使個體深陷於狹小的固定框架裡而缺乏拓展思路、廣闊認識新世界的可能

如果我們要求一個孩子完美而不犯錯誤，那麼這個孩子的成長過程本身就是一種缺陷，顯然不利於孩子開發自身的全部潛能。如果要求一個科技工作者只許成功不許失敗，那麼他的科研項目很難有所突破與創新。如果要求每一個人都完美無缺，那麼這個世界肯

定會顯得非常單調、乏味。

在實際生活中我們也不難發現，有的人長得一表人才，舉止得體，說話有分寸，但你和他在一起就是覺得沒意思，連聊天都沒絲毫興致。這些人往往從小接受了不出"格"的規範訓練，身上所有不整齊的"枝杈"都給修剪掉了，於是便失去了個性所獨具的風采和神韻，變得乾巴、枯燥，沒有生機，沒有活力，故很不吸引人。客觀地說，在人物性格上的確存在着"缺陷美"，即在實際生活中，那些性格有"缺陷"而絕對不屬於十全十美的人反而顯得更具有內在的魅力，對別人也更具有吸引力。

求完美的習性使我們中國人做事比較小心謹慎，生怕出錯，因此必然導致保守、膽小等性格特徵的形成。從思維類型上看，求完美的人不敢想也想不到在常規範圍之外去尋求新思路，因而與新創意、新設想便總是無緣，於是便缺乏創新能力。從性格類型上看，求完美的人比較講究社交規範，因而與風趣、幽默是不大相干的，於是便缺乏個人魅力。

總之，求完美的結果容易導致死板，包括思維的死板和性情的死板，同時也容易阻滯"活"的內容生成，包括靈活的思維方式、活躍的性格特徵等等。看來，不苛求完美，不怕犯錯誤，同時善於在錯誤與缺陷中尋求新發現不失為一種積極進取的人生價值觀。

自我是個多面體

某日，有位外地來京出差的小夥子，不知從哪兒搞到的電話號碼，一個電話打進我的家中，說是看了某學術刊物上所載的我的某篇論文，想與我切磋一番，並提出希望能面見。我當即表示，非常歡迎共同探討學術問題，只是如今大家都很忙，如果電話裡能說清就不必見面了。不料小夥子大為不滿，情緒激憤地對我說："你會後悔的，因為你錯過了結識一位偉大人物的機會！"他用了很多華而不實卻宏大驚人的語言來形容自己的偉大之處，但又沒什麼具體內容，令我不免開始有點懷疑他精神狀況有問題，經詢問知他26歲，畢業於某醫科大學，現在某醫院工作。心想他既然在醫院裡當大夫，恐怕不會有什麼大問題，醫院總不至於讓一個精神有毛病的人給病人開藥方吧。

其實，這個人給我的感覺無非是有點自大狂，仔細想想，周圍的人裡也不乏此類人，有的人在社會上還挺有身份，其它方面都沒什麼不正常，只是自誇時有點病態化的過度，而問題的實質就是不能客觀地認識自己。

中國人的精力都集中在理解他人和猜度他人上，於是對"自我"便難免缺乏瞭解，結果有的人很自卑，而有的人卻很自負，甚至是自負到自大狂的地步。另外，有的人表面上很自信，喜歡自吹，自我感覺似乎很好，但對別人的評語卻非常敏感，稍有不佳評價就感到難以承受。這種人實際上還是缺乏自信，也正是因為不自信才特別在意別人的評價，而其內心深處卻是十分自卑的，即以表面的自信來掩飾深層的自卑。

從總體來看，我們中國人是非常注重人際關係的，故對別人的評價就不可能不重視，結果是，我們常常在有意無意中依賴他人的評價來認識自己乃至評價自己，而自我認識能力差的人則完全用別人的評價來勾畫自我形象。由於在不同的場合、不同的階段，從不同的人那兒會得到不同的評價，所以我們往往會因此而處於對"自我"的困惑之中並難以構成穩定的自我評價。

從評價他人來看，儘管中國人把絕大多數精力都放在處理人際關係上，但在看待別人、分析別人和判斷別人時準確率卻也並不很高，主要是因為缺乏評判的客觀性，而且在主觀化之外，還非常的定型化，即習慣於以固定的框架來認識他人、評價他人，不注意變遷因素，更不注意相互矛盾、相互對立的內容在同一個人身上共存的可能性。

人的自我是個多面體，對立面的共存是常見現象，如有的人平時很馬虎，但在某些場合、某些條件下卻異常認真仔細；又如有的人看上去很樂觀，在眾人面前總是歡聲笑語，但內心深處卻非常憂鬱，並很悲觀地看待生活中的一切。

實際上，每個人幾乎都是一個矛盾的混合體，人與人的差別僅僅在矛盾的程度上。然而，多數中國人還是習慣於把個體看成是一個沒有衝突的、和諧的統一體，即基本特徵始終如一地、無斷裂地發展，一旦發現人物的基本特徵出現斷裂或反向發展，人們就會覺得不可思議。譬如，一個人一向很大方，突然有一次很小氣，或一直很和善的人，突然惡語傷人，都會使周圍的人產生震驚感、意外感乃至陌生感，並把這一切解釋為是這個人以往的刻意掩飾而今日終於真相畢露，於是便從一種定型轉向了另一種定型。

對於我們自己來說，來自他人的定型化評價常常使我們有意無意地調整自己在與他人交往中的自我形象，即我們會下意識地使自己在對方眼中的形象盡量符合其原有的評價，而不管這一形象是否與我們自己的真實形象相符。於是，我們會發現，當我們每天面對着互不相同的眾多他人時，我們都是在自然而然地展現着互有差異的眾多的"自我"形象。

人的自我同時具有分裂性與綜合性，有的人綜合性傾向強一些，主要的性格特徵就比較明顯，在此，有些與主要性格特徵相矛盾的內容或被掩飾，或被壓抑而顯現不出來，於是在外表上看就顯得富有整體性和統一性。然而，有的人是把各種相互矛盾、相互對立的特徵都展現出來，於是，自我的分裂性就顯得很突出，結果就易於給旁人以怪異感。另外，有的人有意無意地將自己的不同性格特徵，特別是相互對立的特徵有選擇地展現給不同類型的人，其基點是以讓別人易於接受自己的方式來展現自己。於是，必然導致一個結果，即不同的人會對同一個人得出不同的評價，甚至是天壤之別的相反評價。

　　人的性格是具有二重性的，即兩種對立性格特徵的共存，這使人的自我形象也呈多重性的並充滿矛盾。然而，在實際生活中，這種現象在相當多的人身上很不明顯，其原因主要包括：個體有意無意地維護自我的主流形象；受到他人評價的影響而有框架地限定了自我認識的範圍。

　　我們中國人在認識自我方面遠沒有在理解、評價他人方面下功夫，但恰恰是因為自我認識的水平有限而限定了理解他人的準確性以及評價他人的正確性。也就是說，當我們有意提高理解他人的能力時，應首先提高我們的自我認識、自我評價的能力。

　　近來，"情商"的概念從西方傳入我國，引起人們的關注，並有人提出，成功需要70％的"情商"和30％的"智商"，從而把"情商"抬到了相當的高度。按照暢銷書《情緒智力》一書的作者、美國心理學博士丹尼爾·葛爾曼的概括，"情商"主要包括五個方面：認識自身的情緒；妥善管理情緒；自我激勵；認知他人的情緒；人際關係的管理。在此，"情商"的核心內容是"情緒"，並分為自身情緒的認識與管理，以及對他人情緒的瞭解、與他人的相處的技能。

　　其實，"情商"是與以"智力"為核心的"智商"一樣，只側重了自我認識的一個側面，對於成功來說，其影響作用仍然是有限的。自我認識的範圍應當包括智力、情緒、性格等各個方面，因而管理自我、認識他人的能力就不只限於某一個側面。然而，針對"智商"而提出的"情商"概念，其最大的積極意義在於，把成功的要素從狹窄的智力領域擴展到自我認識領域乃至人際關係領域。

成功也並不意味着分門別類地妥善管理好自身的智力、情緒、性格,以及與他人的關係,而是合理安排、有效組合自身的各種基本條件,這無疑已構成了一個複雜的自我管理系統。由此,成功是與較高的自我管理能力緊密相關的,而一個人的成功與否並不取決於或智力、或情緒、或性格的某單項指標是否高超,而是取決於各單項之間的合理組合乃至最佳匹配。

　　一般來說,一個人的某些基本的自身條件是較難變動的,如純智力因素,但認識自身的智力特點、性格特點及情緒特點並加以妥善管理的能力卻是可以經努力而不斷提高的,而一個有較高自我管理能力的人,不僅能夠較合理有效地安排各項人生任務,而且在客觀理解他人、擺正自己與他人之間位置方面也有着天然的優勢,於是便在自身與環境、主觀與客觀這兩大方面都實現了基本條件的最佳利用,從而大大提高了做各項事務的成功率。

　　總而言之,正確地認識自己和客觀地評價他人是每個人處理各種社會生活問題的基本能力,其中自我認識能力又佔據着更為重要的位置,這一能力的高低常常決定了我們自身諸如智力等類的基本能力是低水平發揮,還是正常發揮乃至超水平發揮。

尋找自己的最佳位置

　　在某次搞社會調查時,無意中遇到了一位十幾年未見的老同學,得知他大學畢業後一直沒挪地兒,始終在某部委做行政工作,按他的話說是十幾年如一日地做一名小公務員。我想他一定是喜歡這工作,卻不料他說他根本不喜歡。問他既不喜歡何不換個喜歡的工作幹幹,他苦惱地回答,至今還沒發現有什麼自己真正喜歡的職業。這位老同學在大學是學中文的,可他聲稱這一生最討厭爬格子,當年報考中文是因爲僅中文有希望考上,他畢業後既不想搞文字工作也不想教書,於是靠關係進了機關。他告訴我,他這輩子恐怕到死也不知道自己究竟喜歡幹什麽以及適合於幹什麽。我則從心底裡替他感到悲哀,一個人居然大半輩子都在被動地生活而從未經歷過主動的自我選擇。

　　人們最初的職業常常並不是最適合自己的,除了一些客觀原因使得我們不得已而爲之外,也有主觀上的原因,即自己也搞不清到底幹什麽更好。很多人升學報什麽專業、選哪所學校,以及畢業後在哪裡就職都是由父母決定的,對於這些人來說,生活中的每一步都不是通過自己的選擇、自己的意志而邁出的。據某城市對待業者的擇業意願調查,發現青年人的擇業方向主要是家長的意願,完全靠自己確定擇業方向者僅佔待業者總數的 0.6%。看來,在選擇職業方面的茫然無措,對於中國的青年人來說是極爲普遍的現象。

　　有位不相識的外地大學生看到我在某刊發表的某篇文章後給我寫了封信,傾訴了他由所學的專業和所喜好的職業之間的矛盾而帶來的苦惱,我給他回了一封不長不短的信,中心思想就是勸他少說、少想、多做,利用課餘時間去做自己想做的事,以驗證自己是否真喜歡以及自己是否適宜或是否勝任相應的工作,爭取在畢業前通過社會實踐搞清自己的職業傾向。

　　我們中國的年輕人缺乏一種"行不行,試試看"的嘗試精神,"想"得永遠比"做"得多。另外,確立職業目標的年齡也非常晚,這是因爲中國的孩子不像西方的孩子那樣從小就在課餘打各種零工,因而中國人不像西方人那樣在達到求職就業年齡之前就已初步具備了熟悉各種職業特點和自己能力特點的社會實踐經驗,這就造成了我們在選擇職業時不可避免的盲目性。

　　嘗試各種職業以便確立自己真正的職業興趣是要付出時間代價的,如果再帶有盲目性,這時間的跨度會更大。有位老朋友的職業經歷挺有典型性，也頗有些戲劇性，值得在此一叙。

這位老兄在吃了幾年"大鍋飯"後，決心出來多掙些錢。想自己一知識份子掙錢還是應以文字為本，於是買了一台英文打字機，然後四處張貼廣告，承攬打字業務，他把我劃在他的關係網裡，讓我幫他招攬英文打字的活兒。可還沒等我幫出成果來，他已把英文打字機換成了名片印刷機，然後又找我幫他招攬印名片的活兒。等我剛招呼了幾位同學的同學上他那兒去印名片，他又把名片印刷機賣了，正夥同幾個哥們兒在辦印刷廠，又找我幫他招攬出書的活兒，等我把自己的書稿整理好了找他去印，他卻告訴我他已離開了印刷廠，正在為某合資企業推銷產品。由於他不再幹與文字有關的活兒了，於是把我這個書生從他的關係網裡劃掉了，所以我很長時間不知他的音信。前不久在街頭偶遇，得知他在這期間又連換了兩家公司，不過始終在幹推銷。我猜想，"推銷"一定是他最終找到的自己最喜歡也最適合的工作了，卻不料他說，沒什麼可喜歡的，僅僅是掙錢而已。後來我瞭解到，他既不喜歡推銷也不太擅長推銷，錢掙得也僅夠平均水平。總之是折騰來折騰去，他還是沒有找到自己的最佳位置，而此時他已過了不惑之年。

考慮到社會的變化和就業市場的變化，要想早早地確立一勞永逸的職業方向似乎是不太可能的，但是，盡早發現自己的興趣所在和能力所長，以及盡可能多地參與瞭解社會的各種活動卻不僅是可能的，而且是必需的，只有這樣，我們才有可能盡早做出準確的職業選擇，也只有這樣，我們才有可能高效率地利用有限的青春時光。

我們中國人從小就接受理解他人的訓練，但是卻很少花時間、花精力來瞭解自己，所以當我們精於揣測他人心思的同時，卻並不清楚自己的需要、自己的渴望、自己的慾求、自己的愛好、自己的擅長、自己的能力，在職業選擇上的盲目性所表明的恰恰是我們不

五・性格寫照的多角透鏡 | 209

知道自己在社會生活中所應佔據的適當位置。

一個人若要客觀地瞭解自己、評價自己，首先必須有足夠多的、能夠用來觀察自己的實踐機會，而這恰恰是我們中國人在學生時代最最缺乏的生活內容。因此，作為成年人，我們現在所能做的只有吸取我輩人的教訓，鼓勵年少的一代在學生時代就積極地參加到各種展示自己多方面能力的實踐活動中去，以提高他們瞭解自己的能力，同時積累必要的工作經驗和生活經驗。

愛面子與死不認錯

濟南電視台曾報道了"耳朵風波"事件：某小學二年級一個八歲男童因未帶口算作業被暴怒的數學女教師扭破了耳朵，該學生家長找到校方，但因學校未作應有的處理而上電視台反映，又因女教師對媒介矢口否認事實而告上了法庭，最後以學生家長勝訴而告終。通過這個事件發展的前前後後，能夠使我們引申出許多思考。

新聞媒介抓住了教師體罰學生大作文章，其實這畢竟是個別現象，這位其子有心臟病、其母癱瘓、自己又患有多種疾病的女教師恐怕是心理狀態欠佳而影響了正確使用教師的權力。該教師顯然並不像媒介說的那樣認為體罰學生具有合理性，否則也不會在事後否認事實，極力否認事實其本身就證明了她知錯，而死不認錯恐怕主要還是出於愛面子。

愛面子是中國人的通病，迄今，巨大的社會變遷、各種現代觀念的輸入都未能改變中國人這一根深蒂固的民族性格。家長將事情告到電視台，就意味着將校內的事公佈於眾，同時也等於不給學校留"面子"，在教師和學校看來則是丟了"面子"，於是開展了一場保護"面子"的戰鬥。這場戰鬥從小打到大，其人員"殺傷"面也逐漸擴大化。

　　實際上，在整個事件的發展過程中，不僅是被扭破了耳朵的孩子這一家人付出了代價，而且學校的管理者、全體教師，乃至這個班級裡的其他學生都付出了相應的代價。從表面上看，班裡的其他學生都是旁觀者，與這件事沒有直接聯繫。但是，他們在旁觀與"作證"中"學"到了很多，包括"權威"的作用，與"權威"作對的下場以及"打擊報復"的含義等等。一開始面對記者時，這個班裡的孩子們講述的都是事實的真相，後來迫於來自成人的壓力，包括學校教師和自己的家長，全班孩子都做了偽證。不難想像，在這一事件中，年幼的孩子們接受了怎樣的一場活生生的家庭教育、學校教育、社會教育，而這場教育顯然是負性的，是與以往的正向教育背道而馳的，但卻是極為深刻的。

　　在此過程中，校方顯示出無能，因為家長之所以不給面子是因為校方未作處理，而家長的要求僅僅是讓老師賠禮道歉和給孩子換班。其實，校方只需用最傳統的方法，給雙方做"思想工作"，把雙方拉到一起進行調解。在這種氣氛下，我想那女教師也不至於會死不認錯的。總之，校方如果處理得當，這件事完全可以大事化小，小事化無。

　　認個錯就能解決的小矛盾卻因不認錯而打上了法庭，於是我們難免要產生疑問，認個錯就那麼難嗎？實際上，對於愛面子的中國人來說，認錯的確是件很難的事，看看周圍就不難發現，為了面子而不認錯，對於我們中國人來說是一個極普遍的現象。毫不客氣地說，我們中國人缺乏認錯的習慣。從語言來看，"對不起"一詞在漢語裡遠不及在英語裡使用的頻率高。正是由於"對不起"一詞用得太少，而使商店裡、公共汽車上的一些人際間的小摩擦頻頻被上升為大爭端。值得指出的是，在我們的社會裡，"承認錯誤"沒有作為一種美德而受到廣泛宣揚，這不能不說是我們民族性格中的一個缺陷。

深究而論，中國人是個求完美的民族，也是一個喜歡樹立高、大、全英雄形象的民族，具有一定權威身份的人則被要求具備相應的完美形象。於是人們普遍認爲，爲人師者不應犯錯，犯了錯就不是好教師。同樣，爲人父母者也不應犯錯，犯了錯就不是好父母。在這樣一種評價標準下，出於維護自身形象，人們難免會死要面子不認錯。自古以來在中國，當官的沒有向當兵的認錯的習慣，父母沒有向子女認錯的習慣，老師也沒有向學生認錯的習慣。

從思維方式看，我們也存在着喜歡擴大化的傾向。個別教師因方式不當傷害了孩子而受到家長起訴，便就此而認爲"老師這麼辛苦地教育孩子，得到了什麼樣的報應？"好像所有的教師都受到了不公正的待遇。於是，一個有具體人物、具體場景的小事件便被擴大化爲有特殊含義的、指向更多人的大事件，單個教師的"面子"問題則被擴展爲全體教師的"面子"問題。

廣義而論，愛面子作爲中國人性格中的一個特點，倒不是一個非除不可的大毛病，但是若愛面子愛到知錯不承認，甚至不惜迫使孩子作僞證的程度，這就很成問題了。我們必須意識到，勇於承認錯誤不僅是化解人際矛盾的一個重要前提，同時也是一種良好的社會風氣。

從這個事件中，我們還可以看到另一個重要問題，即靠法律來解決問題對當事人來說是否代價等價，這在西方是不成其爲問題的，但在中國卻是一個明顯存在的且令人不得不考慮的問題。

在此案例中，這位學生家長的做法是很現代的：上電視、上法庭。毫無疑問，遇到同樣的事，並不是每個家長都有這份勇氣。可喜的是，人們開始學會運用法律來維護自身的合法權益。可悲的是，所需付出的代價太大。從事件發生至結案時止一年有餘，在這一年間這一家人在精力、財力、心理上承受的負擔是可想而知的。

首先是年僅8歲的孩子在面臨全班同學作僞證並受到全面孤立的情況下不得不停學，家長要求換班，學校斷然拒絕。學校的報復行爲迫使家長不得不給孩子轉學，而在不允許擇校的我國，"轉學"談何容易，不僅經濟上要花費一大筆，還要遭遇到一系列的各種麻煩，"轉學"可謂歷盡艱辛。所以，對於這個家庭來說，儘管官司打贏了，可來自經濟、時間、心理上的損耗，使他們一家大小都很難產生勝利感。由此我們發現了一個無奈的事實，即法律的確能給是非以公正的說法，但對超出法律管轄之外的生活領域卻是無能爲力的。

中國人不僅愛面子，而且愛報復。西方人常常能面對面地打完一場官司後又和好如初，我們中國人是絕對做不到的。報復心重是我們的民族特點，所以，作爲家長只要不想讓孩子轉學，就絕對不能得罪老師，得罪學校。同樣，作爲職工只要不想調離工作，就絕對不能得罪上司，包括各級領導。在此，雖然是非是可以明斷的，但法律的力量卻顯得極爲渺小。由此，儘管法律界的人士總在不斷呼籲人們學會依靠法律，但人們看到的事實卻是法律只有公斷作用而沒有保護作用，光明磊落的法律對付不了無所不在、無孔不入的暗中報復。

懼怕報復，"忍"字當頭，無疑是對各種惡習的放任與姑息，然而，個人的力量畢竟是勢單力薄的，法律在作出公斷的同時還應當給予相應的保護措施，以使欲施報復者的目的難以實現，並使法律不僅具有公正的力度也具有保護的力度。

吃"大鍋飯"的後遺症

從心理諮詢中發現，很多人的心理危機與當今快速進展的社會變遷有着密切的關聯。譬如，有位青年司機目前正處於內外交困的境遇：在家中夫妻關係惡化；在單位人際關係不良；請長假出門賺錢，錢沒賺着，人還受了傷；回原單位上班，車不能開了，新工作也不理想，於是想殺人洩恨，當然是不想活了，不想活的原因是自認爲活不下去了。此例是以人際關係不良而作爲矛盾的體現，但仔細分析不難發現，人際衝突是源自個體的不合理要求得不到滿足，而他的不合理要求所反映的正是自身對新形勢下的社會環境不適應。

近幾年來，不斷發生的社會變革給個體帶來了許多發展自身的機會，面對各種新的機遇，人們一般採取三種態度，其一是向後退縮，怕冒風險；其二是先小心探試一番，不行再縮回來；其三是勇往直前且如魚得水。第一種人是保持現狀的旁觀者，真正能成功的當然是第三種人，而那些非但沒成功反而深陷逆境的則往往是第二種人。此例中的青年司機顯然正是這第二種人，本以爲能心想事成，卻不料竟是大敗而回。

類似於此例的現象其實在當今的社會上很常見，社會變革帶來的新機遇，不僅給人們帶來了憧憬和希望，也帶來了憂愁和煩惱。當一部份人因改變傳統的生活方式而獲得了意想不到的成功之時，也有不少人卻因此而遭受到意想不到的失敗。論及失敗，當然有着各種主客觀的具體原因，但有一根本原因是普遍存在的，即常年吃"大鍋飯"，養成了人們對國家的強烈依賴，其結果，一是造成了個體沒有自立能力，缺乏自謀出路的生存技能；二是造成了個體沒有自我認知能力，缺乏挖掘和發展自身潛力的能力。因此，面對新的機遇，在採取行動之前，應當有所準備。首先要觀念更新，譬如在辭職、請長假、停薪留職之時，要建立風險意識，應當做好失去勞保待遇後可能出現不測的精神準備和物質準備；其次要培養社會技能，"大鍋飯"造就了不少人不學無術、靠國家給飯吃的現狀，一且失去鐵飯碗，便會面臨無以生存的困境，所以，學習生存技能是立足於社會的必備能力；第三要學會開發自身潛能，要能夠不斷發現自己，借此學習新的社會技能，生活中存在着許多的變化因素，各種莫測的主客觀因素都有可能導致原有的生存技能失去謀生的作用，所以，能在社會需要和自身長處之間尋求平衡並不斷發展自己的人，才能有效地應對各種生活變故以及擺脫各種生存困境。

依賴性是中國人普遍具有的性格特徵，這一性格弱點既是源自過度人際依附的傳統生活方式，同時又受到"大鍋飯"體制的長期培植，從而深入人們的骨髓，已成為中國人之人格結構中的一個重要的組成。在舊的經濟體制下，這一人格弱點一直被掩蓋着，而在社會大變革的今天則已日益明顯地顯露出來。人們在沒有機會時，總是感歎懷才不遇，然而一旦機會多起來，有了足夠的選擇餘地，方知自身的"才"根本不夠用，缺的技能很多。社會上有不少人往往不注意別人具有的自身條件以及在爭取成功時的全過程，只是眼熱於別人抓住機會且成功的結果，不料自己一追隨卻一敗塗地，失敗之後馬上想到的就是回歸原有的依靠，一旦發現無以依靠時，立刻猶如末日臨頭。這類人在心理諮詢中是很普遍的，從中顯示出我們中國人的一大常見的心理弱點：一方面怕冒風險且不具備承擔風險的心理力量，另一方面又沒有風險意識，不懂得預測風險、防範風險以及事先制定一旦出現風險如何化險為夷的對策。

一般來說，中國人不習慣變換職業，每個人多是以一種職業度過整個一生，因而，人們往往只具備一種生存技能，加上社會上也缺少職業培訓的機構，所以，職業的轉換常常意味着生存能力的危機，並進而導致生活狀況的危機以及所必然伴隨的心理危機。傳統的單一職業觀念使中國人在面臨職業變遷時，既缺乏相應的能力準備又缺乏必要的心理準備。

改革推動了社會變遷，而社會變遷作為巨大的應激源將不可避免地給每一個體帶來心理衝突和心理壓力,如文化移入的壓力、價值衝突的壓力、生活事變的壓力等等。對於務實而又守常的中國人來說,社會變遷帶來的最大心理壓力是穩定的生活方式被拋棄,原有的安全感在逐漸消失,而穩定性和安全感是中國人傳統生活方式中最基本的內容。

中國人長期以來生活節奏緩慢、平穩、少變化,故形成了守常的思維方式與行為方式,人們不習慣變化,一方面不習慣事先考慮變化,另一方面在意料之外的變化出現時缺乏應變能力,而以這種守常的心態進入到當今變革日益加劇的社會之中,心理上和行為上的不適應都將是必然的。

總之,社會變遷不僅衝擊了人們固有的生活方式與行為方式,更重要的是衝擊了人們固有的思維方式與人格結構。統觀當今人們在社會變遷中的諸多心理煩惱,其深層根源在於相當多的人是以傳統的心態、傳統的觀念、傳統的思維方式參與到滲透着現代理念的社會生活之中,這種不相匹配的結合必然會導致社會適應不良及心理失調。面對巨大社會變遷中的社會現實,只有在改變傳統行為方式的同時也改變傳統的思維方式,在改變傳統生活方式的同時也改變傳統的人格結構,才有可能真正提高適應現代社會環境的能力。

"忍"與生存

前不久,我因遷新居置了幾件傢具,由於空間限制只能定做。為了保險起見,選擇了一家很有信譽的老資格傢具店,儘管知道這裡多是廠家直銷,但還是覺得既然店信得過,產品就不會差太遠,何況樣品挺滿意。不料,在拖期半月之後到來的傢具全然不似店裡擺的模樣,居然比用了十幾年的傢具還像舊傢具,還沒用就開裂的木頭更是令人氣惱。然而權衡了一下利弊，考慮到與廠方聯繫總是千呼不着萬喚不到，以及自己沒有足夠的時間、精力去扯皮，又不可能讓滿地長期堆着書籍、雜物，更何況，我意識到，購貨之前的選擇過程、定貨之後的催貨過程，到貨之後爲質量問題的扯皮過程等等，這全部過程中的時間、精力等精神損耗都不會在退貨中予以考慮。所以，即使是原價退貨，消費者仍然是利益的損失者。於是，我最後還是以"修補"而不是退貨"忍"了過去。

面對生活中的困苦與不公，中國人的能"忍"善"耐"是舉世聞名的，人們一論中國人就總要提及"忍"字當頭這一特點並認爲此乃一大弱點。實際上，仔細觀察社會現實，"忍"是中國人在無奈中應對不良環境的一種生存技能。

有些記者、律師爲了喚起人們的法律意識，不惜爲幾元錢大戰公堂，而普通的百姓們卻常常在損失了幾百、幾千甚至上萬元後仍"忍"而不發，其根本原因是在於"不忍"往往比"忍"付出的代價更大。"依靠法律"是百姓們得到的忠告，可法律的不健全、人治的盛行使法律成了一堵經常靠不住的牆。人們在生活實際中看到的是，依靠法律往往需要付出巨大的代價。這樣的事例實在太多了，可以說是舉不勝舉，現僅從近年來媒體報道的若干題目就可窺見一斑：

《一個農民的十年訴訟》——爲了 8 萬元的經濟糾紛，花費 8 萬元和 10 年的時光，並搭進全部的家產、老父的命及全家人的身體健康。

《討回說法空歡喜》——告狀難，執行更難，贏了官司卻輸了錢。

《投訴者有苦難言》——舉證難、鑒定難、投訴程序繁難。

....

據統計，約 60% 的消費者其合法權益曾受到過不同程度的損害，但在這些受損者中 62.5% 的人都採取了"忍"的態度，當"法律"高不可攀或難以依靠時，人們只好能忍就忍。

平民百姓不可能不考慮代價等價問題，如果"不忍"比"忍"需要付出更多的時間、精力、財力，人們就只好選擇"忍"的方式來避免更大的損失。客觀而論，不是個體情願忍受不公，而是強大於個體的環境讓個體不得不以小"忍"而換來盡可能小的損失。試想，當人們拿起法律的武器時，自己也將被其所傷，那誰還敢再使用這個武器。

法制的不健全在我國是個致命的大問題，且不說打一場官司有多費勁，而打贏了的官司也還要面臨着執法難的困境。結果，人們常常發現，一時難忍的一口氣，一旦走法律程序，就能讓你氣上一二十年乃至一輩子；而不忍損失的金錢、物質，經一場官司後，即使打贏了也仍可發現是得不償失。

是不良的環境造成了人們的不得不"忍"，還是人們的"忍"繼續惡化了環境，應當說，這是一個互為因果的問題。社會呼籲人們增強法律意識、拿起法律武器以抵制不法現象，這無疑是正確的宣傳，然而具體到一個普通百姓，如果小不"忍"則意味着要惹大麻煩乃至大損耗，那麼"忍"會成為多數人的選擇。因此，法制建設是首當其衝的，這是使人們能夠有意識地依靠法律的基本前提。

在一個需要"忍"字當頭的社會裡，如果一個人不想"忍"或不會"忍"，那麼他注定要陷入到各種各樣的生存困境之中。因此，如果法制方面的缺陷是一個社會長期存在的社會問題，那麼"忍"被作為中國人的一種習性就不能視作是弱點、缺點，而只是在適者生存的社會環境中必備的一種社會生存技能。

有口難吐眞言

　　有位美國教授在中國某大學教英語，某天他出了一道問題要求學生們回答："你爲什麼要上這所大學?"待答卷收上來一看，全班二十多名學生居然都一致回答："爲社會做貢獻"。對此，這位外敎感到不可思議，他非常奇怪地問：難道大家都沒有什麼具體的想法嗎？

　　顯然，這些學生的回答都是空話，因爲上哪所大學乃至不上大學都能爲國家、爲社會做貢獻，而這樣一句大空話根本沒有對"爲什麼要上這所而不是其他大學?"作出直接答覆。

　　中國人在回答別人問題時，類似於此的答非所問、口是心非、表裡不一的情形是相當普遍的，因而有外國人說中國人很虛僞。這話聽起來眞是不好聽，但平心氣和地仔細觀察周圍，事實也確是如此，不管中國人是否能用虛僞來形容，"口是心非"和"表裡不一"卻是千眞萬確的。

　　問卷調查自西方舶進中國，越來越多地爲中國人所運用。然而，我卻越來越不相信這些調查所得出的統計結果的科學性和準確性，其原因來自兩個方面，首先是調查者從專業人員迅速擴展到非專業人員，由於非專業人員普遍缺乏調查與統計的專業知識及相應的技能，使調查根本不符合概率統計的原則，樣本隨意取樣，結論任意推廣，調查的結果根本不能反映眞實的現實；其次是被調查者的假話連篇，即答卷人不說眞話。

　　問卷調查多是採取匿名方式，並不暴露身份，即人們不會因說眞話而遇到任何麻煩。但是中國人在答問卷時，還是下意識地用一些冠冕堂皇的詞語而不是眞實的內心感受來表達自己的觀點。譬如，我在一份問卷中問到生育的目的，有不少被調查者答："生孩子是爲國家盡義務"。誰都知道，我們國家一直是人口過剩，人口問題是令國家最頭疼的問題，國家巴不得大家都不生孩子，因而所謂個人生孩子是爲國家盡義務明顯是句言不由衷的假話。

同樣，在問及希望孩子上大學的原因時，有很多被調查者答："滿足社會的需要"、"爲社會做貢獻"、"使祖國強大"、"成爲對社會有用的人"。似乎只有上了大學才是對社會有用的人，才能滿足社會需要和爲社會做貢獻，或上了大學才能使祖國強大。其實答卷者心裡未必眞是這麼想，只是人們已習慣於留住眞心話，甩出大話和套話。

人們出口不說眞話的原因當然很複雜，也包括一些正常的情景，如不便於說眞話，於是以假話、套話、大話、空話加以搪塞。然而，如果作爲一種普遍現象時時處處存在於廣大人羣之中，這種行爲特徵就值得深究其社會根源。

在中國，表裡不一的訓練始於兒童期，孩子們從小就被要求學會靈活應對，包括在什麼場合說什麼話，以及見什麼人說什麼話。總之，對於中國人來說，不便於說眞話的場合太多了，而造成不便的主要因素是"內外有別"。至於何爲"內"，何爲"外"則是相對的，譬如，家裡的某些事，同家庭以外的人就不能說，若逢人問就說些掩飾性的假話，在此，家是內，其它均爲外。學校裡的某些事，遇到校外來參觀的人就不能說，在此，學校即爲內，其餘爲外。國家裡的某些事，遇到外賓是不能說的，此時，本國爲內，他國爲外。同樣，自己的某些事不能對別人說，此時，心爲內，口爲外，心裡想的內容不能傳出口。

其實，很多被掩飾的內容既不是什麼機密，也不是什麼短處，僅僅是不"理想"而已。譬如，來了參觀的客人或外賓，教師會囑咐孩子們穿自己最好最漂亮的衣服，還會安排比平時要豐富得多的活動，期望給來人留下最佳印象。中國的教師在有人來聽自己的課時，總要事先對班裡的學生進行一番安排，包括讓幾個表達能力強的孩子準備課堂提問，至於問什麼和怎樣答都事先定好了，也包括警告紀律不好的孩子不許在這一天給老師臉上抹黑等等。這一切當然都是為了獲得盡可能好的評價，而孩子們恰恰是在諸如此類的情景訓練中，逐步學會了分清內外、表裡分離及適當掩飾等社會技能。

中國人的"表裡不一"更多的時候還是出於習慣，由於對"內外有別"的敏感，以及分內外進行差別對應的長期訓練，故一旦處於對"外"的情景之中，就會自然而然地端出冠冕堂皇的大話、空話、套話乃至假話。

當然，有的時候表裡不一是因為內心的真實想法不太精彩乃至有損個人形象，因而需要進行包裝與修飾。譬如，選擇某所大學的具體原因可能是因為由父母作主，自己根本沒主見，由於不想讓別人知道自己的這一弱點而找句套話來代替。

在中國，"表裡不一"之所以司空見慣，還有一個非常重要的原因是，"表裡一致"易於帶來麻煩，正所謂"禍從口出"，這一句俗語道破了把住"口"關的重要性。在某些情況下，如果回答別人的提問時是按照自己的真實想法，其結果也許不僅是容易給別人留下不好的印象，而且還易於給自己日後留下容易遭受他人攻擊的把柄。所以，"表裡不一"、"口是心非"常常是中國人為了保護自己不受傷害的一種防護措施，從心理防禦的角度來看，這個顯得並不太光彩的行為特徵卻是一種由社會要求的生存技能。

可笑的僵化

　　一個年輕朋友去某校考博士，沒考上，於是他想要回自己交的碩士畢業論文，可是卻被校方告之：不行，因為所有交上來的論文已被存檔，按照學校的規章管理條例，存檔的論文一律不許拿走。年輕人覺得這規定實在沒道理，既然論文是用於報考，而考完了且沒考上，這論文對學校已沒有用途，為何不能物歸原主呢？於是便問，學校要這論文有何用？有關的管理者也沒想出有何用，只得開句玩笑：一旦你將來出名了，查查檔案，知道你曾報考過本校。聽來很是滑稽。就我所知，同是這所高校，某年曾因庫房爆滿而不得不以超低價甩賣了大批中外圖書，其中不乏珍品。想不到，如此有限的庫房空間居然還要存放大量無人問津的東西。

　　一些規章管理制度、條例，當初制訂時必然是有具體道理的，但是隨著時間的推移，其中的很多意義將會成為歷史而消失。對此，人們或者是覺察不到，僅是出於慣性而繼續原有的操作程序，並視其為理所當然的而不去考慮這樣做是不是有道理；或者是出於某種原因，明知毫無實際意義還要保持原有的形式。譬如，到了90年代，我在填各種表格時，還經常看到有"家庭出身"、"本人成份"等填寫內容，這在"文革"中是每表必有的內容，作為那個特殊時代的產物，"家庭出身"和"本人成份"無疑是個人身份鑒別的重要標誌。可是到了今天，特別是對於年輕一代，真不知道填寫這樣的表格項目還有什麼意義。其實，審理表格的人也不會去注意這些內容，即表格的印製只是一種形式。人們不去考慮有用沒用、合理不合理，只是延續以往的形式而已。實事求是地說，形式主義在中國是一種處處可見的、非常普遍的現象。

某省某醫院以抓鬮或選舉的方式來決定誰下崗，結果一名優秀護士抓到了"走"字鬮，一名老中醫被"選"下崗。企事業單位的減員是本着增效的原則，即根據工作需要，把能增效的職工留下來，把可有可無的人員進行分流，而上述方式的減員顯然不會達到增效的目的，純屬走形式。

在北京市小學一年級的語文課本裡，有一課文是關於周總理如何在下雨天讓鄧奶奶給警衛戰士送傘。我那當時正在上一年級的兒子能一字不差地背誦並一筆不差地默寫下全課文，可隨便問他幾句後，發現他對課文的內容根本不懂。

"周總理是幹什麼的？"

"不知道，可能是一個戰士吧。"

"鄧奶奶是誰？"

"她是周總理的媽媽。"

"老師講過嗎？"

"不記得了。"

這樣一篇課文安排在一年級，顯然是出於成年人的主觀願望，希望從小向孩子們灌輸革命偉人的光輝形象，卻絲毫沒有考慮一下兒童的實際接受能力。從政治角度出發編語文教材且不考慮最終的效果，這種純粹流於形式的教育根本不具有任何實際意義。無視客觀現實的存在，無視主觀願望的實際可行性，這是一種非理性的思維，也是造成形式主義盛行的根源。

類似的例子在實際生活中到處都可以找到，面對於一些不合情、不合理、不合實際、沒有實效的現狀，我們總是或缺乏動力、或缺乏理性思維而不思變革。以往的規章、制度、工作程序不管是多麼不合理，只要繼續貫徹執行就會認為是順理成章的事，而稍微有所變動，無論變得多麼有理，也要驚動上下領導，千研究、萬考慮，難以定奪。對"變"的過度敏感，對穩固不變的習以為常，使任何方面的變革都會遇到很大的阻力。

中國人從國民習性來看是不大喜歡置疑的，對於已實行的規章制度一般缺乏批判意識，只要沒有大的妨礙，即使是沒什麼道理也習慣於將其保持下去，這不能不說是一種保守性，是一種缺乏革新意識的思維傾向，同時也是一種天然的惰性。毫無疑問，要破除舊的規章，就必然要立新的制度，而"破舊立新"必然比"因循守舊"要花力氣、費精神，所以，保持現狀往往是懶於進取的人的最佳選擇。當然，形式主義的盛行也總免不了有很多政治因素。

無論是什麼因素導致的形式主義，在徒有其表的形式下，最終都是毫無意義的結果。不實事求是的非理性思維使我們的設想總是難以獲得實效，同時還浪費了大量的時間和精力。毋庸贅言，如果我們想使最終的結果能夠與最初的設想相吻合，我們就必須尊重客觀規律，必須注意在我們的思維中加進更多的活躍成份和科學的理性成份。

從電視談話節目看中美兩國人

"TALK SHOW"是電視節目中的一種重要類型，按字面被直譯為"談話節目"或"討論節目"，其基本形式是：一個主持人，幾個特約嘉賓，一羣現場觀眾，圍繞一個主題展開討論。顯然，中央電視台的"實話實說"節目就是中國的"TALK SHOW"。從中美兩國的電視談話節目來比較中美兩國人是個挺新穎的角度。

談話節目在美國已有了相當長的發展歷史，由於深受觀眾歡迎，每年都有此類新節目出現，並有着一大批看"TALK SHOW"成癮的電視愛好者。在此，筆者僅根據三年來所觀看的三類"TALK SHOW"的 284 期節目來介紹美國談話節目的主要內容，經過統計，大致可分爲十大類（按比例的高低排序）：婚戀家庭、社會問題、個人生活觀、醫療保健、休閒娛樂、心理健康、奇聞逸事、生活指南、司法治安、兒童教育。

從內容上看，美國談話節目的特點主要有八個方面：（1）題材廣泛，旣有嚴肅的大題材，如種族歧視、靑少年性教育，同時也有輕鬆的小題材，如禿頂的男人美不美、愛打扮的男人是否太虛榮；（2）娛樂性強，純消閒的內容佔了相當的比例，如介紹影視歌星、選美大賽、服裝時尚；（3）開放隱私，包括家庭隱私和個人隱私，如各種異常的性癖好；（4）聯繫社會生活，多涉及各種常見的社會問題和倫理問題，如中學生的性行爲、少年母親、器官移植、精子銀行等等；（5）聯繫家庭生活，以夫妻關係和代際關係爲主，如婚外戀、離婚與復婚、單親父母與子女的關係、再婚家庭；（6）注重身心保健，有關醫療衛生和心理健康的內容較多，如減肥、健身、整容、心理諮詢；（7）展示新奇事物，如通靈的人、失明多年突然復明、一夜成爲百萬富翁等等；（8）展現與眾不同的生活觀，這方面的內容最令人驚歎，如愛上獄中的殺人犯、以妓女爲業且以此爲榮、專喜歡矮男人的高女人、偏愛老女人的年輕男人、只跟已婚男人約會的未婚女人、遍體紋身並四處穿孔的靑年男女等等，真可謂千奇百怪。

觀看美國的談話節目有幾點感受，其一是疑問，即美國人是重隱私的，但在談話節目中人們卻在坦然地談隱私，如賣淫、換妻、同性戀、變性手術、夫妻性生活等等，當然，人們在討論這些問題時是很嚴肅的，這就是我的第二點感受，即感歎於美國人能夠非常坦然、非常嚴肅地公開探討一些非常隱私、非常敏感的問題。第三點是驚詫於美國人那無奇不有的個人生活觀，從美國人在談話節目中的奇談怪論來看，美國人在追求與眾不同的個性方面的確與中國人差異甚大。

我國的談話節目剛剛開始，與這方面頗有歷史的美國進行比較還為時過早，但是一些基本差異還是容易看到的，現僅從四個方面進行中美談話節目的比較：

　　1. 討論內容的中美比較。美國的談話節目注重獵奇性，以新奇制勝且題材廣泛。對於所討論的問題，從主持角度來說不進行觀點的評價，不存在價值導向，僅僅是展現所討論的各種現象和各種觀點。相比較，中國的談話節目則注重教育性、指導性、政治性，在觀點的導向上有明顯的傾向性，討論的主題則多集中在不太敏感的社會問題上。正如我們所看到的那樣，"實話實說"節目多以嚴肅題材為主，即使是養鳥、吸煙之類的輕鬆題材也主要是涉及環保、公共衛生等莊重的社會問題。

　　2. 主持人的中美比較。美國的談話節目主持人是由一人擔當，且節目的名稱就以主持人的名字來命名，所以只要該節目存在，主持人便永遠不換。在我國的談話節目中，現在沒有、以後也不太可能有以主持人的名字命名的節目，再出色的主持人也只是起着客串的作用，就像"實話實說"節目的主持人崔永元那樣偶爾說幾句幽默的話來調劑整個會場的氣氛。然而在美國，談話討論的主持人在整個節目中的地位非常突出，不僅僅是客串而且是重要的主演，由此，主持人的個性特徵及個人魅力也就顯得特別重要。從主持風格來看，美國的主持人個性突出且富有主動性、神態自如且富有情緒性、言語風趣且富有感染性。比較之下，我國的主持人在這三個方面均略遜一籌。原因很簡單，目前我國還沒有產生出適應談話類節目的專業化的主持人。多少年來，我國的電視節目主持人主要是出現在大型文藝晚會和綜藝節目上，所以挑選主持人多側重於容貌和儀表等外在素質。毫無疑問，隨着談話討論類節目的湧現，內在素質型的主持人將會越來越多地出現在屏幕上。儘管如此，由於中國社會歷來是不突出個人的，所以節目主持人的地位不可能像在美國電視節目裡那樣突出。

3. 特邀嘉賓的中美比較。美國談話節目的特約嘉賓多爲普通人，他們以非常具體、非常生動的生活實例現身說法地展現談話節目的主題並表明自己的觀點，這些嘉賓都只報姓名而並不標明身份。另外，節目的策劃者總忘不了安排對立面，而持相反觀點的嘉賓則經常在台上爭得面紅耳赤。策劃者也忘不了安排一兩位專家，以便對所討論的主題有個權威性的說法。相比較，中國的"實話實說"最初所邀請的嘉賓多爲名人或專家且均標明身份，他們在節目中的作用並不以現身說法爲主，而是以闡述觀點爲主。後來儘管專家與名人的數量大減，但仍是嘉賓席上的常見客。

4. 現場觀衆的中美比較。美國談話節目的現場觀衆發言極爲踴躍，他們或是觸景生情地講述自己的故事，或是爲某位一籌莫展的台上嘉賓出主意、想辦法，或是以熱烈的語言對某位嘉賓的觀點表示支持，抑或是陳述自己的不同見解。在美國的談話節目現場，常常能看到觀衆與嘉賓激烈論辯的場面，也不乏對着嚷、對着罵的情景。相比較，中國的談話節目其現場觀衆的參與性要差得多。絕大多數觀衆都是以旁觀者的態度來觀看討論，雖有少數發言者，但明顯能看出其中有些人屬事先安排的預定發言。另外，嘉賓的名人或權威身份恐怕也是現場觀衆不敢發言或不便發言的因素之一。考慮到中國人不大善於在大庭廣衆之下自由發表言論這一國民性，預計對於中國的談話節目來說，在三大人員要素（主持人、特約嘉賓、現場觀衆）中，觀衆的參與性將比優秀的主持人和活躍的特約嘉賓更難於產生。

談話節目自然以"談"爲主，也必然要展現出人們的談話能力。觀看中美兩國電視的談話節目，非常明顯地看到，無論是主持人，還是特約嘉賓及現場觀衆，中國人"說話"的能力都大大地不如美國人。在語言的流暢性、邏輯性、詞語達意的程度等方面，中國人的確顯得能力有限，不像美國人那樣能說會道。

近年來，談話節目的大量湧現標示着電視節目的內容正在走向新的發展階段。在我國，電視內容的第一發展階段的特點是娛樂性，以電視劇爲主，從而使電視起到了影劇院的作用；第二發展階段的特點是紀實性，以社會紀實報道爲主，這使電視又起到了報紙的作用；第三發展階段的特點是思考性，以談話和討論節目爲主，於是電視又起到了雜誌的作用。觀衆對電視的要求從消閒娛樂、聽歌看戲，發展到瞭解社會動態、接收社會信息，進而發展到思考社會問題、交流思想觀點。電視的功能則從消閒娛樂功能拓展到信息傳導功能，乃至思想交流功能。顯而易見，電視正在不斷擴展其滿足人們多方面、多層次文化需求的功能，人們也正在把電視既作爲娛樂工具、信息渠道，也作爲思考問題、討論問題的公共場所。從實際效果來看，看電視不再是一種純個人的、無交往的活動，而具有了相當程度的社會參與性。因此，電視節目的功能已超出了展現消閒文化，開始走向反映社會動態、傳輸文化價值觀念、交流思想觀點的新階段。

像"實話實說"這類的談話、討論節目，從觀衆角度來看是滿足了人們思考社會問題、交流思想觀點的社會心理需求；從電視台主辦者的角度來看，則可達到宣傳主體思想、傳播主流文化、引導觀衆思考等等社會教育目的。毫無疑問，通過這類節目可以使人們瞭解到形形色色的社會思潮和極富個性的個人觀點，並以此形成思想觀念的相互交流，從而起到促進人與人之間的理解與溝通、啓迪深化思考、開闊思維視野等諸多良好的社會文化作用。

六・永繫心靈的血緣紐帶

男人和女人誰更累？

　　某日，在電視上看到研究生時的一位女同學正在接受記者的採訪，十來年未見，看來她似乎已是學業有增、事業有成。她在談女人與成功之類的話題，其中有一句話，我記得很清楚，她說女人一定要受高等教育才行，其言外之意為，她今日的成功是國內國外名牌高校教育的直接成果。我沒覺得她的話有什麼不妥，但卻在同時聯想到一件很令人多思的事實。

　　我認識的一位老前輩，屬當年某名門望族的大家閨秀，姐妹四人，排行在前的兩位姐姐早年留美，讀完博士之後就一直留在家中，相夫教子，一輩子都是家庭婦女；而排行在後的兩位妹妹當年也本可出國留學卻出於革命熱情留在國內，儘管僅讀到大學本科，既沒讀碩士更沒讀博士，但如今卻是事業輝煌，聲名遠揚國內外。兩位姐姐感歎於自己雖有高學歷卻僅對家庭有貢獻而對社會沒貢獻，同時也深感到了晚年卻沒有人生的成功感。很顯然，這個事例說明，女人光受教育是不夠的，還需要有社會工作。

　　其實，無論女人是否受過高等教育，無論是否有社會工作，中國人還是習慣地認為，家務活主要應當由女人幹，所以女人一旦結婚生子，就會肩負家務的重擔。在國外，家中的男人一般都能夠掙得全家的開銷，經濟上不需要女人走出家門，而幼小的孩子卻需要有專人照顧，這樣一來，女人便自然而然地留在了家中。即使是女博士，在家呆上幾年後，專業技能便會大大落後於自己的男同學、男同事，用不了多久就會被飛速發展的外部世界或一日千里的科技事業所淘汰。而在國內，由於實行低工資、高就業，婦女們都有社會工作，這倒成全了女人們，使她們能有走向成功的機會。

前不久，曾有報刊開展有關"男人和女人誰更累"的討論。這樣的討論最終都沒什麼結論性的結果，大家在各抒己見中，既有男人說男人累、女人說女人累的，也有男人說女人累、女人說男人累的。我比較注意那些認爲還是異性累的觀點，人們能夠理解異性畢竟是可喜的現象。男人認爲女人比男人累者多是注意到，女人在與男人同樣辛苦工作的同時還要生養孩子、幹各種家務。而女人認爲男人比女人累者則多是意識到，男人無論自身條件如何都必須出外工作，擔負養家的重負，且只許成功不許失敗，毫無退路。這裡實際上指出的是，男人在生存競爭方面的心理壓力要比女人大。

在當今男性居統治地位且視女性爲弱者的社會中，女人的確比男人有退路，即使把書讀到博士，也照樣可心安理得地在家做個家庭婦女。換成男人是絕對不行的，即使是個文盲也要完成養家餬口的任務，而一旦男人把書讀至博士，不幹到功成名就是絕對無法心安理得的。頻頻從海外傳來的有關中國留學生殺人、自殺者已有數人，卻偏偏一個女人都沒有。顯然，女人們無論實際上生活得怎麼困苦，心理上卻難得達到那走投無路的地步。

女人們的確比男人游刃有餘，她們既可以走出家門，到社會上叱咤風雲，做個女強人或做個女學者，她們也可以躲在家中不出門，做一輩子的家庭婦女，而即使是做家庭婦女，她們也同樣會受到同性的羨慕與讚歎。記得某日，兩位女同事在聊天中談到她們相識的兩個已出國的女性,其中之一是在法國,全部的業績就是成功地嫁給了一個出自名門望族的法國男人;另一個女性則是在美國開辦了一所瀕臨倒閉的、不成功的養老院。於是,"前者比後者能幹"成爲兩位女同事的一致結論。我對此卻難以理解,以我的價值觀,一個女人在異國他鄉辦養老院,即使是不成功也令人生出十二分的敬佩,此番能力是與嫁個丈夫,無論是多麼出色的丈夫,所無法相比的。在我看來,找個好丈夫,建立一個幸福家庭,只能算求愛有成,這與連接"成功"的"才幹"是風馬牛不相及的。

然而,絕大多數女人在評判一個女性成功與否時,常常是把選擇丈夫、建立家庭、生育孩子都計算進去。試想,誰會把一個男人的成功與他娶妻生子相連呢?正是由於社會對女人的要求要遠遠低於男人,所以,女人在生存方面的心理壓力要大大低於男人。女人在家庭中則不僅得到了心靈的安寧,也獲得了心理平衡和心理補償。

據北京市人才市場的最新統計,目前招聘單位對應聘人員的性別要求是男性明顯多於女性,最近登記的 1035 家單位中,明確要求應聘者爲男性的爲 918 人,女性爲 393 人,男女需求比例相差將近三倍。顯然,人才市場更需要的是男性而不是女性,正像家庭更需要女人一樣,社會更需要男人。

即使是參加社會工作,女人在大多數社會工作領域裡是做着一些輔助男人的次要工作,她們幾乎只是在家庭中才是作爲主力出現,當然,她們也因此而免去了許多來自工作成功與否的心理壓力。確切地說,以家庭爲重的女人,會從家庭中尋求到足夠的心理滿足,而以工作爲重的女人則會遇到比男人更大的困難,從而形成比男人更大的心理壓力,只是這部份女人在全體女性人口中所佔的比例並不大,不能構成主流,而絕大多數女性的世界則是小家庭加上比男性簡單的社會勞動。

看到一則報道，講的是某女士以事業爲重，常常忙得顧不了家，丈夫對此非常不滿。隨着妻子的官越做越大，丈夫的心理便越來越壓抑。就在妻子被選爲副市長之日，丈夫因此發病並住進了精神病醫院。結果，女強人突然猛醒，毅然辭去了副市長的職務，懷着負罪般的內疚到醫院去精心護理發瘋的丈夫，並痛悔以前對家庭的忽視，最終意識到幸福是在家庭中而不是在事業中。這個故事似乎是在說明，家庭對於女人應當是第一位的，同時也顯示出男人的一大心理壓力，即來自女人的壓力。妻子當市長，丈夫就受不了，而若反過來，丈夫當市長，妻子只會是高興得不得了。在這個以男性爲優勢的社會中，男人被要求必須比女人強，否則就會感受到來自社會和自己內心的壓力。

在這人世間，到底是男人累還是女人累還真有點說不清。看生活中的女人總也沒有休息的時候，總是在忙忙碌碌，無論她是家庭婦女還是女經理、女學者；男人倒是總有閒呆着的時候，可力氣活兒、髒活兒、累活兒乃至費心思的活兒都是他們幹，可謂既勞神又費力。成功的女人總說她們有很大的壓力，而失敗的男人說他們的壓力更大。一般來說，女人似乎沒有男人那麼怕失敗，這恐怕是因爲社會對女人的期望值要遠遠低於男人。

獨生子女一代的出現打破了中國幾千年來的男尊女卑的傳統觀念和養育習俗，由於每個家庭都只有一個孩子，女孩的地位便與男孩等同了。不過，在我搞的調查中，家長對男女孩子的期望還是有差別的。譬如，希望孩子接受高等教育的比例，男孩家長同女孩家長沒什麼差別，但希望孩子的學歷是碩士的男孩家長要多於女孩家長，而希望孩子的學歷是博士的男孩家長更多於女孩的家長。也就是說，即使是面對獨生子女，父母們仍是對男孩有着高於女孩的期望值。另外，近一半的男孩家長希望孩子將來能有"顯著的工作成就"，而有這一要求的女孩家長只有三分之一。很多女孩子的家長都更希望於自己的孩子將來能有"較高的生活水平"、"小家庭美滿"以及"生活平順、少遇困苦"。看來，人們還是覺得女人的幸福歸宿與男人是不一樣的。

中國式的男子漢形象

國門大開之後，大眾媒介讓中國的青年女性驚喜地發現了來自異國且頗具魅力的男性偶像，先是東洋的高倉健，繼而是西洋的史泰龍、阿蘭德龍，從此樹立了果敢剛毅、瀟灑風流的男子漢形象，姑娘們回過頭來再看到身邊那些既不果敢剛毅、也不瀟灑風流的中國男人，於是悲呼"中國沒有男子漢！"這一大發現最終造就了一批又一批的大齡未婚女，也將越來越多中國姑娘的求偶目光轉向了國外。

中國男人的形象不管是否可愛，卻是地地道道的國產貨。中國男人的根就在中國這塊土地上，而中國男性形象的塑造者則恰恰是女性，正是一代又一代的母親按照傳統文化的標準、按照現實社會的需要培育着一代又一代的男兒。

女人們隨着自身社會角色的變化，隨着與男人關係的不同而改變着對男性的審美觀。作為戀人，女人們希望男友多情浪漫、儒雅風趣，最理想的男人莫過於外國影片中那些處處"女士優先"、富有紳士風度的男主人公。當然，還希望是戲劇性的偶然相識且一見鍾情。不過，出於安全起見，中國的女性不會因渴望浪漫而垂青於馬路求愛者，也不會在一見鍾情之後忘了去明察暗訪，以免上當受騙。

作為妻子，女人們希望丈夫溫柔體貼、擅長家務，能給家庭帶來實惠，至於浪漫已不再作要求，妻子們更多地注重於男人對小家庭的貢獻。

作爲母親,女人們希望兒子老成穩重、謹愼行事、學業突出、事業有成。因爲,老成穩重才能受到信任與器重,謹愼行事才能避免出差錯,學業突出才能考上好學校,事業有成才能在社會上立於不敗之地。

相比較,姑娘們對男友的要求更側重於精神愉悅和感官審美;妻子們對丈夫的要求更側重於小家庭的經濟建設和子女養育的責任;唯有母親們的工作意義重大,因爲母親在育人,母親們在培育着能夠在中國這塊土地上生存的中國男人。

中國人有自己的性格審美觀:老實、憨厚、謹愼、穩重;中國人有自己的行爲準則:中庸、含蓄、克己、重人情、畏人言。具備這一套行爲特點和性格特點的人必然要控制自我的自然表現,不會將個體化的七情六慾形諸於色。在西方,浪漫總離不開情感的外在表露,男性的魅力也離不開追求中的進攻性和情慾表達中的衝動性,然而這是與中國人三思而行的行爲規範及老成穩重的性格審美觀相背離的。

在西方,有魅力的男人是以其與衆不同的獨特個性作爲吸引力的源泉,然而,中國是一個不提倡個性突出的社會,每個人從小都接受了"要與大家一樣"、"不要過分表現自己"的社會化訓練,於是,每個人的行爲都被納入到社會公式化的渠道。中國人是從小在家庭和社會的教導下,學會如何理解別人,不僅包括理解別人話語中的表面意思,還要猜測別人有可能的隱含意思,而不是如何表現自己、展現自己、讓別人理解自己。因此,在追求異性的這種最需要自我展現的交往中,男人們是缺乏主動性的,他們往往是含蓄的、非衝動的。於是,躲在母親背後去相親成了中國男人特有的寫照。

儘管中國的年輕人同外國人一樣嚮往那種"邂逅相遇、一見鍾情"式的浪漫愛情，然而實現的可能性卻極低。因爲，謹慎的氣質、含蓄的情感表達方式、"防人之心不可無"的戒備心理，這些東方式的思維習慣、行爲習慣、情感習慣都是與西方式的瀟灑氣質與浪漫情調不相容的。在這不相容的兩個對立面中，母親們更關心的是兒子的情感特點和行爲方式是否爲社會所接受，而不是在年輕姑娘的眼裡是否更有魅力。顯而易見，母親們的選擇是現實的。

母親們用不着向兒子灌輸"女士優先"的觀念，因爲中國是個男性優先的社會。在重男輕女的中國社會，男孩作爲家庭血脈和姓氏的承繼者，從小被處於重點保護的優先地位，而善解人意、"男士優先"則是女孩社會化的重要內容。母親們不會鼓勵兒子去逞強冒險，忍耐和明哲保身是中國人安身立命之本，一時的驍勇怎敵得過百折不撓的韌性。母親們也不會在意兒子是否具備瀟灑的氣度，因爲這是與謹慎行事完全相悖的，中國是一個注重人際關係的社會，言行舉止沉穩有節制是極爲重要的生存技能。母親們也不會培養兒子能言善辯的口才，因爲言多必失、禍從口出是歷史的教訓。總之，母親是理智的、客觀的，她是朝着讓兒子能夠適應社會的目標培養兒子，而這一目標是與外國影星所塑造的男子漢形象毫不相干的。

有什麼樣的社會環境、有什麼樣的生活方式，就會有着相對應的男子漢形象。巨大的人口壓力、有限的生存空間、不發達的物質條件限定了中國人的生存方式、行爲方式乃至情感表達方式。

毫無疑問，中國男人騎着自行車拉煤氣罐的形象的確是比不上外國男人開着轎車在高速公路上飛奔來得瀟灑；帶着女友在擁擠不堪的小餐館裡、在等座位的衆人圍觀下就餐也的確是不如在幽靜的高級餐館裡更能顯示出紳士風度；在幾代同堂的居室裡也遠比不上在寬敞的單人公寓裡更容易表現出情趣。然而，中國男人對現代年輕女性的吸引力出現危機實在不是男人自身固有的缺陷，除了母親

六・永繫心靈的血緣紐帶　235

沒有刻意培養之外，還應歸咎於缺乏相應的社會環境。

可想而知，那些帶有工業文明氣息的異國男子漢們如若來到中國，其風采必定大減，因為他們不知如何修補屋頂的漏洞，不知如何調整常壞的水龍頭，不知如何對付老出毛病的各種家庭設施，不知如何禮尚往來於大雜院裡的眾近鄰。在物質生活水平不高的當今中國，家庭雜務是家庭生活的重要內容，男人的作用就是一個多面手的技工，家庭則是一個小小的經濟互助組。面對繁雜的家務和複雜的人際關係，女人們需要的是一個任勞任怨、老實憨厚、懂得人情世故並能應對各種生活不便的男人，以減輕生活的重負。

中國的母親們是講究實際的，她們撫育出來的男人們也是很實用的，他們不僅適應於中國的社會環境，為人謹慎，善於處理人際關係，而且適應於中國的家庭環境，能夠忍受不富足的物質條件，善於處理各種家庭雜務。儘管中國的女人要比男人幹更多的家務，然而中國的男人在幹家務方面的能力卻勝於任何國度的男人。如果你是一個普普通通的中國女人，如果你必須在和男人一道上滿八小時班後再去接孩子、買菜，然後回家做飯，家裡還時常停電、斷水或出現其它難以預料的故障，那麼你就必須找個中國男人做丈夫，因為他是最佳的幫手，儘管他不是最佳的戀人。婚後的女人們都會逐漸懂得，面對具體的實際生活，比浪漫氣質更重要的是基本的生存技能，隨著女人為人妻、為人母，她的此番體會將更深化。

浪漫固然美妙，生存卻是首要的。母親們規劃的是國土內的家園而非國土外的夢境。正是身為母親的女人們培養了一代又一代能夠立足於中國社會、能夠充當一家之主的富有中國特色的男子漢，同時也打破了一代又一代年輕姑娘的羅曼夢。

婚姻危機中的永恆主題

　　某報曾就"爸的私情要不要告訴媽"展開了熱烈的討論，圍繞的故事是，一個17歲的高中女生無意中發現了爸爸的婚外情，她一方面自己很痛苦，在心目中原有的爸爸是形象高大而完美的，既有文化、有教養，又非常有才幹，可如今這一完美形象已徹底破碎；同時，她更替媽媽感到悲哀，文化程度不高的媽媽，爲人熱情善良，上班以外的業餘時間全部都花費在家務上、操心勞神，是個典型的賢妻良母，可媽媽的辛勞換來的卻是爸爸的背叛。

　　在家庭的故事日益翻新的現代中國社會，這樣的故事則帶有古典意味的傳統色彩。古往今來，不管時代怎樣更換，像這種因家庭中的男主人公移情他戀而致使其他家庭成員倍生痛苦的故事卻在無休止地重演着，顯示出家庭情感關係中悲劇內容的永恆主題。

　　如果我們分別站在爲夫、爲妻、爲女兒的角度來看待這個家庭事件，便會生出三份程度相近的同情。這個故事中最富有悲劇色彩的當然還是爲妻爲母者，在爲家庭付出了青春和十數載辛勞之後，她面臨的是遺棄，至少是情感上的遺棄，這也是最能引得公衆同情的緣由。女兒對母親的同情中則包含有對完整家庭、完整父愛的渴求，這正是我們旁觀者對任一未成年孩子都會產生同情的主要內容。該事件的核心人物當然是爲夫爲父者，作爲旁觀者對於此故事中男主人公的同情主要還是源自承認個體具有追求自身情感幸福的合法性與合理性。事實上，做女兒的在同情母親的同時也看出了父母間的不"般配"，無形中便也承認了父親移情的部份合理性。

　　同情婚外戀者並不合乎傳統的社會輿論，但從人性角度來看卻又在情理之中。感情的複雜性是在於感情的雙向性，人與人之間的情感交流必定要涉及到除己之外的他人，因而在法定婚姻之外追求自身情感幸福的同時，必然會傷及配偶的情感。這便使婚外戀者不可避免地陷入到人性的兩難困境之中，一方面，追求自身幸福、保持感情選擇的自由是一種天賦人權，另一方面，不傷害他人情感是一種公認的社會倫理道德。因此，如果個體的行為偏離了社會中規範的道德標準，他必然會體驗到由內疚情感和社會非難組合成的心理壓力，當這種心理壓力的強烈程度超過了婚外情所帶來的愉悅程度時，他很可能會放棄婚外情，而更大的可能則是保持一種平衡，即所謂的"喜新不厭舊"。顯而易見，一個富有家庭責任感、頗具兒女情長者若是產生了婚外情，其內心的矛盾與壓力必然是超負荷的。當個人的幸福感、身心的愉悅是與家庭實體的存在相背離的時候，痛苦與快樂便構成了一個難以分離的整體。

　　婚姻中的一方移情他戀當然各家有着許多特定的具體原因，但也有一些本質的原因是互通的，這要追溯到中國人的婚配習俗。中國人的婚配講究門當戶對，按現代人的用語則是"條件相當"，人們在擇偶時注重諸如家庭背景、相貌等外在條件的互補，而這種條件匹配式的婚姻實質上是一種社會性的"資源"交換，如男以"才"女以"貌"，或男以"文化學識"女以"家庭背景"進行互換，其結果是使男女雙方不僅在婚姻關係中各有所得，而且在這種關係中奠定了雙方各自具有的基礎"資本"。中國人是講究實際的民族，條件匹配、等價交換的婚姻是為了保證男女雙方能具備等價的"資本"，從而能夠具備相等的家庭地位，其最終的意義是體現在家庭的穩定上。然而，隨着婚姻的持續，男女雙方的"資源"也在不斷的變化，最常見的現象就是"男才"的增長和"女貌"的衰退，因而配偶雙方在"資本"方面的相對平衡便會逐漸被打破。當然新的平衡還會建立，這時女方新增的"資源"更多的體現為養育子女和繁重的家務勞動。

不難發現，這種重外在條件的婚姻恰恰忽略了最能給人帶來審美愉悅的東西，那就是飽含激情的情愛，這是由性格審美、氣質審美、外貌審美、感情審美綜合之後產生的強烈感情。可以說，缺乏情愛的實惠型婚姻是造成中國人婚姻的高穩定低質量特徵的根本原因。另外，不注重內在交往而只注重以女方相貌搭配男方能力的婚配習俗，使女性在進入中年之後必然要失去原有的"資本"，故中年男子尋求婚外情便成了一個久盛不衰的家庭話題。

社會性質的條件交換能夠維繫一個家庭實體的存在，但是這並不意味着夫妻感情共同體的存在，因為感情的構成需要精神性質的條件交換。此故事中的女兒認為媽媽的辛勞應該換來的是爸爸的愛情而不是爸爸的背叛，這種概念是不合邏輯的，因為家務勞動中的辛勞與愛情之間並不容易形成互換。一般來說，女方對家庭的付出能換來男方對維繫家庭的努力，但這並不意味着愛情的存在。愛情是一種自然慾求，是男女雙方內在吸引、內在依戀的產物，而不可能作為恩惠的利益交換物，即愛情是不可能被用來按照獲得外在利益的比例而作定量的回報。

當然，即使是在浪漫情調中締結的婚姻也並不意味着能地久天長，易變性是感情的天然特點，因而愛情婚姻甚至比利益婚姻更不穩定。其主要原因在於，婚姻關係中情感的雙向性決定了配偶雙方組成的感情共同體要具有一致性，包括感情變化的同步性，然而，作為獨立的個體，夫妻雙方有着不同的社會工作環境、不同的思維方式、不同的情感表達方式、不同的性格品質、不同的生活經歷、不同的價值觀……兩個人之間眾多的差異性決定了感情發展的不同步性是絕對的，因此，夫妻雙方在婚姻生活中能保持長久的情投意合並不是一件輕而易舉能做到的事。於是，情與理之間、內在慾望與社會規範之間出現了難以調和的矛盾。

總之，人的實際感情和實際生活都不遵循簡單的倫理模式。這個故事，甚至這一類的故事，儘管情節並不複雜，但卻很難得出明確的道德判斷，因爲情感是複雜的，而在複雜的情感背後是複雜的人性。

浪漫愛情與現實擇偶

浪漫愛情一直是青年男女所嚮往的，同時也不乏以此爲生活目標者。然而，對於重實際的大多數中國人來說，都不會因那理論上的浪漫至上觀而誤了婚期。一旦到了被公衆視作談婚論嫁的年齡，那些一直沒等來浪漫經歷的年輕人則紛紛放棄對浪漫愛情的企盼，而轉向無浪漫色彩的現實擇偶。正如多方面的調查所表明的那樣，在實際生活中，我們中國人的擇偶途徑還是以親朋介紹爲主。有趣的是，經"介紹"相識的婚姻較之自己相識的婚姻其穩定性要高得多。

靠熟人"介紹"這種擇偶方式的確不浪漫，雙方還不認識，就進入了戀愛、甚至婚嫁角色。這種方式是通過先比較雙方的個人條件、家庭條件等客觀條件，如身高、年齡、學歷、家庭背景等等，看是否相匹配，是否適宜成婚，滿意之後再相處，最後看主觀方面條件是否相合，如性格、愛好等等。這種擇偶方式的特點是先客觀再主觀、先外在後內在，因此比較強調婚姻的門當戶對及物質基礎。看起來這似乎太缺乏感情色彩，但是這種物質條件的匹配、篩選過程卻無形中排除了許多導致家庭矛盾的客觀因素，即最大限度地降低了婚姻破裂的可能性，這就是"介紹"型婚姻比較穩定的根本所在。

講究"門當戶對"一直是被輿論作爲不良傾向加以譴責的，然而，事實上，門當戶對的婚姻穩定性確實較高。首先，在相近家庭背景中長大的男女雙方，容易有較一致的生活方式和價值觀念，甚至是較趨同的思維方式。經濟基礎決定上層建築，家庭經濟條件相近的人容易有較相近的消費觀念和消費行為，因而有利於避免家庭經濟糾紛；家庭文化背景相近的人容易有較相近的文化價值觀，對周圍的事物容易有較一致的看法，因而有利於避免家庭成員在社會觀念、思維方式諸方面的衝突。其次，相近的家庭背景易於使兩親家和睦相處。在中國，兒女結婚之後，與父母的聯繫仍然與以往一樣，同時，親家之間的往來也很密切，這是我們中國人特有的家庭生活方式，這一特點決定了中國人在擇偶時對家庭背景的考慮要遠遠多於西方人。因此，對於中國人來說，一對青年男女的婚姻並不僅僅是他們兩個人的私事，所有的直系親屬都會被牽扯進來。

　　浪漫愛情是不是就沒有實惠的內容而只有純粹的感情？我看也不盡然。某女郎在旅遊途中邂逅一青年男子，先為其英俊的外貌及瀟灑的舉止所傾倒，繼而得知他在某所需要較高文化程度的研究單位工作，故想當然地認為他至少大學本科畢業，聽他所言便覺得句句透着深刻，又觀他言語有節制而透着穩重，於是大有天設良緣的欣喜和全身心的激情。待回京後，隨着二人的密切交往，這女郎得到了更多的信息，包括了這男友並未上過大學，僅走後門入了這個高文化單位從事行政工作，也包括了這男友家庭僅為普通工人以及他的語言有限是源自其性格內向，該女郎頓覺熱情大減，再聽他所言便覺得句句透着淺薄、乏味，這段始於浪漫的情戀很快就成了這位女郎戀愛史中的小小插曲。

　　"美"往往產生於朦朧之中，看一個漂亮姑娘，你離她一米時準比離她一尺時感覺美妙，因為她臉上的一些細微缺陷只有在離得近時才看得清楚。另外，在遠距離審美時，在朦朧美的基礎上人們還會下意識地發揮自己的想像力，使原有的美愈發增值。邂逅相遇的羅曼情就是一種朦朧美的產物，由於缺乏足以瞭解對方的信息，再加上那能誘發良好心境的特定背景的襯托，人們則易於在有限的瞭解中加入更多的想像而使對方理想化。

"介紹"能成為中國人擇偶的主要形式，不僅是由於中國人社交機會少、社交範圍窄的緣故，而且也是由於這種方式能夠提供大量信息以滿足中國人在擇偶方面的全方位考慮，並大大降低了想像成份和理想化的可能性。另外，從實效性來看，這種方式使感情"有的放矢"，避免了情感資源的浪費，從而可大大縮短異性間相互交往和相互瞭解的時間，真可謂"時間短、見效快"。顯然，對於一心要在適宜的年齡段裡完成結婚任務的大多數中國人來說，這的確不失為一種實用的擇偶方式。

依靠"介紹"是中國人位居首位的擇偶方式，而為了保證可靠性，"介紹人"多是由親朋好友擔任的，所以，每個普通的中國人常常都會出於親情或友情，在或情願或無奈的心態下幫親友介紹對象，即充當"介紹人"，其實質猶如舊時的"媒人"。

中國人的介紹型擇偶方式是很有特點的，從性質上看，非常像選購商品。人們無論買什麼東西，先有個大致購買方向，然後到商店去問價，覺得還能接受，就看看產品說明書，認為功能符合要求，就可以拿產品看看外觀，繼而是調試，沒發現什麼問題之後就可以拍板決定買下，最後是付款提貨。中國人找對象的一般程序與這樣的購物方式極為相近：先有個基本的擇偶標準，然後告訴介紹人，等介紹人幫忙物色了對象後，就通過介紹人把對方的基本情況打探清楚，包括身高、年齡、學歷、家境、職業等等，總之要盡可能詳細，在覺得對方的這些條件都比較合意之後就提出相見，主要是觀外貌，若相貌看着可心，也基本談得來，就可以正式開始"談戀愛"，下一步的交往就是深入瞭解對方的性格、品行等內涵。

中國人的擇偶有兩大特點，其一是按圖索驥，即先有了所希對象的基本"畫像"和明確的條件清單，再依此樣尋找符合者；其二是遵照談判原則，等價交換，即講究雙方條件的匹配。在實際生活中，人們對相對象的第一次見面是很慎重的，一般來說，如果對方的條件不太合意便不會再相約見面，即屬於"硬件"的"條件"制約着屬於"軟件"的"感覺"，這與西方人先找感覺再比條件，並依感覺調整條件的擇偶習慣是大不一樣的。

在擇偶這一具體行爲中，中國人多是讓感性服從於理性，因而"浪漫"總是難產。譬如，有位十分渴望浪漫愛情的小夥子在火車上偶然相識一姑娘，倍感情投意合，可謂一見鍾情，浪漫地戀了一番之後方知女方大己五歲有餘，原有的熱戀立刻涼了半截，想到中國人婚姻的理想年齡差是男大於女，於是就很冷靜地結束了這段情緣。又譬如，有個做夢都想着能有諸多騎士般的英俊小夥競相追求自己的女孩，某天在大馬路上行走被一小夥子一眼相中，儘管他長得英俊、斯文、一表人才，這女孩還是驚恐萬分，想他會不會是流氓，會不會是歹徒，如此不知根底的男人哪敢交往，於是把從電視劇裡學來的甩盯梢術用上，走了兩站地才把那愛意濃濃的"尾巴"甩掉。在中國，對於女性來說，"知根知底"是與異性交往的基本前提，這當然是出於安全的考慮，但這也同時意味着將與"浪漫"無緣。

介紹型的擇偶方式儘管不浪漫，卻安全可靠，可避免上當受騙，這對於求安穩的中國人來說是個不容忽視的且極爲重要的因素。實際上，以理性的"條件"爲核心的"介紹"型擇偶方式確實很適合於中國人的性情。

尋找生死戀

北京電視台的"今晚我們相識"節目是個收視率較高的電視徵

婚節目，我偶爾也看，從中可以瞭解人們的擇偶觀。某晚在這個節目中，看到一位中年女性的很令人感歎的徵婚要求："感情上做到永遠不變，生活上做到生死相伴。"我感歎的不僅是"生死相伴"，更是那"永遠不變"。這則徵婚廣告令我過目不忘，一方面是出於讚歎這位女性徵婚者對感情的高標準、嚴要求，另一方面則是疑惑於哪位男士敢來應徵？如此絕對化的要求恐怕會令多數男士望而卻步。實際上，考慮到個人和家庭有可能遭遇到的各種不測，生活上做到生死相伴已是頗有難度，而感情上做到永遠不變則更是不容易。

感情是一種與理性截然不同的感性產物，對異性的感情則是糅合了性格審美、氣質審美、外貌審美之後的情愛或激情。這使感情本身難免具有瞬時性、情景性、易變性，於是感情便難以置於永恆之中。

感情的變化從變化的主體來說包括了三個來源：個體自身的變化，對方的變化以及倆人相互關係的變化。從變化的內容來看，則涉及到諸多方面，以審美觀為例，至少要涉及到外貌審美的變化與性格審美的變化，像有的男士婚前喜歡苗條的女性美，而婚後漸變得更欣賞豐滿的女性美；有的女士則婚前喜歡粗獷性格的男子漢形象，而婚後漸變得更渴望來自男性的入微體貼與細緻關照。顯而易見，僅個體自身在價值判斷上的變遷就足以使原有的感情發生量變乃至質變。

影響感情變化的因素不僅存在於婚姻中的男女雙方身上，而且也存在於婚姻外的社會環境之中。一般來說，社會變動少、社會流動低、民眾的生活方式無變化等社會條件都會促使個體的感情趨於平穩而有利於家庭關係穩固如前。人們常說，過去的舊式婚姻，雙方沒有任何感情基礎，婚前連面都沒見過，可一輩子過得也挺好。這的確是事實，只是其前提在於雙方的個人生活經歷沒有發生大的變動以及影響家庭生活的外部環境基調如一。回首過去，長期以來，中國人的生活方式、生活節奏、社會變遷的速度都是相當緩慢的，這是構成中國人低質量、高穩定婚姻特徵的重要的社會根源。

"守常"是我們中國人的一種傳統性格特徵，即不習慣"變化"，喜歡安順平穩。與之相應的傳統婚姻觀認爲，夫妻感情開始好，以後也應當好而且必須好，否則就是"變心"，而"變心"就是品質不好、道德敗壞。這種觀念甚至體現在以往的法律條文之中，如過去針對離婚案曾有規定，因一方升學、招工、提幹等引起思想感情變化而提出離婚的，即使調解無效，也可判決不准離婚。這就是說，對配偶的"心"是永遠不能變的這樣一種傳統觀念曾經得到過法律上的保證。當然，如今這樣的法律條文已不復存在了，但這種追求感情永恆的觀念卻仍然根深於人們的內心之中。

感情是個相當抽象的詞彙，但是夫妻之間的感情發展卻包含着非常具體的內容，即雙方的感情隨時都會受到具體生活事件的衝擊和影響。毫無疑問，兩個人在性格、情趣、生活觀、價值觀上的不和諧會發生在家庭生活中的各個方面，包括分擔家務、撫養孩子、處理家庭內外的人際關係、評價社會事務等等，而無論是哪一個方面的不和諧都會對雙方原有的感情關係打下變遷的伏筆。

隨着近幾年來各項改革的全面展開，社會變遷的速度大大加快，作爲社會成員的每一個體，生活節奏和生活方式都不可避免地發生了相應的變化，在這種社會背景下，要保持觀念不變、感情不變幾乎是不可能的，離婚率的升高正是快速社會變遷的產物，而傳統的婚姻觀也顯然受到了劇烈的衝擊。最明顯的例子莫過於發生在出國者中的高離婚率現象，不僅是一方出國、一方留守的夫妻關係易於解體，而且雙雙共同出國的夫妻也存在着相當高的離婚率，這都是由於外部的變遷因素誘發或激化了原有的內在矛盾，從而導致了感情的質變。

生活變遷是否就一定會造成原有感情的分崩瓦解,這倒並不一定,感情完全可以在動態中保持平衡,只是這要對家庭內外的主客觀條件有着相當多的限定,因此在實踐中便構成了一定的難度。

一般來說,夫妻雙方雖都有思想觀念的變化但變化的方向一致,則感情可以在動態平衡中保持不變,然而,這是難得發生的。常見的情形多是一方變化,另一方沒變化,或者雙方都有變化但變化的方向不一致,在這後兩種情況下,雙方感情出現裂痕或不同程度的破裂都是完全有可能的。

社會要快速發展,必然會波及到人們的價值觀變遷乃至生存方式的變遷,因而,認識變化的客觀性對理解正處於變遷中的各種事物,以及承受來自變遷的各種後果所帶來的心理壓力,對於當代中國人來說都是極為必要的。

擇偶標準與社會潮流

擇偶是個人的私事,但實際上卻與社會變遷緊密相連,擇偶標準本是因人而異的,但個人卻受社會潮流的裹挾而追求着統一的目標。有位 26 歲的女研究生,正處於擇偶階段,她說,原本無意在經濟條件上有過多要求,但看到周圍的女友、女同學都找的是很有財力的對象,無形中有了一定的壓力,似乎自己不如此,就意味着身價太低,嫁不出去。另有一位女研究生聲稱,找丈夫一定要有經濟實力,因為自古就是貧賤夫妻百事哀,愛情必須要有物質基礎,這便決定了"經濟條件"必然要優先於"愛情"。同樣,也有人認為外貌是首要的,心靈再美,長相令人看着不舒服,又如何談得上生情生愛?

中國人的擇偶標準有着明顯的時代性,"文革"期間,家庭出身是重要的擇偶條件,一個人的政治身份決定了其社會地位;"文革"後,高考恢復,文憑熱驟起,學歷成了擇偶的首要條件;隨着人們告別藍、綠、灰的服裝而越來越尋求自身的外貌美感,在擇偶標準中相貌、身高的重要性一再提高;當經商熱風起,錢的作用爲人們日漸明晰時,經濟條件又成爲擇偶標準中不容忽略的一大項目。

在擇偶時,中國的男人選女人,幾乎是千篇一律的標準尺度:長得漂亮。我注意了一下,凡是小夥子來找我幫忙介紹對象,他們提出的條件不管有多有少,要求女方漂亮是無一例外的,甚至還有幾個小夥子除了這一條要求,其它任何要求都沒有。看來,男人擇偶,外貌審美是第一位的。相比較,姑娘來找我幫忙時,更注重於男方的才華與性格是否符合一定之規或達到一定標準。結果,實際操作起來,幫男性擇偶要比幫女性容易得多,因爲外貌的審美觀比性格審美觀及人才標準要容易領悟。譬如,有個三十多歲的女性找對象,說自己的要求不高,只要男方"能幹"就行,可這"能幹"的類型和程度掌握起來既難於定性也難於定量。另有一位年輕姑娘,一心要找一位個性突出、性格怪異、與衆不同的才子,而"個性"的內涵更是令人困惑萬分。

中國人的擇偶標準的確有着相當大的性別差異,男性擇偶的條件相對較少,也比較固定,受社會變遷影響的程度較低,譬如"相貌漂亮"、"性格溫柔"是多數男性的主要擇偶要求且不受時代變遷的影響。而女性的擇偶標準往往項目很多,並易受社會潮流的左右。中國人的婚配歷來講究"郎才女貌",到如今,這種傳統的婚配模式並沒有多少本質的變化,男選女,仍然是以外貌審美爲主,而女選男也還是注重才幹,只是在不同的時代,人才觀是不同的。當社會注重於人的政治地位時,女人們的擇偶標準就向政治身份的方向傾斜;當社會注重於人的文化地位時,女人們的擇偶標準則向學歷背景的方向傾斜；當社會注重人的經濟地位時，女人們的擇偶標準又向經濟實力的方向傾斜。然而，萬變不離其宗，女性擇偶總是注重於男方的社會地位。

我們今天的社會仍然是以男性爲主導的社會，男人娶妻主要是考慮到建立小家庭，生養孩子，女人只要在家裡能幹就行了；而女人嫁人則主要是爲了找個依靠，能靠得住的男人必然是在社會上能幹的人。男人在擇偶時，除了相貌，其它方面不作更多的挑剔，是因爲男人不需要依靠女人，而女人選夫，再三盤算，幾經考慮，是因爲要尋找一個各方面都能成爲自己終生靠山的人。

與周圍的人進行橫向比較是中國人的思維習慣，因而中國人在擇偶中是有攀比心理的，這是構成擇偶標準趨同的一個重要因素。男性在擇偶時，之所以注重女方是否漂亮，是因爲這是男性之間進行橫向比較時的首要標準，能娶個漂亮的女人，是一個男人在周圍人中最感到自豪與光彩的。相比較，找個能幹的男人，能跟着沾光、享福，則是一個女人在衆人眼中增光添彩的資本。

"攀比"從字面上看似乎是外在的臉面上的事情，但實際上會影響到當事人的心理感受，人們在擇偶標準方面的攀比不僅會影響到個體感情投放的目標，而且會導致原有的感情發生量變甚至質變，即感情發生轉向。從實質上看，社會潮流對愛攀比的中國人來說就猶如一種具有強烈傳染力的傳染源，會誘發人們一系列的連鎖心理反應。由此，社會潮流不僅會影響到人們的擇偶觀、擇偶意向，而且會影響到人們的情感變遷。因"時"而異的擇偶標準，則從一個側面反映出社會變遷的內涵。

過度緊密的代際關係

中國人代際間的紐帶是相當緊密的，與西方人孩子一到 18 歲就離開家庭大不一樣的是，中國的孩子不管長到多大都可以永遠住在家裡。在中國，成年兒女即使結婚成家、自立門戶，與父母間的來往也是極為密切的。可以說，代際關係是貫穿中國人一生的最持久的人際關係。然而，也正因為這種關係的長久性與密切性使中國人的代際關係也最容易出現矛盾，並以孩子進入青春期而開始了代際衝突的序幕。

一個上高中的女孩開始熱衷於寫日記，不過，她只想寫給自己看，並不想同別人分享，哪怕是自己的母親。於是，她在自己的抽屜上安了一把鎖。不料，她母親一看見這把鎖就氣得大罵她把家人當賊防，她不知該對母親說什麼便什麼也沒說。此後母親對女兒抽屜裡的內容非常好奇，於是百般注意。終有一日，女兒離家時忘了鎖抽屜，使母親有機會將那日記看了個夠。小女孩的日記在母親看來都是一片幼稚可笑、毫無秘密可言的兒語，於是事後，母親對着女兒將那鎖和日記連在一起嘲諷了一番，女兒聽罷，惱怒萬分，大哭一場之後就不再理她母親了。

在家庭中，孩子年齡小時多與父母很親近，話也很多。然而，年齡愈長，話便愈少，到了青春期常常與父母已是無話可說了。所以，進入青春期以後的孩子們喜歡寫日記，他們有話就對着日記本說，然後鎖在抽屜裡。這對中國的父母來說往往是不能忍受的，因為在中國的父母看來，孩子最親近的人應當是父母，家庭成員屬自己人，而自己人之間是不應當分你我的，所以孩子不應當對父母有什麼秘密。在這種邏輯中，被忽略掉的恰恰是孩子的自我，即個人獨自的心理空間。中國人在家庭中很難意識到這樣一個常識性的現實，即每個人最親近的首先是自我，其次才可能是他人。

我們中國人代際關係中最突出的特點就是密不可分性，這既表現在物質上，也表現在精神上。從生活習俗來看，中國人代際間的物質連接是緊密的。從孩子一出生起，就與父母同睡，少則三五年，多則十來年，身體接觸和生活起居的過度密切使兩代人之間的自我界限難以分清，因而中國的成年人更習慣於將子女視作未與母體剪斷臍帶的胎兒，即母子同體意識強烈，因此做父母的面對青春期的子女疏遠自己便感到很難理解也很難適應，子女的疏遠往往使父母產生自我的斷裂感、失落感。在有意無意中，中國的父母們將孩子不僅視作是自己血脈的延續，而且也視作為自己精神的延續。

從人生安排來看，中國人代際間的精神連接也是緊密的。中國人一生中最好學的是少時，即"十五志於學"，正所謂"少時不努力，老大徒傷悲"。到而立之年後則忙於建家業、育後代，此時自己已不再重要也不再思大的發展與進取，即所謂"三十不學藝"。有了後代的中國人儘管不再志於學卻並沒有停滯感，因為教子的過程就意味着自身的延續。實際上，對於我們很多中國人來說，培養後代已經替代了發展自我，後代已不僅是重要的精神寄託，而且也是自身事業、自身成功感的延續。正是這種延續感促使中國的父母必然要過問子女的一切，並希望總能像看自己一樣來清楚地看到子女的心中所想，以便及時發現誤區、及時撥準航向。

處於青春期的子女們可沒心思去理解父母的苦心，在驚奇地發現了自我這片天地後，他們在忙於探索自我，並盡情享受着個人心理空間的自由。同時，他們也開始發現了父母的平庸，自己的不凡；父母的世俗，自己的清高；父母的愚蠢，自己的聰慧。於是，父母的形象就變得從未有過的渺小，父母的忠告則成了令人生厭的老生常談。

與他國父母相比，中國的父母更樂於告誡子女，並希望子女能聽老人言，步前人後塵而行。子女一旦長大也爲父母，多會發現當年父母的話確是至理名言，於是又學着父母進行新一輪的敎子。然而，做子女的卻永遠渴望着脫離父母，渴望着能重新選擇一種活法。

　　有位讀者來信，談到家庭中長期存在的代際矛盾。這位讀者的兒子現年 25 歲，常年迷戀於中國的足球事業。儘管上過中專、學有專長，也有過在父母看來很不錯的工作，但因全部的心思都在足球上，討厭所學的專業，仇恨所做的工作，幾年前停薪留職，下海經商，以期掙了錢後振興中國的足球事業，可其結果按其父信中所言則是"三年來已撞得頭破血流，靠父母吃白飯，害得父母負債上萬"。在這個家庭中，父母認爲，兒子已到了該成家立業的年齡，可是至今一事無成，而且"女友、文憑、職稱、技術、金錢，一無所有"，最令父母氣惱的是，兒子始終對抗父母的好言相勸，"我行我素，獨斷專行"。對此，兒子認爲，"父母思想僵化，觀念陳舊，不懂他的心，要求父母不要干涉他，以後乾脆不與父母通氣"。

　　生活價值觀的衝突無疑是這個家庭代際衝突的核心內容，兒子所熱衷的事業，在父母看來是不切實際的，並認爲由於兒子缺乏必要的技能而注定是要失敗的，因而希望兒子能擁有基本的社會生存技能並能自食其力地養活自己。父母的觀點並沒有什麼錯，無非是希望兒子能夠正視現實、正視自己，不要走彎路，不要撞得頭破血流還不回頭。可是，年輕的一代有自己的追求，他們對父母指出的"直路"不感興趣，偏偏爲"彎路"所吸引。按說，各走各的路，誰也不干涉誰是最好的，可是，這在中國人的家庭裡卻是很難實現的。根本的原因是，中國人的代際關係過度緊密且相互依賴，一方面是兒女對父母的物質依賴，一有困難就依靠父母，結果自己做虧了生意，讓父母揹債；一方面是父母對兒女的精神依賴，難以與成年兒女保持適當距離,於是不忍於無視兒女的經濟困境,儘管不情願卻也甘於為兒女負債。如此一來,最終的結果必然是,價值觀極不相同的兩代人卻被緊緊束縛在一起,並被互相強求着走同一條路。

我給這位老人回了一封信,認為他對兒子所施行的觀念上的"教育"和經濟上的"支援"都是不足取的。同時發表了我的兩點意見,其一是,父母對於成年子女的工作志向最好不要過多干預,人各有志,何況路畢竟是要自己走。其二是,父母與成年子女在經濟上要分清,父母沒有義務為成年子女墊錢、負債。如果這筆債由他自己承擔,人自然會變得實際得多,不負重的人,當然會輕鬆得猶如"浮萍"。

代際間過度緊密的依賴關係構成了家庭成員共患難、共榮辱的社會現實,即一損具損,一榮具榮。由於每個家庭成員的行為都與整個家庭的經濟狀況和社會面子緊密相連,所以中國的父母不得不對子女的一切,包括求學、就業、擇偶等全部生活內容都傾注出全面的關心,只是,父母們常常在這種關心中侵入了子女的個人心理空間卻並未察覺;同時,子女在實踐自身的追求時常常將父母的勞動所得作為自己的投資而不以為然。因此,從緩解代際矛盾和代際衝突來看,對於我們中國人來說,保持代與代之間在物質及精神上的相對距離和相對獨立性是至關重要的。

養老與靠老

看西方的電視劇,無論是偵探片還是警匪片,發現那智勇雙全的男主人公常常是上了年紀的人,於是便不免生出疑惑,怎麼西方的老年人居然同青年人一樣身強體健、動作敏捷。前不久,陪一位五十多歲的美國教授遊覽北京，發現這位年紀早過半百者無論是行走還是爬山時其動作之靈活，確是與年輕人沒什麼差別，於是又覺得西方電視劇的描寫還是可信的。

中國的老人多沒有這般好腿腳，在中國的電視劇裡，老者都是出謀劃策的，衝鋒陷陣則是年輕人的事。在中國，勇猛是與年輕劃等號的，而年老則是智慧的象徵。即使是武打片裡的武林長老，也多是以點穴而出奇制勝。與美國老人不服老甚至硬充年輕不同的是，中國老人都甘於年老的現狀。與美國老人好隱瞞年齡、羞於報年齡不同的是，中國的老人對"高壽"是很自豪的。顯然，面對步入老年，中國的老人比西方的老人有着更平和的心態。在中國，晚年幸福的標誌是兒孫繞膝並由孝子賢孫養老送終。與西方的老人要獨立地走完生命的最後一程截然不同的是，中國的老人希望在風燭殘年之時能與家人同在，特別是要與子孫同在。

從代際關係來看，東西方存在着極大的差距。在西方，從法律上講，父母有撫養未成年兒女的義務，不履行此義務者就要被判遺棄罪，但兒女沒有贍養老人的責任，代際關係屬單線哺育。在中國則有法律明文規定，不僅父母有撫養未成年子女的義務，而且子女也有贍養失去勞動能力的父母的義務。由此，中國的代際關係是反哺關係。在西方，子女成年後即使不照顧父母甚至根本不看望父母，也不會有人提出異議，這不僅是文化上允許的，也是法律上允許的。但在中國，成年兒女不養老不僅在道義上要受到周圍人的譴責，而且在法律上還要受到制裁。

西方的老人多不與成年的兒女住在一起，老年的孤獨、寂寞是西方老年人生活的一個永恆的主題。相比較，中國的老人即使不與兒女住在一起，也往往住得很近，代際間的往來也非常頻繁，因而，與晚輩的關係是中國老年人生活的一個永恆的主題。

在中國，已婚子女與老年父母之間的相互依賴主要體現在，父代希望子代能"養老",子代則希望能"靠老",特別是希望父代能在撫養第三代上貢獻人力和物力。這種相互依賴關係決定了子女婚後仍與父母保持着過度緊密的聯結,這一點是與西方的代際關係極不相同的。

如今,"養兒防老"在城市裡聽得少了,老人們都說指不上兒女,但實際上,中國的老人對兒女的依賴性在世界上始終是位居前列的,這裡主要是價值觀問題。西方老人以自立為榮,故不服老,也不願意依賴子女;中國老人則多以有後代的照顧為晚年幸福的標誌,故希望依賴子女,也希望子女能做到"養老送終"。

筆者曾採訪過一些退休老人,發現了一個共同的現象,即這些老人都非常熱衷於週末邀來全家兒孫聚在一起大吃一頓,並既以此為樂又以此為苦。"樂"是因為熱鬧,享受天倫;"苦"是因為操勞破費,還要不斷地給第三代各種名目的"賞"錢。當聽到老人們的感歎時,禁不住發問:何苦呢,簡單來往不行嗎?老人們的回答非常一致:"不行啊,真到老得不能動時還得指望兒女。"可以想像,這些有退休金、經濟寬裕的城市老人都如此需要養兒防老,又何況那些無經濟保障的農村老人。

在一項全國農村家庭問卷調查中,有一問是關於在有各種社會養老的前提下,老人應該依靠什麼生活?結果有 75.4% 的人選擇"靠子女贍養";只有 12.8% 的人選擇"享受退休金";僅有 5% 的人希望"享受社會保險";願進"養老院"的人則只有 4.3%。看來,"養兒防老"主要還是一個觀念問題,多數中國人還是覺得由兒女來養老送終是最理想的養老形式。中國人對"身"是極為重視的,父代總是無微不至地照顧子代的"身",老了以後也希望子代能夠同樣照顧好父代的"身",用以回報養育之恩。

西方社會在對下一代的教養中總包含有兩代分裂的步驟,如子女年滿 18 歲就不再與父母同住,父母也不再負擔子女的生活費等等，以便使下一代能夠獨立出去。也就是說，西方的父母總是要設法割斷與子女的心理臍帶。然而，對於具有"養兒防老"生育意願的中國父母來說，則必須永遠保留兩代人之間的天然聯結，而聯結的手段則離不開"控制"與"約束"。具有諷刺意義的是，強烈依附的代際關係，不僅束縛了子代早年的發展，而且也反過來制約了父代晚年的生活。

在中國，不僅僅存在着父母干涉成年兒女的婚姻，而且也存在着子女干涉老年父母的婚姻。中國家庭中過度依附的代際關係，使兩代人都覺得對方的婚姻與自己的利益緊密相連，並將自己的"面子"、家族的"榮辱"看得比當事人的幸福更重要。這種依附關係，無疑使兩代人的人性都受到了壓抑與摧殘。

老年人的再婚所面臨的困難，除了婚前受到子女的阻撓與干涉外，還有婚後家庭內部複雜的代際交往。由於兩代人的界限不分，使老年人再婚後的個人空間受到侵擾。所以，中國老年人的再婚問題往往顯得很複雜，光有老伴人好這個條件顯然是不夠的，與對方子女關係如何直接影響了老年人再婚後的心理是否愉快、生活是否幸福。

中國人多認爲，以血親爲紐帶的代際關係比再婚後的配偶關係更親近。所以，一方面是子女，常常將自己橫插在兩位再婚老人之間，給父母的婚姻生活帶來困擾；另一方面是再婚後的老人，往往也未能把配偶放在親屬關係的第一位，從而造成了再婚後的婚姻質量低、離婚率高的結果。

當兩代人由"養老"和"靠老"的紐帶聯結在一起時，相互間的依賴需求構成了兩代人之間特定的關係，既包含有互利互惠性，同時又構成了矛盾衝突之源。

代際間的錯位

在中央電視台的"實話實說"節目裡,有一期題為"父母眼中的孝子",台上的特約嘉賓分為中年和老年兩代人。討論中,有一種明顯的傾向,即老年人希望成年子女能多回家看望父母並多同父母一起交流;而中年人則希望老年父母能體諒子女的生活負擔而不要有過多的依賴性要求。在此,兩代人都希望對方能體諒自己,同時也流露了相互的不滿。

同樣是在東方時空的"實話實說"節目裡,還曾播出過另一台涉及代際關係的節目:"今日怎樣做父母——學會關心"。當時,現場觀眾裡有一位女學生對當今的一代父母提出了一個既尖銳又很有水平的問題:父母只關心孩子的物質生活而非精神生活,對"心"不關心就不是真正的關心。孩子們提出了"關心的含義是什麼"這樣一個非常實質性的問題,而原有的討論主題"學會關心"則可具體化為"學會關心什麼",從而使這場討論達到了一個較高的層次。很可惜,討論的高潮因為主持人缺乏問題意識而未能形成,主持人沒有抓住這個能導致熱烈討論、能深化主題的問題來組織現場討論。

兩代人對"關心"的認識是有差異的,儘管父母們認為他們對兒女的關心是"身"、"心"兼顧的,但實際表現出來的卻是以"身"為重,而且他們希望兒女們也能以噓寒問暖的方式來關心父母;年輕的一輩則認為關心應以"心"為重,兩代人應以談心、交心的方式表示相互間的關心。看來,顯示在"關心"的具體內容上的這種差異,成為兩代人相互錯位的焦點。

代溝的基礎是不同代人之間的年齡差,然而,在一個家庭中,兩代人的年齡差是恆定不變的，可代溝的內容卻是不斷變化的。一般來說，未成年的少年子女與青壯年父母之間的衝突主要體現在有強烈獨立意識的子女對父母過度限制的反抗；已成年的青年子女與中老年父母的衝突則主要體現在生活方式、價值觀念上的差異；中年子女與老年父母的衝突主要體現在父母對子女的情感需求增加與子女陪伴父母的時間有限這一矛盾上。由此，代溝的實質是反映在年齡差背後的不同代人之間的多重差異，諸如生理差異、心理差異、生活經歷的差異、思維模式的差異、社會角色的差異等等。

有位母親抱怨，她本人有哮喘病，一犯病就咳嗽不止，每逢此時，她那17歲的女兒非但不體貼關心病中的媽媽，還嫌媽媽製造了噪音，影響了她的學習，並責問母親為何不忍着不咳。不同代人生理上的差異雖是明擺着的，卻是人們易於忽略的，青少年由生理發育而帶來的心理困惑和情感突變常常不為其父母所注意，同樣，中老年父母由身體衰老而帶來的身體不適、心理異常乃至情感依賴化也往往不為其子女所知曉。不同的身體條件、生理背景是構成不同代人心理差異和情感差異的一個基本因素，也是構成不同代人相互理解困難的一個基本障礙。

社會角色的差異致使不同代人的生活中心和生活的注重點大為不同，以學校生活為主的青少年，生活的中心是學校，最關注的是與學校背景有關的事件，最易受影響的是同齡羣體。以社會生活為主的成年人，生活中心是單位和社會，更關注於單位裡的事情和社會事件，考慮問題易於從社會生存角度出發。以家庭生活為主的老年人，生活的中心是家庭，最關注的是家庭成員的身體健康和相互關係，對家庭的親情需求最大。生活重心的不同使不同代人有着不同的生活興趣和不同的生活關切點，並把時間、精力的重點分配在不同的方面。

生活經歷的差異直接導致了不同代人在思維方式和價值觀念上

的差異，人們思考問題的基本方式和判斷事物的基本標準，是伴隨着具體的生活經歷而逐漸形成的，因而不同代人的思維模式和價值觀念都不可避免地帶有不同時代的烙印。從小看着電視長大的這一代青少年與他們那聽着無線電廣播長大的父母們相比，在看待事物的方式方法上必然是存在差異的。同樣，在"文革"中度過青年時代的這一代中年人與他們那在"大躍進"中度過青年時代的父母相比，在理解問題的角度上也必然是有出入的。

顯而易見，代際間存在着多方面的錯位，當中年父母們從長遠的社會生存角度來籌劃和安排其子女的學業和職業時，他們的青少年子女們正熱衷於自己的業餘愛好和自我追求而沒興趣理解父母的實際考慮乃至合乎邏輯的大道理；當老年父母們淡化了人世間的沉浮而將目光收回到家庭中時，他們的成年子女們正在外面忙着各種功名利祿而沒功夫回家。

青年人對外部世界總是充滿了好奇和渴望，他們一心要掙脫父母的束縛，從家庭走向更廣闊的世界。老年人在社會上闖蕩了一生，走累了也走厭了，希望從喧囂的世界退回到寧靜的家庭裡去。中年人則總是最繁忙的一代，他們在社會舞台和家庭舞台上都是主角，經常會面臨內外交困的處境，同時也常受到上一代和下一代的夾擊。

代際間的錯位是一種客觀現實，同時也是一種正常現象。代與代之間如果沒有差異、沒有變遷，人類也就不會有進步。我們以往習慣於視代際差異的存在爲代際衝突的根源而趨向於力圖彌補和消滅這一差異，其實這是徒勞的。我們需要做的應當是，接受代際差異的存在，從差異中瞭解社會的變遷，從差異中瞭解與己不同代人的基本特徵，從差異中調整自己以便更恰當地適應社會。

今日做父母

　　對於中國人來說，為父母者總要為兒女辛勞一世的，而與老一輩相比，如今做父母似乎要更辛苦、更勞累一些，包括費力也包括勞神。獨生子女是一代獨特的孩子，而獨生子女的家長則是獨特的一代父母。

　　從時間上看，我們這一代父母花費在孩子身上的時間要遠遠多於當年我們的父母。他們把孩子交給了老人和全託幼兒園，孩子上學後又交給了學校。另外，由於家中的孩子較多，孩子們可以自己玩而不需大人陪着玩，小孩子則由大孩子帶着。現在的孩子每家只有一個，由於社會治安不好，誰也不敢讓小孩獨自在外面玩，於是充當孩子的玩伴是當今父母的一大重任。這不僅僅意味着時間的較大付出，而且意味着父母角色的新內容。

　　我們的父母多有文化，不像我們的祖父母那樣目不識丁，所以我們的父母就不像我們的祖父母那樣更情願撫養第三代，於是我們這一代自己帶孩子的比例就比較高，生活中屬於自己的餘暇時間就必然要少。

　　今天的學校教師把我們這些父母與孩子在學校的學習聯繫得特別緊密，於是，我們這些做父母的似乎也成了學校老師的學生，每天也要完成老師交的"作業"：檢查孩子的作業，然後簽字。回想我的父母當年可從沒有在我的作業本上簽過字，更沒有檢查過我的作業。我也從未認為自己的學習與父母有什麼關係，學習上有了問題總是去問老師，從來沒有向家長請教的意識。但是，現在的孩子認為父母幫助孩子學習學校的功課是天經地義的，因為這是老師要求的。

今天的父母尤其不同於以往父母的是，要同電視作戰，電視對孩子的誘惑是全方位的，吃的、喝的、玩的，各色品種應有盡有且花樣層出不窮，為孩子們展現了大千的花花世界，喚起了孩子們全方位的感官慾望。很多父母不忍看到孩子因願望不能滿足而產生的失望與沮喪，更不願看到孩子因壓抑慾望而形成的心理痛苦，於是盡力滿足孩子的各種物質要求。於是，今日的父母便有着比以往的父母更大的經濟壓力。

正像獨生子女是受到指責最多的一代孩子一樣，獨生子女的父母也是受到指責最多的一代父母，由此，今日的父母還承受着以往的父母從未有過的輿論壓力。獨生子女的問題如今已被媒體挖掘得越來越多了，並一致認為對此負主要責任的是父母。然而，事實並非如此。

媒體時有報道，每天學校門前都聚集着接送孩子的家長，認為應當讓孩子自己上下學，可同樣是媒體也不斷地報道在上下學路上丟失的孩子。家長的過度保護式的養育方式確是不可取的，可是造成這種現象的根源卻是社會治安不好，家長的過度保護實在是出於無奈。其實，甚至連學校也要處於無奈之中。譬如某小學，本來學校一直要求二年級以上的學生自己上下學，可一連出了兩次學生失蹤事件後，校方主動提出新規定，讓四年級以下的學生家長每天一律到學校接送孩子。

獨生子女的父母望子成龍、望女成鳳的高期待已成為公認的定論，然而，父母高期待的根源是當今社會的求職就業難。有位母親說，看到自己的女兒智力一般，學習又實在太辛苦，真沒有讓孩子考大學的願望，可是再看到大量的下崗女工，看到連大專生都分配不出去的就業現實，不得不承認只有考大學是唯一的出路。如此看來，所謂家長的高期待實際上只是基於生存考慮的最基本的要求。

現在的孩子多病，體質弱，家長被作為主要的責任者，被指責爲不重視孩子的身體鍛煉。其實責任的大頭還是在學校，現在的學校，每星期只有二至三節體育課，除此之外就沒有體育活動了，放學後學校不讓學生在學校逗留，學生也就不可能利用操場參加體育活動，而社會上的體育活動的場所少得可憐，孩子們離開學校後就不再有合適的運動場地。更爲甚之的是，體育課在中國的各級學校裡都受到學校管理者和教師的極大輕視，體育課被隨便佔用是極普遍的事，一到了臨近期末考試的時候，體育課便被取消而換成語文、數學之類的所謂主科。

學校在開家長會時，經常訓導家長們不要只注意孩子考試的分數，可是，老師卻是根據學生的分數評"三好"學生，並根據學生的分數評價學生的優劣。實際上，學校的老師比家長更注重考試的分數，因爲，至今絕大多數學校還是根據學生考試的平均分來評定老師的工作成績。

在中國，父母與進了幼兒園或上了學的孩子接觸的時間是極有限的，孩子們一天中的絕大多數時間是在校園而不是在家裡度過。由此，教育機構在孩子的社會化上起了比父母更大的作用，這無疑從客觀上大大削減了父母對孩子的影響力。今日做父母之不易，還是因爲無奈的事太多，面對電視、面對學校、面對社會，父母在無奈之外還要承受着更多額外的責任。

我們是在懂得了許多現代新知識、接受了不少新觀念的基礎上來面對一個仍以傳統習俗爲主的變遷中的社會，於是我們有了比老一輩父母要混亂得多的教育意識，我們不知道是應給孩子全新的觀念，讓他們擺脫舊傳統的束縛，還是應維繫舊的傳統觀念，讓他們能適應現有的社會環境。最終的結果也許是一個矛盾的大雜燴，我們因事而異地一會兒讓他們學會競爭，不要落在別人後面，一會兒又讓他們不要太爭強好勝，槍打出頭鳥；我們一會兒要求他們獨立自主、敢於發表自己的見解，一會兒又要求他們遇事講究策略，千萬不要得罪人；在論及做人時我們要求他們不要圓滑，可論及做事時我們又希望他們精明、老道、不吃虧⋯⋯

毫無疑問，在人格的完善和良好地適應環境之間，我們不知道該鼓勵孩子做何種選擇。實際上，我們真正困惑的是，我們不知道未來的社會是傳統的內容多還是現代的內容多，我們不知道該朝哪個方向引導孩子，才能使他們具備與社會類型相適應的性格類型和生存能力。相比之下，老一輩的父母當年的教育任務要單純得多，他們只需把統一而完整的傳統文化傳下去既可。

老一輩的父母當年有着傳統而穩定的工作環境，並生活在傳統色彩的人際環境之中，所以他們有着比較平和的心理狀態、比較統一的人格、比較一致的教子目標；而我們今天雖然仍生活在傳統的人際環境之中，但工作環境卻是充滿競爭且動蕩不定的，於是，我們有着動蕩的心境、分裂的人格、矛盾的教子目標。

兩代人的童年

獨生子女這一代一出現就被輿論界稱之為"小皇帝"，這個詞當初是被用來描述當家庭中的孩子只有一個的時候，孩子在家庭中如何具有像皇帝一樣至高無上的地位。作為獨生子女，孩子已成為一家兩代成人的生活中心，成為家庭金字塔的塔尖，這的確很有做皇帝的威風，不過，中國的歷代皇帝都是不自由的，他們總是被禁錮在皇宮裡不能隨便出來，而今天的獨生子女們最像"小皇帝"的一面，恰恰就是他們也同樣地不自由。

很多人認為，如今的孩子令人羨慕，他們不愁吃、不愁穿、不愁玩具，也不愁沒人疼愛。可是我卻很難產生這種羨慕感，儘管今天的孩子們不缺物質上的東西，但是他們缺自由。

我們這一代做父母的人，當年小時候是可以隨便出門玩的，即使只有七八歲也可以不與家裡人打招呼，結伴到離家幾里遠的地方去玩，那年月的孩子也不坐車，多遠的路都是走着去。現在的孩子即使十來歲了也不能出門自由玩，因爲家長不放心，誰都知道，現在的社會治安不能與過去比了，到處都有拐賣孩子的事件發生，誰還敢讓家中的"獨苗兒"出去玩呢。留在家裡的孩子又沒有玩伴，這比起那雖關在皇宮卻有衆多宮內人相伴的皇帝來說，可謂更不自由。

　　作爲今天的獨生子女，不僅身體不能自由支配，時間也同樣不能自由支配。從三四歲的幼兒階段起就要遵從父母的安排學琴、學畫、學外語等等，小小的年紀就要肩負着全家的重望而加入到激烈的社會競爭中去。

　　到了上學的年齡就更沒自由了，小學的奮鬥目標是考個理想的初中，上了初中全部的學習中心是考上高中，上了高中就要爲考大學而度過每一分鐘。學無止境的學業佔據了全部的生活內容，不僅沒時間玩也沒時間看自己喜歡看的書，譬如各類小說。

　　如今的孩子閱讀面眞窄，他們看的書也眞少，儘管如今的書多得成災。想起我們這一代爲父母者，當年的中小學生是在無書的年代裡度過的，而一個個的不僅都識字還都偷讀了不少的書。形成強烈對比的是，我們小時候是有時間讀書卻沒書可讀，而今天的孩子是有的是書卻沒時間讀書，他們的時間都貢獻給了學校的課本和家庭作業。

　　"文革"對整個社會來說無疑是一場災難，但對於在其中度過了全部中小學時光的我們那一代孩子來說，卻是一個天堂。那是一個沒有作業、沒有升學考試、沒有學業壓力的年代，孩子們可以自由玩耍，自由發展業餘愛好。那時的書的確是緊缺"資源"，但物以稀爲貴，讀書成了當時的孩子最大的奢侈和享受，由此我們那一

六・永繫心靈的血緣紐帶 | 263

代的學生比今天的學生更渴望讀書，對學習也有着更大的內在動力。我甚至懷疑，如果我的學生時代是像現在的孩子這樣度過的，我還能否像現在這樣熱愛讀書、熱愛寫作、熱愛求知。

我記得，當時的學生是不知道什麽叫"範文"的，由於沒有升學考試，老師對我們的作文也從不作規範要求，儘管"文革"期間整個社會的文風都是假、大、空，但老師沒有把這作為"範文"讓我們去模仿，這是我們在那不幸年代裡的一大幸運。

那是一個特殊的年代，也培養了一代特殊的人。我們那一代成為中國唯一在學生時代有時間、有自由的人，所以，我不羡慕今天的孩子。他們不能隨心所欲地讀課外書，不能按自己喜好的文體寫作文，沒有時間發展自己的興趣愛好，沒有時間交友聊天。他們的生活太單一，除了應付升學考試就沒有其它內容了。

現在的孩子比我們當年有着更大的心理困惑，學校教育與社會教育的脫離培養了他們更為明顯的雙重人格。在過去那"鬥私批修"的年代裡，人們的言行至少在表面上是基本一致的。然而，現在的孩子們卻要同時接受兩種對立的價值觀，他們總是處於極端矛盾的教育背景之中。

我們的孩子們從小就學"孔融讓梨"，並懂得"先人後己、禮讓別人"是一種美德，可是當他們看到大人們是如何在實際生活中不排隊奮勇擠車的時候，他們不知道自己該學習什麽樣的榜樣。一個中學生在某次放學回家乘車時，正趕上下班高峰時間，他遵守禮讓的原則，結果發現他有讓不完的人，由此而比平日晚了好幾小時回家，把家裡人都急壞了。對此，他的父親開始教他擠車的技巧，並告訴他："禮讓別人是一種理想，是好的，可要是你的實際問題都不能解決，自己的基本生活都無法做到，還提什麽理想呢？"

這位父親說的並沒有什麽錯，"擠車"在中國實際上是一種生存技能，而生存的需要使任何冠冕堂皇的理想都變得黯然失色。孩子對這件事的體會是，"車站對我來說，是人生的第一個戰場，在那裡，從小的我就看到了理想和現實的衝突。"我們的孩子正是在這些具體的生活事件中，學會如何把理想束之高閣，如何把理想的對立面所需的技能掌握到手，以保證自己的基本生存。

一個上初二的學生說，她不喜歡做家務，不喜歡做服務性的事，即使是為自己服務也不喜歡。當老師問她："你不喜歡，那你準備怎麼辦？"時，她回答："我將來做大事，要掙許多錢，然後讓工人來為我做。"老師則是在驚訝之餘，用譴責的語調反問："你怎麼可以有這種思想？"

"我想這樣的思想，是老師們，爸爸媽媽，我的所有親人教給我的。沒有人真的希望我們做普遍的勞動者，所有的人都說，要好好讀書啊，要好好讀書啊，這樣才有前途。這種前途不過就是有地位，過好日子吧。只有讀不好書的人，將來才做苦力。從那時候起，我們大家都知道，做一個普通的勞動者，是不光彩的事。"

孩子的這番大實話恐怕會令我們每個成人都啞口無言。這就是我們現行的極為矛盾的雙重教育，一方面是教育下一代不要好逸惡勞，要具備為人民服務的思想，並強調勞動光榮，要尊重每一個普通的勞動者。另一方面，我們鼓勵孩子們努力學習，爭取做個有地位、不用做苦工的人上人。孩子們恰恰是從家長和教師的實際教導中意識到，"做一個普通的勞動者，是不光彩的事"，這的確是事實，因為，他們周圍的成年人的確是沒有人真的希望他們去做普通的勞動者。

北京青少年研究所搞了一項調查，讓小學生們描述一下自己的未來形象，從孩子們的自述中，我們可以看到今天的孩子對未來生活的追求以及他們的幸福觀：

"當一位大老闆，每天身著皮爾·卡丹西裝，坐上奔馳600型轎車，從郊外花園別墅來到國際貿易中心寫字樓的公司上班。"

"我化好妝,穿上功夫衫,在各地拍功夫片,一定會在全球叫響叫座。這樣我就有了財富,還有私人飛機和保鏢。"

"那時我在科研機關工作,很受人尊重,並且很有成果和錢,經常出國開會和遊玩。"

進行這項調查的負責人認為,在孩子們的身上出現了應引起全社會關注的不正常的思想傾向。其實,孩子們的自述表達的正是當今的家庭教育、學校教育、社會輿論為他們展示的職業價值觀和人生價值觀。記得當年我中學畢業的時候,最大的理想是當個產業工人,那時當然沒有大老闆,沒有電影明星,而科學家都是"臭老九",只有工人階級是領導階級,有着最高的地位。正是在那種當普通勞動者光榮的輿論下,才使當時的孩子很容易立志做個普通的工人。同樣,對於今天的孩子,他們追求名利的思想傾向實際上是整個社會教育、整個社會輿論的必然產物。

人們很容易憑想像認為獨生子女是自我為中心的,他們也必然是自私的,心目中不會有父母的愛。可我看了《獨生子女宣言》這本記載獨生子女心聲的書,發現獨生子女這一代比我們那一代人更愛父母,也許是因為他們這一代的父母更愛子女,從而感染了子女;也許是因為他們這一代子女對父母的依賴更大,從而由"依賴"發展到"依戀"。我們那一代人多在很小的時候就成為家務中的勞動力,父母們也不會在孩子身上花費太多的時間和精力,所以親子間的聯結是比較淡薄的。由於父母們對我們沒有什麼高期待,只要我們沒病沒災地活着,不學壞就可以了。所以,我們做什麼事無論成功與否,只對自己負責,不用考慮父母的想法。相比較,現在的孩子比我們那一代有着較大的心理負擔,作為家裡唯一的孩子,他們有着較強的家庭責任感,無論做什麼事情,他們都會有集全家的希望於一身的感受,他們不可能不顧及到父母的想法。所以,獨生子女這一代還存在着心靈的不自由與情感的不自由。

現在的孩子面臨着太多的誘惑，無論是吃的、喝的、玩的，到處都充斥着使感官獲得享受的東西。想起小時候，街上賣的冰棍只有四種，而現在足有上百種；那時家裡只有收音機，少兒節目也很有限，而現在孩子們守着電視，有多得看不過來的動畫片。在面對着比以往的孩子更多的誘惑的同時，他們又有着比以往的孩子更大的學業壓力，因而他們需要更強的抑制力。在誘惑與反誘惑的抑制過程中，他們也必將會體驗到更多的心理痛苦。

　　人們都說，如今的孩子一代比一代聰明，這話沒錯，隨着大眾媒體的發展，信息流動的加快，以及信息流通渠道的暢通，今天的孩子是比以往的孩子知道的東西多，可謂見多識廣。但是與聰明靈活的大腦形成鮮明對比的是，現在的孩子總是笨手笨腳的居多數。這也難怪，學校裡涉及培養動手能力的課程太少，而在家裡，隨着家務勞動逐漸社會化、電器化，需要人們自己動手的機會也越來越少。問題是，在今天的孩子缺少實踐活動的同時，他們也必然缺少那些只有參與實踐性的活動才能派生出來的各種能力。

　　每一代人都是特定時代的產物，每一代人自身帶有的特點，無論是優點還是缺點，都必然帶有所屬時代的社會文化的烙印。與以往的孩子相比，獨生子女的一代既是與父母關係最密切的一代，也是家庭責任感和情感壓力最大的一代；他們既是物質上豐富佔有的一代，又是身心禁錮、最不自由的一代；他們是大腦最聰明的一代，也是手腳最笨、社會能力最差的一代。

當代父母對孩子的未來期望

　　前不久，筆者在北京對 1500 名家長進行了有關孩子未來期望的問卷調查，主要涉及到家長對自己孩子將來的學歷、職業及未來生活狀況的期望。從此項調查中，發現了三大傾向：

1. 學業期望的高學歷化。

與以往的調查相比，此次調查的結果顯示出家長對孩子的期望呈高學歷化。調查中，有 87.42％ 的家長希望孩子能具備大學本科及以上學歷，特別值得一提的是，在全部被調查者中有近 1/3 的家長希望孩子的學歷超過大學本科，即獲得碩士、博士學歷，尤其引人注意的是，有 20.77％ 的家長希望孩子將來能取得博士學位。這種"高學歷化"現象是以往調查中所沒有的，顯示出當今父母對子女期望的新趨向。

在調查統計中，將家長本人的學歷與對孩子期望的學歷相比，發現隨着家長學歷的升高，對孩子學歷的期望也在升高。譬如，學歷為初中的家長，希望孩子的學歷在大學本科及本科以上的佔 73.83％，希望孩子能讀博士的佔 10.20％；而學歷為大學本科的家長，希望孩子的學歷在大學本科及本科以上的佔 98.74％，希望孩子讀博士的佔 26.36％；而學歷超過大學本科的家長則百分之百地希望孩子的學歷在大學本科及本科以上，希望孩子讀博士的佔 44.30％。顯然，家長自身的學歷直接影響着對孩子受教育程度的期望值。因此，對孩子高期待的現象，主要存在於知識份子家庭。

統計結果表示，在希望孩子上大學的被調查者中，超過 50％ 的人是出於希望孩子學有所長，其餘近半數人的考慮則更加具體也更加實惠。譬如，17.41％ 的家長認為有了大學文憑容易找到較好的工作；13.24％ 的人則認為有文化的人社會地位高。

在回答為什麼希望孩子上大學這一問題時，家長們很願意費筆墨，在卷面上大書己見的人很多。相當多的家長認為"學歷越高的人對社會的貢獻就越大"以及讓孩子上大學是為了"滿足社會需要"。還有些人希望孩子上大學是出於希望子代能比父代強，調查問卷的卷面上時有"希望孩子比爹強"、"希望孩子比老子強"的字句出現。正是由於人們有着一代更比一代強的心願，因而父母本人的學歷越高，對孩子未來學歷的期望也就越高。

2．職業期望的傳統化。

關於家長對孩子未來職業的期望，在問卷中要求答卷人在衆多職業中任選三項，調查的結果顯示，家長希望孩子將來所從事的職業，排在前六位的是：科研人員（55.44%）、醫務工作者（46.37%）、新聞宣傳工作者（25.79%）、機關幹部（25.63%）、教師（20.90%）、文藝體育工作者（19.56%）。出乎意料的是，在當今青年擇業中比較看好的"合資企業職工"，作爲孩子未來的職業卻僅被家長們排在了第七位，有此意願者不足19%。

人們的擇業觀能從側面反映出各種職業的社會地位。儘管最近幾年來，青年人的擇業觀已發生了不少變化，但從此項調查中發現，多數人對職業的態度與以往相比並沒有本質的變化。人們在自己擇業時，往往要受限於一些具體條件而不得以爲之，但爲目前還未成年的孩子設計未來職業時，則能充分顯示出人們對理想職業的眞正看法。從此次調查來看，人們對理想職業的看法與十幾年前甚至幾十年前的觀念相差不大，即呈傳統化。

關於什麼是理想的工作，按統計結果，家長們認爲，理想工作則意味着：符合孩子的能力（66.48%）、符合孩子的興趣（61.91%），工作富有創造性（51.03%），收入高、福利好（47.87%），人際關係和諧（36.83%），工作輕鬆穩定（26.50%）。相比較，家長們對職業聲望是否高、職權是否大及晉升機會是否多並不是很看重。

在談到孩子成年以後的未來狀況時，家長們首先希望孩子能有"顯著的工作成就"，其次是"生活平順，少遇困苦"；第三是"有較高的生活水平"；第四是"在社會上有名譽、有地位"；第五是"小家庭美滿"。只有3%的家長認爲"別的都無所謂，孝敬父母就行"。歸納起來，中國的父母們一般都希望自己的孩子能夠事業有成、生活安逸、家庭美滿。

3. 培養方向的重智育趨向。

當問及"什麼樣的孩子比較有發展前途"時，家長們認為，有前途的孩子首先是"智力水平高、聰明"（85.88％）；其次是"獨立性強"（64.27％）；第三是"社交能力強"（61.75％）；第四是"穩重謹慎"（41.72％）；第五是"善於搞好人際關係"（35.65％）。

從統計數據中不難發現，家長們把"智力"對前途的影響看得很重，由此，智力訓練、智力開發在目前家庭教育中成為核心也就不足為怪了。然而，家庭教育中的重智育趨向反映的是成人對當今社會人才需要的理解，所以，這一趨向也是目前社會潮流的一個側面。值得思考的是，如果家長們的這一"理解"只是一種"誤解"，則有必要探討來自社會教育、學校教育的誤導因素。

毫無疑問，父母對孩子的期望與孩子將來的實際境況之間肯定是有一定距離的，然而，有意義的是，父母的期望是在孩子的人生之初建立的價值標準，這無疑會成為孩子在自己今後各人生階段進行生活選擇的基本尺度。

另外，父母對孩子的期望不僅僅是成人內心中的潛在願望，還將不可避免地在自覺或不自覺中融入到教育孩子和養育孩子的實際生活中，因此，家長對孩子的期望實際上體現着家庭教育的總趨向。

據北京市青少年研究所1992～1996年就"獨生子女社會適應能力研究"課題針對北京市近萬名小學生的調查中，在回答自己最希望從事的職業時，排在前三項的是：當經理（21.6％），當明星（20.5％），當科學家（18.5％）。選擇這三項的人數合起來已佔總數的60％，而選擇最少的三種職業則是：教師、工人、農民，三項加起來不到6％。孩子們選擇職業的標準主要是高水平的物質享受和社會知名度。

相比較,孩子們對未來職業的選擇與家長對孩子未來職業的期望之間差距相當大,孩子們的前兩項選擇只是極個別家長所期望的,而孩子們的第三項選擇其比例遠遠低於家長的期望值。最令我深感悲哀的是孩子們都不想當教師,儘管他們的父母對教師這個職業的評價還比較高。

當然,小學生對未來職業的嚮往與他們長大以後眞正從事的職業是不能劃等號的,只能作爲參考而已。我估計,隨着孩子年齡的增長,出於實際考慮,在孩子與家長之間的價值觀差異會有相應的減少,因爲家長的考慮畢竟是比較現實的。儘管如此,兩代人在職業價值觀上的不同仍然是一個比較明顯的事實,這將意味着,在不久的將來,兩代人在這個問題上的衝突是在所難免的。

孩子是中國人心中的神靈

某次乘出租車,與出租車司機閒聊,我問他一個月掙多少錢,他說沒準,大約在 6000 至 8000 元之間。他告訴我,他一個星期幹六天活,剩下一天陪四歲的女兒玩,這一天至少要爲孩子花四五百元,而孩子一個月的總消費都是在 3000 元以上。他剛給孩子買了兩條裙子,300 元一條,一共 600 元。我對司機說,高消費對孩子並不好,他表示不同意:"掙錢爲什麼?還不就是爲了孩子。"這句話很有代表性,中國人掙錢就是爲了讓後代生活幸福。在本人做的問卷調查中也發現,孩子的消費是與家庭收入成正比增長的,也就是說,高收入的家庭,孩子則必然是高消費。

中國人普遍的心態就是,把錢花在孩子身上是最值得的,否則掙錢旣沒意義也沒勁頭。孩子作爲家庭生活的重頭,自然也是家庭消費的重頭。

孩子在家庭中的地位高，養育的成本也必然高。在我進行的兒童消費調查中，42.70％的家庭兒童消費佔全家總收入的三分之一，25.26％的家庭兒童消費佔全家總收入的40％，另有14.42％的家庭兒童消費超過了全家收入的一半。考慮到中國人過日子講究節餘，一般不會將月收入當月全部花光，總要存些錢，因此，超過80％的家庭，兒童的實際月平均消費超過全家月收入的三分之一，即一個兒童的消費超過一個大人的消費。在最近的探訪中又發現了新趨向，即孩子的消費佔全家收入一半的家庭已居多數。

當向家長問及給孩子買玩具、零食等生活必需品以外的東西是出於何種想法時，有49.01％的家長回答，"給孩子買東西是為了讓孩子快樂"，而23.55％的家長則表示："寧願自己省一點，也要盡量滿足孩子的要求"，另有5.52％的家長認為，"都只有一個孩子，人家能買的，我們也能買"，也有4.93％的家長表示"家裡並不缺這點兒錢"。

當然，如今的父母在養育孩子方面的消費高不僅僅是由於父母們捨得為孩子花錢，更主要的還是現在的物價上漲快，特別是商家都在賺兒童的錢，並學會利用幼兒園和學校來推銷產品，令家長防不勝防且無可奈何。總之，無論是考慮到主觀因素還是客觀因素，從養育孩子的成本來看，今天的父母無疑比以往的父母承受着更大的經濟壓力。

中國人自古以來是重後裔的，即使現代人已逐漸淡化了"養兒防老"或"傳宗接代"的傳統生育觀念，孩子對家庭的重要性仍然是首當其衝的。在我進行的有關現代人生育觀的問卷調查中，79.73％的人認為"有孩子的家庭才是完滿的家庭"，15.46％的人認為"一個人應該有自己的後代"，10.57％的人認為"沒有子女的人到了老年會很孤獨"，6.47％的人認為"真到老了，還得靠親生兒女",也有極少數人(2.29%)生育孩子的動機充滿着盲目性和被動性,僅僅是出於"不生孩子會讓別人認爲是不正常"。

上述調查結果表明,對於當今的大多數中國人來說,孩子是與美滿幸福的家庭生活緊密相連的,因而生養孩子的價值仍然是相當高的,從這個角度來看,現代人的生育觀與以往中國人的傳統的生育觀並沒有本質上的差別,只是過去年代的人更注重生育孩子在滿足家庭的物質需要、養老需要方面的作用,而現時代的人更注重生育孩子在滿足家庭的精神需要,感情需要方面的作用。

在調查中,我曾特意探訪過一些有大學學歷的年輕父母,問他們要孩子是爲了什麼,多數人答"爲了感情有所寄託",少數人答"爲了老時不寂寞",總之都與"養兒防老"有同等含義。"養老"之意即老有所靠,而所謂"靠"則不僅指經濟上、身體上的依靠,同時也包括精神上、情感上的依靠。與老一代的父母相比,年輕一代的父母對子女的依賴性,在"身"的方面也許要小一些,但在"情感"方面則恐怕是有過之無不及,因爲他們在子女身上付出的較多,對回報的渴求也就必然較大。

從調查結果中還發現,在被調查的已生育了孩子的父母中,64.64%的人感到"還是有孩子好,生活充實、快樂";19.40%的人認爲"自己這輩子就這樣了,還是好好教育孩子吧";只有3.73%的人感到"養孩子太麻煩了,眞後悔要孩子";另外,還有9.15%的人對生養孩子影響自己的事業發展略表遺憾,認爲"要是沒有孩子,事業上肯定會比現在有較大的發展"。

當我問及1500名家長,"養育孩子的最大苦惱是什麼?"近一半的人回答,"沒有時間教育孩子"。中國的城市家庭都是雙職工家庭,因而孩子的教育時間問題則是一個普遍存在的社會問題。

當問及"如何處理養育孩子與工作之間的衝突?"46.17%的人答"盡量兼顧,但側重於孩子";23.01%的人是"盡量兼顧,但側重於工作";也有人認爲"工作過得去就行,還是孩子更重要"(9.60%);只有極少數人認爲"孩子過得去就行,還是工作更重要"(2.23%)。顯然,今天的父母多是以孩子爲重,相比較,老一輩的父母當年多是以工作爲重的。由此來看,生育孩子所具有的價值,對現代人來說,比老一輩的父母顯得意義更大。

在調查探訪中,很多母親談到,養孩子雖然很忙、很累,但是感到生活充實、有情趣,甚至認爲如果不生養孩子,業餘時間會無處打發。有些父親則談到,沒有孩子時很羨慕別人有孩子,自己有了後代後儘管家務活多了,但感覺非常好,聽着孩子喊爸爸很自豪。

社會調查顯示出現代中國人在生養孩子方面的幾個基本特點:生育孩子的價值主要體現在情感需求;養育孩子的成本大大高於以往;孩子的消費是家庭的最大消費。另外,養孩子不僅是中國人家庭生活的主要內容,而且也是一個人整個後半生的主要內容。

對於普普通通的中國人來說,養孩子不僅僅是爲了將來養老,也不僅僅是爲了寄託情感、寄託精神、寄託希望,更主要的還是爲了現在的生活,即養孩子實際上就是中國人成年之後的家庭生活和個人生活的全部。

中國人特別看重孩子,是因爲中國人的後半生的生活質量主要是用孩子來衡量的,首先是擁有孩子,這意味着有血緣後代、有合乎中國傳統的正常家庭人口結構;其次是讓孩子過上好生活,這體現了父母的生活意義和勞動的價值;第三是希望孩子有出息,這不僅會使父母臉面有光、內心寬慰,而且會感到一生的勞作都有了最好的結局。中國人把外國人信宗教的勁頭都放在了孩子身上,孩子就是中國人心中的神靈。

後代對於中國人所具有的意義,既是實際的又是抽象的,既是眼前的又是深遠的。人們是通過養孩子來回味自己的過去,也是通過養孩子來充實自己的現在,更是通過養孩子來展望自己的未來。後代是中國人繼往開來的中介。

七·潛在的傳統引力

單位的家族化

　　老馬和老劉是老朋友，老馬在國家機關工作，老劉則是某大學的行政人員，雙方都面臨着子女大學畢業後的就業問題：老劉的兒子在外地院校就讀，所以讓兒子回京是當今老劉家的首要大事；老馬的女兒儘管就在京城上學不存在戶口問題，但在如今女大學生分配難的現狀下，老馬一家也是愁雲密佈。共同的利益使老馬和老劉兩人一起商量，結果是老馬利用自己的各種關係使老劉的兒子從外地院校順利進京並成為自己的部下，而老劉則利用自己的職務之便使老馬的女兒成為自己學校的一名教員。

　　像老馬和老劉之間的這種互助型的交易在我們周圍的生活中是屢見不鮮的，大家都在利用自己的職業資本、權力資本而進行相互間的交換，以解決各種個人問題及家庭問題，而這種利用親友關係解決家庭成員工作問題的現象，最終導致的則是工作單位的家族化。

　　就目前來看，家族化的傾向在各行各業都存在，而越是不需要高深專業技能的行業，家族化的傾向就越是嚴重。在工業企業中，由於有"退休頂替"、"內招"等就業政策的導向，所以企業單位家族化的現象尤為明顯。20多年前，我曾在北京的一家印刷廠工作過，幾百人的小工廠，密佈着各種各樣的親屬關係，一家兩代好幾口人同在一個工廠是極普遍的現象。廠裡職工的子女在找不着更好的職業時，就通過"內招"而成為廠內的職工、父母的同事。記得當年一進廠就有人告訴我，說話要小心，指不定誰和誰就有特殊的親屬關係。

單位家族化的形成還是有很多客觀因素的，如地理因素，像一些地理環境惡劣的工礦企業，職工的來源有限，每個家庭的所有家庭成員都在該單位就業，子女長大後又子承父業，形成後代續前代的血緣、姻緣、親緣多重關係網絡。又如職業因素，像小學男教師擇偶不易，於是將目光對準同事，所以小學教師這一行業的姻緣關係網很發達。

實際上，從單位的職能來看，中國人的工作單位就是一個大家庭，單位要解決所有職工的吃飯問題、住房問題、醫療問題、養老問題甚至子女就業問題，這與一個家庭的職能相差無幾。如果單位的成員多是由錯綜交織的親友關係網組成，包括姻親關係、血緣關係、親屬關係、朋友關係等等，單位的家族性便更具有實質性的內容。

在家族化嚴重的單位中，由於關係網重重，所以人際關係必然很複雜。同時，家長制、一言堂、缺乏民主作風的現象也將成為必然的伴隨物。另外，在家族化的單位裡，還非常容易形成幫派，致使一些個人間的小矛盾極易衍化為幫派間的大爭鬥。因此，單位的家族化將使工作在其內的所有人，包括職工也包括管理者，都會被關係網那無所不在的網結絆住手腳。

除了造成人際關係複雜外，單位家族化還阻滯了社會的流動。由於人們都是在自己的業緣圈子裡利用老關係來幫助血緣、親緣關係網裡的親友解決就業問題，所以社會階層的界限就很難被打破。

我們可以輕而易舉地發現在實際生活中的這樣一個事實,即父母的職業領域常常就是子女的就職所在。也就是說,從我國目前的情況來看,年輕一代的職業流向更趨向於步父輩的後塵,因爲這是就業方面阻力最小的道路。

我所居住的地區是國家各大部委的密集之處,居民以機關幹部爲主,這些家庭的孩子無論是否上過大學,靠着父母的各種關係,進機關工作都是最容易的就業渠道,有文憑的不用說進去後當幹部即可,沒有文憑的則先當臨時工,熬上幾年就可以轉正,算作"以工代幹",再業餘上個"五大"之類的大專班,並混上一張如今從社會上很容易搞到手的大專文憑,然後就可以參加單位的職稱評定,即使只評個初級職稱,也算是正式的國家技術幹部了。看到這一現象,我不禁聯想到我的那些出自工人家庭的大學同學,畢業以後大都在工廠工作,有的人很想向機關流動卻深感不易。從我國的就業現狀來看,"學好數理化,不如有個好爸爸"這句話,的確是一個眞實的寫照。

社會各階層之間的自由流動是社會發展的一種動力,同時也是衡量社會進步的一個標誌。只有當人們是以自身能力而不是家族背景來作爲求職就業的資本時,職業競爭才是眞正意義的公平競爭,同時社會才能通過個人高效力的勞動而被大幅度地推向前進。工作單位的家族化無疑是對社會合理流動的一大阻礙,也必然成爲影響社會發展速度的阻礙因素。

單位家族化是我國普遍存在的一種無可否認的社會現象,其成因涉及到職業特點、地理環境、就業政策、業緣和親緣關係網、家族主義傳統觀念等等諸多社會因素,由此,這是一個在短期內無法解決的複雜問題,但我們至少應當意識到,單位家族化對職工的人際交往、管理者的行政調控以及社會的合理流動等多方面都存在着相當大的負性影響,從而使我們在有限的條件下盡可能地想辦法降低單位家族化的程度。

非常可喜的是，近年來推行的公務員考試錄用制度，使我國機關幹部的傳統人事制度發生了根本性的變化，特別是"公開、平等、競爭、擇優"的錄用原則更是值得稱頌。當然，是否能做到眞正的"平等"是存在疑問的，因爲，到目前爲止，還只有極少數地區是打破身份、戶口、地域等所有界限，使公務員的招考面向所有人，特別是包括農民。但是，此項機關人事制度的改革無疑是對社會合理流動的一個重要保證，至少對我國黨羣機關各部門的單位家族化現象起到一定的遏制作用。

在論資排輩的背後

一位年輕朋友剛剛在評職稱中落選，而作爲競爭對象的入選者其學術成果並不如他，僅因其年齡大、工齡長、資格老。對此，小夥子憤憤不平，逢人便發牢騷。周圍人的勸慰則多爲"你還年輕，着什麼急！"的確，旁觀者幾乎沒有爲他報不平的，大家都認爲他應當耐心"排隊"，不要着急。

其實，論資排輩現象在我國不僅是學術界存在，在其它行業裡也是十分普遍的，而且還是個由來已久的問題。儘管人們在理論上都認爲論資排輩不好，但在各項與選拔評比有關的實際工作中卻還是有意或無意地採用論資排輩的方法。或者說，"論資排輩"雖有不良的副作用，但在沒有更好的用於選拔的"良方"時，卻總是成爲人們首選的方法。

無論是進行選拔還是進行評比都需要有可用於比較的標準，工作成績當然是最重要的標準，但是有很多行業、很多崗位的工作性質決定了個人之間的業績難以進行對應性的比較，於是資歷、年齡、工齡就成了評比的"硬"指標。畢竟，選拔和評比必須有可用於進行相互比較的基本尺度。從實質上看，在我國，"論資排輩"常常是作爲一種平衡手段，用於解決因名額有限而帶來的評選困境。

中國人做事是比較講究平衡的，如果評職稱時，兩個人的工作成績差不多，那麼肯定是要照顧一下年齡較長、資歷較老者。在此，年齡本身就是一種資本，正如俗話所說，"沒有功勞也有苦勞"。更何況，年輕者來日方長，而年長者畢竟前景有限。因此，大多數人都會把同情灑向那些雖平庸但年紀已不輕且久未提升者，而不是那些年輕有爲、懷才不遇者。從效果上來看，"論資排輩"是一項體現中國人平均主義傳統的具體措施，同時也是一種保證員工之間心理平衡的典型的東方式管理方法。

近年來，在高校實施了某些新的職稱改革措施，使一些年輕有爲者能不經論資排輩之道便脫穎而出，一時間，二十多歲的教授、三十出頭的"博導"在許多高校中大量湧現，而這種現象出現在以"論資排輩"爲傳統的社會背景下便顯得格外引人注目。

值得深思的是，任何一種針對某不良現象而提出的改革措施都會爲另一不良現象大開方便之門。如某高校，青年教師提升飛快，其中某一剛30歲的青年教師在剛破格提拔爲副教授不久，即在一年之內又破格升任正教授、博士生導師。而他的業績並沒有相應的輝煌，既沒有獨立著述的理論專著，更沒有獨樹一幟的理論學說，能如此火箭般上升全憑身後有資深的學界長輩提攜。實際上，"破格"制一出台即有人借機扶植自己的學生，以便擴建有利於維護自己學術地位的家族式學術勢力。面對這一現實，有人則認爲還是傳統的論資排輩式的評選標準相對公平合理一些，於是，改革又回到了原來的起點。

中國人是個講究長幼有序的民族，人們在相互攀比時也總是限定在年齡相近者之中。有限的評選名額相當於稀缺商品，爭取名額的人則猶如排隊購買商品，而年長者就意味着排隊等候時間較長者，於是，"論資排輩"的實際作用是作爲對年長者的一種補償。因此，論資排輩的方式在名額有限的評選工作中能起到緩解矛盾、平衡心理的作用。這就是爲什麼當"論資排輩"已被視作貶義詞時，這種方法仍被普遍採用的一個重要原因。

對於一個組織或一個單位來說，"論資排輩"無疑是有利於整體的平衡與穩定，然而對於一個社會來說，"論資排輩"是對社會快速發展的一種阻礙。因爲，"論資排輩"實際上是鼓勵了平庸，鼓勵了"混年頭"，在效果上是否定了進取、否定了創造、否定了人與人之間的能力差異，其結果必然是無工作效率、無生機活力、無突破性進步。然而，從目前來看，取消"論資排輩"後的各種新的選拔方法都未能擺脫人際關係的干擾和制約作用，人爲因素總是以新的弊病來取代舊的弊病，這意味着我們還有待於設計出更科學而完善的人才選拔方法，以及更有效的員工評比方法。

正是由於我國目前還缺乏一整套合理有效的人才選拔制度，所以不配套的改革措施常常被某些人利用來行不正之風，從而使改革後的結果難免有悖初衷，由此，諸如"論資排輩"之類的傳統型員工管理方式在相當長的時間內仍將在我國衆多行業裡起着主要作用。

有得有失的人情網

一個朋友告訴我，他的兒子該上小學了，他隨便一打聽，和他兒子同在一個幼兒園一個班上的二十幾個孩子即將上的小學多達十幾所，上哪兒的都有，其中不乏"重點"、"名校"，而家長們走的

"路子"、拉的"關係"更是五花八門,可謂各顯神通。於是他內疚,自己沒"路子"、缺"關係"只得委屈兒子在家門口的一個很不起眼兒的小學上學,同時也感歎,人家的"關係"怎麼那麼四通八達?

在中國人的社會交往中,建造關係網的確是至關重要的。觀察我們的日常生活,人人都可以發現這個不容否認的事實,即無論辦什麼事,有"關係"就好辦,沒"關係"就難辦。"關係"的效用之所以這麼大,主要是由於它是建立在"人情"的基礎上。

中國目前還是一個物質不發達的國家,同時法規、法制體系不健全,社會服務組織也極為缺乏,由此人們在實際生活中會遇到很多困難與不便,解決這些問題的渠道則主要是通過相互間的互助,而互助的形式就是"關係",制約關係的力量則是"人情"。

關係網實際上是一個以個人為核心的、以若干不同直徑的同心圓構成的網絡,這個網的內容及大小都因人而異,一般來說,網的中心部份是血緣親屬,然後是親朋好友,繼而是同學、同事,靠外圍的則是一些較為寬泛的社會關係。當然,這僅僅是感情上或交往上的遠近親疏關係,至於具體辦事時利用哪一層關係則取決於具體情況,即視具體情況而定。從概念上看,每一張關係網都顯得極為複雜,但在實際生活中,每個普通的中國人都能自如地運用自己的關係網。

有一定職權的人,職位本身就能提供很多方便。因此,越是普普通通的百姓越是需要較大的關係網:家裡電路斷了或水管壞了,常常找不着人修,而如果有"關係",就不會晚上摸黑或家中發大水;家裡有了病人,想上好醫院常常掛不上號,而如果有"關係",就能夠得到滿意的治療;想讓孩子上個好學校或找個好工作,如果有"關係"就容易如願。毫不誇張地說,對於一個中國人來說,關係網編織得如何直接影響到其生活與工作的順利與否。

講人情是中國人的特點，也是社會生活的需要。一個人在自己身處某種困難的時候求助於他人，於是欠下對方一份人情，而償還這份人情債是通過在對方日後有難相求時伸手相助而加以實現。儘管"拉關係、走後門"在輿論上往往被視做歪風而帶有十足的貶意，然而在實際生活中，人情關係網的實際作用就是合作互助網，面對官僚化的現實，"關係"的存在降低了生活的難度。

　　人情債與經濟債有相同之處也有不同之處。相同處就是，有借有還，再借不難。不同處主要有三點：其一是與契約性的經濟債不同，人情債為非契約性的，即人情債是沒有文字合同的，對於雙方，借貸否及償還否均無一定之規限制，償還的時間也同樣無具體的限定；其二是人情債的償還形式不像經濟債那樣僅限於錢財，而是多種多樣，其原則是以滿足對方急需為準；其三是人情債在償還的量上不像經濟債那樣有公認的標準。

　　在有意或無意中，每個人都把自己認識的所有人都歸入了關係網，"認識"本身就是一種"關係"，因此，中國人對待熟人與對待生人是大不一樣的。譬如，上公共汽車，面對一個空座位，如果是熟人，肯定要相互謙讓半天，而若是素不相識者，則一定會毫不客氣地爭搶一番；同樣，如果不小心互相擠着、踩着了，熟人間的反應必然是"對不起"和"沒關係"，而生人間則很可能會爆發出一場大戰。出於需要，出於實用，人們對熟人要注意維護關係、發展關係，因為說不定什麼時候，一個普通的熟人關係就會派上大用場。而對原本不相識的陌生人因反正不會產生互利關係，則大可不必費心思。

　　人們在社會條件有限的情況下，為了較為順利地生存，需要依靠"關係"來打通各種生活中的關卡，而"關係"的盛行則降低了法律條文、規章制度的效用及力度，從而使人們愈發離不開"關係"。這樣就構成了一個惡性循環，法制的不健全迫使人們不得不

七·潛在的傳統引力

依靠人治，而人治的盛行又阻礙了法制的實施。

"關係"不僅融入而且深入在中國人的日常生活中，我們每個人恐怕都曾經歷過靠"關係"來解決生活中的或大或小的難題，從而實現自己的某些或大或小的願望。同時，也很可能經歷過因別人"走後門"而失去了有希望得到的某些機會、利益或願望。也就是說，我們都有得於"關係"並有失於"關係"。因此，在理論上，我們總是痛斥"人情"與"關係"帶來的各種社會弊病，而在實際生活中，我們又不得不積極地投入到"託人情"、"找關係"的活動之中，以使那些在走"正門"時根本無法解決的各種家庭或個人問題得以迎刃而解。

中國人的人情關係網是個十分複雜的概念，而其存在及盛行則有着相當的合理性，即"人情"與"關係"之所以成為我們中國人社會生活中不可或缺的內容，主要是因其對應着我國的現實社會基礎與傳統文化習慣。

科教界的近親繁殖

看到一份學術資料，是關於美國大學不留本校畢業生任教師的報道，具體到我所關心的社會學專業，在按學校名望排列的前10名大學裡，教師隊伍中的本校畢業生所佔的平均比例是8.8%，名望居前三名的三所大學此項比例僅有2.7%，而名望列居榜首者的此項比例則是零。顯然，為了防止"近親繁殖"現象的發生，美國各大學都有着制度上的保證，即使是學業出眾的高材生也很難畢業後留校任教。而美國高校的這一舉措與我國教育界的現實是對比鮮明的，這一差異的存在則很值得我們深究。

在我國，各高校的教師都是以本校畢業生為主的，同一教授的

"徒子"、"徒孫"共濟於一系是極爲普遍的現象,人們對此習以爲常,並認爲這是理所當然的。殊不知,學術上的"近親繁殖"也如同血緣上的近親繁殖一樣是大有危害的。人們都知道,血緣相距越遠的男女結婚,生出來的孩子越聰明;而近親結婚的後代則質量總是很低。同樣道理,學術上的進步也取決於"雜交"優勢,一般來說,不同學術背景的人合作更容易實現重大突破,而同一學校的教育產品,同一"師傅"帶出的"徒弟",則難免會保留和延續着共同的缺陷。

從更深一層分析,學術上的"近親繁殖"在我國由於文化上的特殊性而有着更嚴重的危害。因爲,按照我國的習俗,一日爲師,一生爲父。中國人對父親自然是只有尊敬、孝順,而不能有任何忤逆。所以,對於學長、先師,中國的學生只可能是一生追隨、永遠繼承,而"超越"是不敢想或不敢做的,"背離"則更被視做忘恩負義之舉。於是,後輩停滯於前輩之業便成爲必然結果。這就是我國科教界、學術界缺乏活躍氣氛、缺乏對立學派的一個重要原因。

不久前,曾在書店裡看到某高校新出的一套學術性的叢書,主編是位博士生導師,各本書的作者都是他的學生。我發現,在每本書的前序或後記中,作者們都極力謳歌導師的學說與教誨,有的乾脆在書中單列一章以示效忠,令人明顯感覺到這是一種很不正常的現象。

從近年來的情況來看,我國高校中的"近親繁殖"現象似乎是越來越嚴重了,導師們總要竭力幫助自己的學生留校,而學生們也多願意繼續留在導師的門下,這裡存在着顯而易見的師生互惠關係。對於導師來說,讓手下的人都是自己的學生不僅易於領導、辦事方便,而且有利於自己多出成果、快出成果。譬如,有的導師讓學生做實驗、搞調查及寫調研報告,自己則在此基礎上著書立論,出了書卻只署自己的名字;而有的導師因自己的知識已老化,創新已很困難，於是自己做主編，讓學生做具體的研究工作，在此，導師實際上是在坐享學生的勞動成果。對於學生來說，依靠導師的權威地位則可獲得多方面的好處，包括可以較容易地出書、晉升職稱以及得到出國機會等等。

其實，最令人擔憂的還不是"近親繁殖"現象本身的存在，而是國人對此的不以爲然的態度。長期以來，在我國科教機構的人事管理上，不僅沒有制度上的保證以限制乃至杜絕學術界"近親繁殖"現象的生成，而且還存在着各種優惠政策以有利於本校生的留校，即現有的人事管理制度實際上是在保證着"近親繁殖"現象的生存與蔓延。其根源在於，我國的人才管理體制始終缺乏科學化與規範化，現有的管理制度的制訂並不是來自科學研究的結果，即管理者階層幾乎沒有人認眞研究過以什麼樣的合理人才組合才有利於科學研究的快速發展，以及有利於多出創造性的成果。在我國，有關科研、教學的管理部門一直被作爲後勤部門而局限於處理各種瑣碎的行政事務，沒有人關心如何使各項管理制度特別是人才管理制度能對科教事業的具體發展起到積極的推動、促進作用。

就實質而論，中國人的師生關係含有濃厚的家族意識，這實際上是一種擴展化的家族關係。對於現代社會、現代科學、現代學術來說，這種傳統性質的師生關係含有阻礙科教事業正常發展的落後因素。因此，意識到"近親繁殖"對科教、學術發展的阻滯作用，並從人事制度和人事管理上採取具有防犯性的對策應當是現代科教管理者的明智之舉。

爲文憑而讀書

某地農村教師在鼓勵鄉下娃兒們努力讀書、爭取考大學時，提出的口號是："脫了草鞋換皮鞋。"這句簡潔的口號，形象而逼真地道出了農村孩子考大學的根本動力。其實，城市裡也如此，城市家庭的父母們在督促自己的孩子好好學習時，總是以那些社會地位不高的體力勞動者作爲反面教材，譬如，有的家長指著正掃大街的清潔工人對自己的孩子說，你要是不好好學習，將來長大了就只能幹這個。在此不難看出，無論對於城市人還是農村人，讀書本身都不是目的，而是一座通往好生活的橋樑。

中國人對待讀書的態度歷來是非常功利性的，古時讀書是爲了做官，學而優則仕，其實質是爲了生存得更好，因爲只有做了官才能吃國家的俸祿，不僅可解決衣食住行，還能有比較體面的社會地位，正所謂"書中自有千鍾粟、書中自有黃金屋，書中自有顏如玉"。到如今，人們對待讀書的態度並沒有多少本質上的變化，對於農村的孩子來說，考上大學最重大的意義就是跳出"農門"、擁有了城市戶口；對於城市的孩子來說，上大學最重要的原因是爲了更有利於找個好工作，其根本點還是爲了能在社會上更好地生存。社會上幾次泛起的"讀書無用論"的風潮，都集中體現了中國人功利化的讀書觀。事實表明，普通中國人刻苦學習的真正力量是來自生存動力而不是來自求知慾望。這當然與中國人的生存狀態欠佳有關，而當生存問題位居首位時，出於求知的讀書慾就不太可能產生。

讀書的目的一旦確定爲謀生，讀書本身有沒有興趣就不在考慮之列了。對於沒有興趣的讀與學，如要堅持下去，則只好依靠"頭懸樑、錐刺骨"的毅力來完成。在大多數中國人的心目中，讀書是沒有樂趣的，需要伴"寒窗"而"苦讀"，學習則是一件艱辛之事，需要像打仗時攻佔山頭那樣去"攻讀"。我曾經採訪過一些小學生，問他們"學習好玩嗎？"只見他們像背書一樣異口同聲地回答，"學習不是好玩的事，要刻苦努力"。在一般的中國人看來，讀書、學習是與"快樂"毫不相干的,但卻與"苦"字密切相連。有一幅流傳很廣的對聯則恰如其分地描繪出中國人的這種"苦味"讀書觀:"書山有路勤為徑,學海無涯苦作舟。"

讀書如果只是為了文憑,那麼文憑拿到手之後,就不會再有人繼續刻苦攻讀了,所以,都說中國人善考試而不善創造,恐怕一個重要原因是由於很多中國人學習的最終目的是在於考試過關、拿文憑,而不是求知性的研究與創造。我們不難發現,有了夠用的文憑的人大都不再有原先那份看書學習的勁頭了,更不用說搞創造發明。讀書被作為一種謀生手段,決定了人們把更多的精力放在應付考試、拿文憑上,而不是探求知識的本質,於是便很難品嚐到來自探索知識的快樂。毫無疑問,反映在讀書、升學上的強烈的功利性,壓抑了我們在求知方面的天然心理慾望以及來自好奇心的自發學習動力。

社會對文憑的強調使文憑成了一種通行證,為了保證在走某些道路時可以比較容易通過,很多人是在勉強地違心學習,這樣的過程無疑是很苦的。與此同時,學歷則成為人們評判一個人能力的客觀標準。中國人一向是比較喜歡用外在的標準來判斷事物,因而文憑和學歷便成了重要的標尺,為了文憑而吃的苦則可獲得非常重要的實際回報,不僅是可使草鞋換皮鞋、布衫換綢衫,更重要的是使鄉下人變城裡人,使無地位者變有地位者。

不只是中學生們為了文憑而考大學,而且各行各業的在職人員也為了文憑就讀於各種各樣的社會民辦業餘大學。從表面上看,這是讀書熱、求知熱,而從實質上看,這僅僅是文憑熱。由於大家追求的是文憑而不是知識,所以考試作弊、買賣文憑、製造假文憑一時成風。結果是,沒看到人們的文化水平有多大提高,卻看到具有大專學歷的人數比例與日劇增。文憑熱發展到現在,不僅大專、本科的文憑可以用錢來買,而且碩士、博士的文憑也可以與金錢進行交換。文憑原本是學識的標誌,是一定程度的學習經歷的證明,然而,在濫發文憑的今天,文憑的眞正作用已大打折扣。

人們在判斷讀書的有用與無用之時,習慣用讀書後所獲物質利益的多寡來衡量。正是讀書與求知的脫節以及求學的功利色彩,使我們不易看到書山裡的趣味、學海裡的甘甜。因此,在當今社會上,爲文憑和學歷而爬書山、游學海的人很多,但是眞正爲知識本身的魅力所吸引的人就極爲有限了。然而,進入高科技時代的社會需要越來越多的富有創造能量的高科技人才,這些人才必然是熱愛科學、獻身學問的求知者,這就要求學校與社會在對學生讀書求學的導向上要有根本性的轉變,否則,我們將很難培養出滿足社會需要的眞正人才。

新的求職熱點

回想 80 年代初,恢復高考後的頭兩屆大學畢業生都非常講究專業對口,而且以站在科研第一線爲自己的職業追求。所以那時的大學生多是去研究所、工廠,並從事着非常具體的科研項目和工程項目,而去機關的人則很少,當時的人們甚至認爲只有專業不行的人才去機關工作。但近兩年來,國家機關的"公務員"已成爲青年人求職的新熱點。對於大學畢業生來說,與前幾年競相去涉外企業尋求發展形成鮮明對比的是,他們又開始湧向國家機關的"公務員"應聘考試。據報載,某省面向社會招考 684 名公務員,前來應考者近萬人。又有某市,欲招公務員 216 人,而報名者爲 2019 人,具體到某部門,僅需招 1 人,報名者達 84 人。

在我搞的問卷調查中,家長對孩子未來職業的期望,"機關幹部"是排在第四位。然而,很多大學畢業生則把進國家機關或相應的事業單位成為自己的第一職業選擇。有一位大學工科畢業生，在經過1:20的競爭之後謀得了某機關"辦事員"的工作，具體的工作內容就是，接電話、發文件、做各類會議的會務員。我很有些不解地問他，"你既然是學工科的，難道不覺得這工作與你的專業離得太遠嗎？"他的回答很乾脆："總比去工廠強！"

　　加入到報考公務員熱潮中的年輕人當然有着各自的具體想法，但是看好黨政機關工作的輕鬆、穩定、福利待遇優越等條件的人居多數。譬如一位應考者說："機關裡的工作環境相對要好一些，也比較輕鬆，事業上能有所發展。但我主要考慮的是待遇問題，房改後很多單位都不分房子，聽說進了機關就能解決住房，加上其它的福利保障，綜合算起來要比企業好。"

　　有關人士對如今大學生不願去基層感到憂慮，並呼籲對此風向應加以扭轉。依我看，這是不可能的。中國人是很實際、講實惠的，上大學就是為了能找個好工作，所謂好工作就是社會地位較高、掙錢較多、工作條件較舒適且工作具有較大的穩定性。如今的工廠效益好的不多，科研院所則都缺少研究經費，相比之下，國家機關的好處就太多了，首先是有房，誰也不能否認，國家機關在我國是各行業中最有房的地方；其次是工作穩定，儘管多年來的改革已打破了很多行業、很多職業的"鐵飯碗"，但國家機關一直是個改革的避風港，在這裡似乎永遠也不會受到"效益不好"、"下崗待業"的威脅。即使是經歷了各大部委的大調整、大減員，被精簡下來的機關幹部也僅僅是分流，而不是下崗，所謂分流多是分至原單位的下屬機構繼續蹲機關，何況還有進高校深造乃至出國深造等更誘人的分流途徑。

　　前幾年，在經商熱的大潮中，有不少機關幹部認為機關是個清水衙門，掙的錢太少，與掙錢多的人比在經濟上心理不平衡，於是"下海"了。然而，這兩年來，"下海"經商的人"上岸"的越來越多起來。有個機關幹部幾年前停薪留職、下海經商,由於錢掙得很順利,所以一直有如魚得水的良好感覺,可不久前得了一場大病而且很快轉成了慢性,病癒的前景渺茫,一看到要花費大筆的醫藥費,他立刻回原單位上班了。人們很清楚,儘管工礦企業總有開不出職工醫藥費的,但國家機關是永遠不會有這種現象的。有的人則覺得掙錢多的地方太辛苦,不如機關裡舒服,譬如一位報考公務員的年輕人說:"大學畢業後,我在一家三資企業工作,太累了,也不想掙太多的錢。"不過,看中機關工作穩定的人還是居多數,譬如大學畢業後已在外企幹了五年文秘的張小姐,正當老闆打算提拔她時,卻辭職而去。她來到人才市場,想當"幹部",希望能找一個比較穩定的工作,以使終生有依托。

有個在外企工作多年、收入不菲的同學最近一心一意要鑽到機關裡,一問原因是家中無房,想靠進機關分套房子。問他爲何不自己買房,他說,一來是錢還沒多到能買得起房的地步,二來是看機關裡的人過去不花錢現在少花錢就有房住,自己卻要拚命掙很多錢去買房實在划不來。

機關裡的好處,除了房子多以外,沒在機關呆過的人恐怕看不太清楚,只有在此行幹過的人才深有體會。一個年輕朋友曾在某部委的一個很有實權的部門工作,因爲學歷高、又很能幹,結果很受上級重用,他被提拔得也相當快,僅兩年就從普通科員升到了正處。但作爲一個來自窮山村的貧困家庭的長子,考慮到眾多弟、妹的學費,他在百般猶豫之後棄政從商了。經商之前,他總把自己具體工作中的高成功率全部歸功於自己的能力,但是經商之後,他才切身體會到,以往的工作能順利開展主要是由於身處要位並掌管了一定的權力。"處長"在北京的國家機關裡是個很小的官位,這使他在機關工作時並沒意識到這個職位能有多大權力,但是離了任之後,他才深刻體會到這個小小的官職實際上對自己的"公務"和

"私務"都帶來了極大的方便。在充分意識到權力的分量後,他決定,一旦家庭的經濟困境得到緩解,他將盡快地回到原單位工作。

記得1988年我研究生畢業時,發現一些同學的求職方向是國家機關或某些機構的行政部門,仔細一問是想去當官,我當時很不理解,認爲既然不打算做學問又何必讀研究生。實際上,考學的時候,多數同學還都是想鑽研學問的,但是幾年的社會變化所帶來的社會現實,使不少人改變了初衷,而當"官"所能帶來的各種物質上和權力上的誘惑是最明顯的。

重官職、輕知識是中國自古就有的傳統,所謂"萬般皆下品、唯有讀書高",是因爲讀書可以通向"學而優則仕"。即使到了今天,一個人無論有多大學問,如果沒有官職,就沒有相應的地位、相應的工作待遇和生活待遇。譬如,著名數學家陳景潤早逝的直接原因是擠公共汽車時摔倒致病發,試想,一個與陳景潤同等級別的在國家機關或政府部門工作的官員是無論如何不會死於擠公共汽車的,因爲有着"車接車送"的職務待遇。

國家機關是"官本位"的大本營,在此,一個人的一切待遇都是根據官銜的大小來確定的,包括工資級別、住房標準、醫療保健等級、出差時的住宿標準、乘坐各類交通工具的標準,乃至離退休的標準等等,而與個人的切身利益連得最緊密的則莫過於住房標準。在機關,一個人住房的多寡是根據其職務的大小來決定的,即官當得越大,房子就分得越多。毫無疑問,要想不花錢或少花錢來改善個人的住房條件,進機關從政是一條極爲實惠的道路。

然而,對於機關幹部來說,職務晉升所依據的標準是什麼呢?這可是個大難題,其他行業都有硬指標,像工廠有產量、有工程進度和質量,科研院所有科研課題等級,教師有學生的分數,醫生有門診率,新聞機構有採編文章的優劣及字數。相比之下,機關工作的性質似乎決定了其工作內容難以找出可用於進行評比的數量指標和質量指標。由此不難看出,機關幹部的升遷是個"黑箱",具體過程是沒人能看到的。當然,有關什麽樣的人會得到提拔,在機關裡工作的人多少都能從實際工作中有所領悟。具體到幹部的晉升標準,也許不同的單位有着不同的細節要求,但有一條是在全中國都通用的,那就是人際關係要好,而最重要的人際關係莫過於同上級領導的關係。毫不過分地說,搞好人際關係是機關工作最重要的內容,更是職務晉升的最重要內容。

前不久,北京市公開選拔招考副局級幹部,這顯然是一項有關幹部晉升制度的新舉措,也無疑是加大了幹部晉升過程的透明度,同時也體現了公平競爭的原則。然而,公開招聘的人數太少,使這種幹部選拔方式僅具有象徵意義。另外,報考的條件中有任處級若干年的要求,使那些雖有管理才華卻因客觀條件限制而未能晉升處級的人失去報考的資格。

我國的機關都是採用科層制的組織管理體系,然而,管理人員的晉升卻沒有正規的考核制度,只是靠上級提拔自己的下屬。在走後門和關係網盛行的中國,已從人事制度上保證了每個單位都存在着大量的裙帶關係,而上級任命式的幹部選拔方式則無疑是爲任人爲親者大開方便之門。

機關之所以成爲新的求職熱點,是因爲它是一個萬寶箱,能夠同時滿足多種人的需求。包括一些有志爲官從政、胸懷政治雄心或野心的人;也包括一些只想混個一官半職、撈幾間房住、捧上一個鐵飯碗的人;還包括一些先以工代幹、然後曲線轉正的人。

當經濟改革這把大笤箒掃遍了各行各業,使各行當的人都有了不同程度的職業危機感時,人們突然發現,作爲政府部門的國家機關是個舒適而安穩的港灣,這裡不是經濟領域,不屬於經濟改革的範疇。當然,最實惠的是,這裡不是生產和服務業的第一線,不會有體力上的操勞;這裡也不是科、教、文、衛業的第一線,不會有腦力上的操勞。

求"安全"和"穩定"是中國人的傳統習性，因此，那些能給人帶來高安全感且具有高穩定系數的職業，總會成為多數中國人的求職意向。由此，從業人員向機關流動的趨向反映了中國人躲避市場競爭的壓力、求安穩的社會心理。

都市裡的鄉情

有位南方朋友對我說，他每次來北京，一站在天安門廣場就有一種自豪感，一看到毛澤東和孫中山的畫像就自豪地想到，中國的歷史總是由南方人統治北方人。由於他的話既令我震驚又使我倍感意外，所以印象特別深，結果我一站在天安門廣場就想起這位仁兄的此句名言，那原本是非常模糊、非常淡漠的南北概念便混雜着十足的困惑而促使我進一步地思考。

朋友在對我說這句話的時候並沒有把我當做北方人，儘管我是土生土長的北京人，只是由於我的父母均是南方人，他便想當然地把我劃歸為南方人的後裔而併入了南方人的行列。實際上，在此之前，由於缺乏地緣意識，我從來沒想過自己應算南方人還是應屬北方人。不過，確切地說，我這類人應當算是遷移至北方的南方移民的第二代。

北京可算得上是一個移民的城市，像我這樣的"二代移民"很多，對於父輩們操着南腔北調的語言大雜燴可謂司空見慣。有趣的是，當北京作為全國各地人的大熔爐時，作為"土著"的"老北京"人倒似乎成為少數而退居次要的地位。也許正是北京這個城市的人口所具有的移民性，造成了北京人比外省市地區的人們有着較弱的地緣意識，外地人也多認為北京是中國最缺少排外意識的大都市。然而，隨着當今民工潮的湧起，外地打工者已將濃厚的地緣意識帶進了京城，同時也將複雜的地緣關係網遍撒京城。

鄉下人進城打工幾乎都是首先靠地緣來打下最初的基礎，鄉土意識把同鄉人聯結得如同大家族一般。其實，代表地緣意識的"同鄉聯誼會"之類的組織在部隊和大學的校園裡也非常盛行，即使是地緣意識被公認為較弱的北京人，到了外地也概莫除外。有位北京人到外地去上學，一下火車就看見有一大羣人舉着"北京同學聯誼會"的大橫幅在迎接他。可見，注重"鄉情"和"地緣關係"是各區域中國人的普遍特點。

從概念上來看，同鄉關係的聚集力是在於同鄉間存在着有利於相互交流的共同語言，因為"同鄉"就意味着方言相通、飲食相同、風俗習慣一致。然而，同鄉關係所具有的更重要的意義在於，按照中國人約定俗成的文化規則，在遠離家鄉的地方，同鄉之間有義務互相幫忙、共渡難關，即以聯合起來的力量來解決生活在異地他鄉的各種困難。

我父母家曾僱過一個安徽保姆，老太太60多歲，做了一輩子保姆，雖然不識字、沒有文化，但走南闖北地倒也很有些見識。她因德高望重被"安徽保姆同鄉會"推選為"會長"，這一會名是我硬安給她們的，而她們自己則只是把這個組織稱之為"我們起的那個會兒"。我看到，這位老"會長"把全部的業餘時間甚至某些非業餘的時間都花費在"會兒"裡的活動上，最主要的內容就是為新來的會員介紹需要僱保姆的人家，以及為不滿意現任工作的老會員傳遞跳槽的信息。"會長"還時常要傾聽那些在僱主家受了委屈的年輕會員的哭訴，同時做些勸導和思想工作。"會員"們則依靠這個組織瞭解北京的保姆市場行情、疏導各種心理煩惱以及排解鄉愁。值得讚賞的是，這些平均文化水平很低的農村婦女能夠在異地他鄉自發地組織起來，團結互助。

上述的這種同鄉會實際上是地緣與業緣相結合的產物，會員們不僅來自同一方地域，共操同一種方言，而且還共務同一種職業。由此，這種同鄉會不僅有利於鄉親之間的生活互助和情感寄託，而且有利於會員之間的職業"工作交流"。這類自發的民間地緣組織不僅在北京，在全國各地都十分普遍，反映了中國人普遍存在的幫會意識。從實質而論，"同鄉會"就是人們在陌生的環境下利用羣體的力量來提高個體生存能力的一種非正式的組織。

無論是按南北劃分，還是按省市劃分，中國人都很習慣地將自己歸屬於一定的地域，而這種地域歸屬實際上是一種以地緣為核心的組織歸屬，同時也是一種生存技術。然而，值得指出的是，儘管這類地緣組織是出於人們的生存需要並滿足了人們一定的生存要求，但其本質卻是封建的宗族意識，是與現代社會的現代意識不相一致的，並終歸會在各種人際糾紛中爆發出強大的破壞力，從而對社會的穩定構成威脅。

職權培植的官氣

一位在機關工作的朋友正負責單位裡的文件彙編出版工作，忽然接到出差的任務，他便把還未完成的印刷品的後續工作交給了我，因為印刷廠是我幫他聯繫的。要幫的忙其實很簡單，只是在印刷裝訂完畢後，給他的單位打個電話，讓對方派人把印刷品拉走。按說，東西拉走後就沒我的事兒了，可該單位一個電話打過來，說是印少了，打電話的人居然也不通姓名，語氣語調都充滿着火藥味，儘管那不順的"氣兒"是朝着我那位朋友發的，可我這接電話的外人卻在承受着。幾句話之後就搞清楚了，原來是他自己算錯了。令我驚訝無比的是，這位"未知"人居然沒露絲毫歉意，連

"對不起"、"謝謝"、"再見"之流的客套話、結束語都沒說就斷然放下了電話。

等朋友出差回來後我問他，那打電話的人是誰，朋友答，能那樣說話的人還能是誰，當然是部門領導了。看朋友對"官氣"那習以爲常的樣子，想必是早已承受慣了，使我頓生悲哀。沒過多久，就聽朋友說，他的那位令我很反感的上司因經濟問題被撤職了，不過沒等我笑開顏，又聽說那人的職雖撤了卻仍保留原來級別的一切待遇。

機關是我國最具典型科層制性質的工作場所，也是官本位最明顯的地方。在此，不僅因職務而設各種權力，而且因職務而設各種優惠，後者起因於何還有待探討，前者的起因或初衷則的確是爲了保證科層制的工作效率。

科層制也稱官僚制，是現代社會比較通用的管理體制，在我國已有着悠久的歷史，它的優缺點顯然是並存的。科層制在劃清職責範圍、提高工作效率的同時，也構成了人的等級劃分並因此而導致了人們的等級意識，這一切都爲"官氣"的培養打下了雄厚基礎。

從科層制因職設權的本意來看，人只是相當於行政機器而服務於職務並在職務範圍內盡責，但在實際生活中，由於我國現有的只升不降的幹部晉升制，而使科層制中原有的"因職設權"演變爲"因人設職"以及"因人設權"。當職務、權力以及相應的優惠與個人緊密地聯繫在一起的時候，"官氣"的形成與發展就在所難免了。

中國是個等級意識非常強的社會，不僅有着重視權力、追求權勢的文化傳統，而且每個人都無一例外地從小接受了服從權威的社會化訓練。從家庭中的長幼輩份關係，到社會中的高低職務關係，人們都有着嚴格分明的身份、地位概念。每個人在與他人交往時，都是根據對方所具有的身份、地位來採取相應的態度，包括稱謂、說話的語氣乃至遣詞造句。也正是因爲人們對待職務等級的特定態

七・潛在的傳統引力

度,使爲官者、有權者產生了高人一等的自我感覺以及以權壓人的行爲表現。

其實,因職權在手而盛氣凌人者並不一定都是當"官"的,即"職權"的含義很廣,不僅僅指有行政職務和行政權力的官員,而且包括有職業權力,能夠決定和制約別人之需求滿足的人。在各行各業裡,我們都可以輕而易舉地觀察到或親自接觸到各種各樣利用職務或工作權限"惡"待他人者,如醫院裡厲聲呵斥病人的醫生、護士;商店裡用尖刻語言對待顧客的售貨員;學校裡辱罵學生的教師;公司裡冷漠無情的辦事員等等。總之,在社會中到處都可以見到,以權勢或職務的優勢居高臨下對待他人的現象。

應引起我們注意的是,在這些"不善"的形象中,不僅有他人的縮影,也有我們自己的縮影,也就是說,當我們作爲服務對象而享受其它行業輸出的服務時,我們常常是處於不被善待的地位,而當我們在自己的職務範圍內爲他人服務時,又往往是有意無意地成爲"惡"待他人者。這裡似乎存在着一個不良循環,即人們在其它行業受到不佳待遇後,因更加懂得職務權限的珍貴而加倍利用自己手中的職權,使自己能夠凌駕於被服務對象之上,以期實現心理平衡。

各個職業都有其相應的特權,掌管着爲他人所需的某種"資源",下屬甘願承受上司的專橫,是因爲上司掌管着他的職位升遷和獎金分配;病人忍氣吞聲於醫生護士的惡劣態度,是因爲他正患病需要醫治而不得不依靠醫生的醫術和護士的服務。在這種不平等的關係中,一方是爲了改善現有的困境而不得不屈於服從的地位,一方則是意識到自己擁有別人之所需而處於支配地位。人們在相互交往中,總會因爲各自擁有着不同質、不同量的"資源"而使相互間的關係形成相對的等級差別,我們中國人總是特別善於利用這種差別來表現等級之間的距離,並不失時機地表現職權上的優越感,以及強調權威與服從之間的對立關係。

從整個社會的角度來看，各行各業的職務分配實際上是人類互助的有效形式，每個人都同時是服務於他人者和被他人服務者，尤為重要的是，每個人都是在一個方面作為服務者，而在多方面作為被服務者。因此，要想使人類社會這部大機器良好地運轉，就必須使人人都形成尊重他人的意識並構成友好待人的社會風氣，與此同時，改善行業作風也是必不可少的精神文明舉措。

是誰把她逼向刑場？

讀到媒體報道的一則案例，題為《丈夫把妻子逼向刑場》，內容是一個老實本份的女人受到丈夫長期的殘暴虐待，三次上訴離婚，法院均因丈夫有悔改之意而未判離，最後的結果是，絕望中的妻子不堪忍受虐待而放火燒死了其夫，自己也因此走上了刑場。

看完此報道，我發現，題目改成《法院將她逼向刑場》似乎更恰當些。以前看過很多案例，某些女人對待家庭暴力是採取謀殺的手段，而媒體與法律界則總是告誡人們不要用極端方式而要學會依靠法律來解決問題。此案例中的女主人公並沒有忘記走法律程序來擺脫一個惡棍丈夫，然而，法院居然三次都沒有判離。於是，這個女人面前就只有兩條路，或是忍受暴虐直到自己被虐致死，或是設法殺死對方。

對於離婚案，只要夫妻中有一方不願離，法院便不會輕易判離，這在我國是一個極為普遍的現象。按照中國的傳統觀念，結婚是好事，離婚是壞事，因而"能不離就不離"的潛意識不僅存在於普通百姓的思想裡，而且也影響着執法人員的辦案過程，於是"能不判離就不判離"成了辦理離婚案的基本原則。由此，儘管"離婚自由"在法律條文中得到了保證,但在現實中卻並不容易實現。

最近,有部被稱爲《婚姻家庭法》的草案出台,意對現行《婚姻法》進行修改,其核心內容是控制離婚和反對婚外戀,此草案還規定,將夫妻分居三年作爲法院判決離婚的標準之一。對此,有擁護者,認爲此草案若能通過將有利於維護家庭和社會的穩定;也有反對者,認爲這是中國婚姻家庭理念的倒退。其實,"倒退"是顯而易見的,不管是什麼性質的倒退。因爲從實質上看,這個草案並沒有什麼新內容,而只是回到了歷史中的某個階段。

我們不難想像,由於傳統觀念的制約,在有法律保證的前提下,離婚都處於不太自由的狀態,如果再進行控制離婚,則"離婚自由"必然不復存在。我們也不難推斷,當法律沒有爲人們提供足夠寬餘的合法途徑來解決離婚問題時,那麼採取極端方式的現象就必然增多,如此,社會的穩定又從何談起。

縱觀世界各國的歷史發展,離婚率是隨着社會的發展而不斷提高的,因而,離婚率的升高並不意味着社會的不穩定,而是文明發展的必然產物。中國人以前的離婚率低是以低婚姻質量爲代價的,隨着人們追求高質量婚姻,離婚率必然要上升,這不僅不是什麼壞現象,反而標誌着中國人的婚姻質量在提高。

新草案對維護既定婚姻、降低社會離婚率方面考慮較多,但對個人的合法權利考慮較少。婚姻不是抽象的東西,是由兩個人組成的一個生活共同體。夫妻雙方只要有一方不希望繼續加入這個共同體,即使另一方不改初衷,婚姻的實際意義已不存在,即婚姻關係破裂。我國以往對婚姻的二人關係總是缺乏足夠的認識,當夫妻中有一方不願離婚時,法院更多地是站在維護婚姻的這一方,調解、說服另一方繼續保持婚姻關係。在這一過程中,調解往往變成了壓力,無形中又構成了強制,這無疑是對人身權利的一種侵犯。另外,以勉強一方所維持的婚姻必然是低質量婚姻,而這樣的婚姻對於當事人雙方都無幸福可言。注重婚姻形式而忽視婚姻質量也許是這個草案最致命的缺陷，這也是中國人在對待婚姻的態度上長期存在的問題。

新草案的制定者認為，法律把"相互忠誠"視為夫妻的義務，就是要把婚外戀情和婚外性行為視為非法。然而，什麼是婚外戀情？如何定義顯然是太困難了，這無疑為各種冤假錯案打下伏筆。婚外戀是個複雜的問題，對這樣一個複雜問題，以簡單含糊的法律條文加以處置，必然是後患無窮。

尤為重要的是，婚姻是兩個人之間的私事，如何限定婚姻關係則只與夫妻二人有關而與別人無關。因此，夫妻之間有沒有"相互忠誠"的義務必須由當事人自己決定，而不是由統一的法律來規定。也就是說，夫妻之間既可以建立"相互忠誠"的契約，也可以實行"相互自由"的協議，這純粹是兩個當事人自己的私事，別人是無權干涉的。法律則應保障這種天賦人權，而不是強制所有的人服從某一種道德標準。

支持新草案的人認為，現行《婚姻法》使離婚太容易，致使許多婦女操勞半生後孑然一身，有的還得不到足夠的孩子撫養費。對於這類情況，原婚姻法是應當修正，但不是靠嚴把離婚關的方式，而是通過增加經濟補償的方式來予以解決。

通姦罪在我國的現行婚姻法中已被取消，這是被發達國家視作原始社會的野蠻痕跡而早在半個多世紀以前就被取消了。追究婚外戀的法律責任即意味着通姦罪的成立，這無疑是一種歷史的倒退，抑或是文明的倒退。當離婚與婚外情同時受限時，則意味着那些掙扎在死亡婚姻中的當事人既離不成婚又沒有再戀愛的權利。從人性角度來看，這無疑是不人道的，也是不合理的。

法律首先做的應是尊重和保護人的基本權利，包括結婚自由、離婚自由、移情別戀的自由。至於夫妻一方的婚外戀是否損害了另一方的婚姻利益，完全可以通過相應的法律程序予以解決，包括離婚、經濟賠償等等方式。

法律並不等同於道德，法律要做的是維護人的正當合理的權利，而不是進行道德判決。然而在中國的司法界，我們常常混淆了法律與道德之間的差別，使法官充當了道德審判官的角色。同樣，一些法律界人士往往習慣於從維護傳統道德觀的角度而不是從維護個人天賦人權的角度設立法律條文。由此不難看到，我們國人對人的基本權利及法律的基本目的是廣泛缺乏認識的，因而全體國民的人權意識和法制素質亟待提高。

年齡與人生安排

有這麼一家人，兩口子守着獨生女兒總是發愁，前幾年孩子在上高中時，與班裡一男生關係過度密切，這對夫妻由此而愁得不得了，怕女兒早戀，怕影響學習，怕"出事"，結果那兩年這一家子總是處於緊張激烈的紛爭之中，直到孩子考上了大學為止。當然，在這期間，父母戰勝了孩子，女兒與班裡的那個男生徹底地斷了來往。孩子說大就大，一晃兒這家女兒就二十三四歲了，當得知女兒在大學的四年裡居然一個男朋友都沒找，當家長的又愁起來了，尤其是做母親的，四處張羅着為女兒物色對象，生怕女兒邁入大齡未婚女的行列。誰知女兒對母親說，她對結婚不感興趣，這輩子都不想找男人。母親聽後不僅是急而且是氣得不得了，對女兒說，不結婚是絕對不行的，別人會說我們家的女兒嫁不出去。於是，這一家人又處於新一輪的緊張激烈的紛爭之中。

這樣的事例在中國的家庭中是非常普遍的，對於中國人來說，每一個年齡都對應着相應的人生任務，每個年齡階段都要達到一定的人生目標，正如古人言："十五志於學，三十而立，四十而不惑，五十知天命，六十耳順，七十不逾矩。"古人按年齡做的人生安排至今影響着我們，在求學的年齡要以學爲主，早戀是要受到譴責的。到了婚嫁年齡，則要積極擇偶、組建家庭，否則就會被視作不正常。一個人如果過了而立之年，甚至不惑之年還沒有結婚，或者是雖結了婚卻還在忙於求學而不是立業，則都將遭到周圍人的熱烈議論，成爲大家茶餘飯後的談資。

我30歲那年，讀研究生還沒畢業，在我母親看來，求學即使不是什麼恥辱的事，但到了而立之年，我還只是一個靠獎學金度日的學生卻不是一件值得誇耀的事情。我的一位老年親屬甚至帶着可憐兮兮的語調對我說，"你這是讀老學啊！"無疑，當時的我在老輩人的心目中就猶如科舉時代的老童生。在實際生活中，中國人往往是依據年齡與人生安排的對應性，來作爲判斷一個人的生活是否正常、是否符合社會習俗的基本標準。

年齡與人生安排的嚴格對應性不僅造成了中國人的生活方式是比較刻板的，而且也是造成我國婚姻質量低的一個重要根源，不知有多少人是迫於年齡與婚姻的對應性而草率、倉促成婚的，不知有多少人爲了符合固定的生活模式而刻意扭曲自己、勉強自己，從而導致了一生的不幸。年齡與學業的嚴格對應性則造成了中國人僅僅在青少年時致於學，教育被限定在人生的一個特定階段中，正如俗話所說，"三十不學藝"。由此，中國人在求知方面是很有墮性的，如果沒有外力的促動，如求職的需要或本職工作的需要，離開學校的人是沒有繼續學習的動力的。至於中老年人，則更不會再學習新東西，而且不僅如此，過了青年期的人們甚至是羞於學或恥於學習新東西，結果只能是靠年少時學得的老本"混"度後半生，這是造成我國人力資源的利用率低、社會進展緩慢的一個潛在因素。

在傳統的中國，老年人總是智慧的象徵，即智慧被認爲是與年齡成正比的，因此，對於以往的中國人，總是晚輩向前輩學習，中老年人則總是處於向青年人傳授經驗的位置，如此，知識、經驗的傳遞在代與代之間總是單向的。

中老年人學習新東西有羞恥感，一方面是來自他人的議論，如最常聽到的風涼話："都這麼大歲數了還學這學那的，早幹什麼去了！"另一方面則是來自內心的虛榮心，有了一定歲數的人多有了一定的身份地位，由於總是處於指點年輕人的位置，所以逐漸地"好為人師"，一旦需要放下架子來做學生便會出現不習慣、難堪等各種各樣的心理障礙。

年齡與人生安排的嚴格對應，不僅僅反映了中國人的生活習慣、人生價值觀，而且也反映出中國人的思維特點。在此，人生被階段化了，人成了生活模式的奴隸，其結果必然是導致代與代之間的進化速度緩慢，社會變遷則必然要面臨着強大的滯後力量。

在現代社會，科技發展迅速，人們知識老化的周期也越來越短，因此，職業變換和職業培訓變得越來越普遍，終生教育的概念開始引起人們的注意，這對人們原有的僅少時致於學的傳統觀念是個極大的衝擊。特別是近期，無論是青年人還是中年人都在待業、求職的過程中開始意識到，學習新知識、新技能並沒有隨着學校生活的結束而結束，一般來說，人們在學校裡的學習動力往往是來自升學的需要、家庭的要求以及獲取文憑的願望，而進入社會以後，學習的動力來自求職的需要、工作的要求以及獲取生存技能的願望。毫無疑問，習慣於定階段學習的中國人在適應新的社會變遷的過程中，將逐漸開始建立一個新的概念，即學習是貫穿終生、貫穿各個年齡段的人生任務。

學習與教育的階段化，主要是人們認為，只有兒童和青少年學習比較容易，成年後的學習能力逐漸衰退。但是，近年來的研究發現．人的學習能力的頂點是在25～29歲，30～50歲是平穩的高原期，50歲以後開始下降，60歲時相當於20歲的90％。這就是說，30～60歲的學習能力並不比20歲左右時差多少，這比人們以往對中老年人的學習能力的估計要高得多。

年齡與人生安排的對應性往往是中老年人對子女要求的核心內容，而青年一代在這個問題上已經有了新的認識，我們不難發現，對於現在的年輕人，在年齡與人生安排的對應上出現偏差已經成為越來越普遍的現實。於是，家庭中代際間的矛盾和衝突便在所難免。

從現實來看，生活方式的多樣化，學習與教育的終生化應該成為對傳統人生安排的一大修正。對於我們每個人來說，一方面是要提高生活質量，特別是情感生活的質量，要以個人的真實感受為依據來選擇生活方式；另一方面則是要使自身常變常新，要不斷接受新事物，尤其是中老年人，在生理逐漸老化的同時，要防止心理的老化，要注意不斷更新頭腦、更新知識、更新技能、更新觀念，同時要注意向晚輩學習，這樣才有可能從根本上緩解代際間的矛盾。

八・失落的精神家園

難以寬恕的職業冷漠

看到一則報道,某地某家某日晚全家人不幸中煤氣,女主人在半昏迷狀態強撐着打電話給當地的急救中心求救,不料該急救中心的值班者竟以"無車"為由置之不理,女主人掙扎着再打電話哀求,得到的卻仍是冷漠無情的見死不救。絕望中的女主人急中生智,把電話打到當地派出所,值班民警在同樣是無車的情況下,緊急出動,竭盡全力想各種辦法,終於找到了一輛車,最後救活了那一家人。

毋庸置疑,任何一個有良知的人,在讚歎派出所民警的高尚精神的同時都會對急救中心醫務人員如此見死不救的行為感到憤慨。急救中心夜晚無車也許屬無奈而可以理解,然而,作為以救人為職責的急救中心,在沒有車的情況下也必須想各種辦法來完成救人的任務,否則就是失職。實際上,只要有救人之心,就不可能想不出辦法來。總之,我們無論從人道主義角度還是從職業道德角度,都難以寬恕這種來自職業的冷漠,然而在我國,如此有失職業道德的現象卻並不少見。

無獨有偶,前不久電視報道,某退休老工人去銀行存款,被排在身後的歹徒偷看了存儲密碼，該歹徒待老人出銀行至僻靜處時強行搶走了老人的存折。老人連忙讓兒子去銀行掛失，由於不是開戶行，該銀行小姐竟然讓這家人取各種證件回家往返四次，在花了一個多小時之後才開始查詢，結果錢早已被壞人取走，這可是老工人積攢了一輩子的血汗錢！

在採訪了老淚橫流的失主之後，記者又採訪了冷漠的銀行小姐，這位當事人以事不關己的冷漠態度強調了手續不全無法查詢的工作理由，卻絲毫也沒有檢討一下為何不向失主一次說清查詢所需的全部證件。事後，記者從其它銀行系統得知，在手續不全的情況下，銀行仍然能夠快速查詢並凍結取款以避免儲戶的損失。毫無疑問，如果銀行小姐對儲戶富有人性上的同情心和工作上的責任心，這個故事的結局會是截然不同的。

幾年前，某 8 歲男童不小心將一個塑料筆帽吞進喉管，當孩子被父母緊急送進省人民醫院時病情已十分險惡，然而，該院的值班大夫以沒有牀位為由拒絕搶救，儘管氣管異物是急診中的急診，儘管孩子已危在旦夕，儘管孩子的父母跪下哀求，這位以救死扶傷為職業的醫生居然無動於衷，此時醫生的冷漠已無異於殘忍。無奈的父母只好把孩子轉送至別的醫院，途中孩子窒息，雖然經搶救保住了生命，但因窒息時間過長，孩子成了植物人。一個沒有職業道德的醫生就這樣毀掉了一個孩子，也毀掉了一個家庭。

不少人認為職業道德的缺乏是與世風日下緊密相連的，似乎中國人的同情心和愛心正在日漸減少。然而，我們不難看到，一個遇到不幸或得了重病的人一旦上了電視、登了報，便會得到成千上萬好心人的捐助，其聲勢之浩大令人感歎也令人震撼，此時真可謂人情如海，愛心如潮。

顯然，大眾的情感易於被新聞媒體的宣傳激發出來，這表明我們的同情心和愛心是一種需要外在力量激發、需要一定氛圍刺激的外在動力型能量，而不具有內在的自發性。大家似乎都發現了這一人性特徵，結果如今的人們一旦患了絕症無錢醫治或是遇到某種自身難以應付的重大困難時，都是首先想到去求助於電視台、廣播電台、報刊記者，指望能通過新聞媒體的廣泛宣傳而獲得來自各方衆人的援助。由此，新聞媒體成了聚集人們"愛心"的收容器，從這個容器中，我們幾乎可以找到人性中所有的高尚情義。於是，我們看到了這樣的社會現實，人們的"愛心"被高度地濃縮了，並被集中運送到新聞媒體的宣傳中心，而"冷漠"卻自由瀰漫在廣闊的空間，並充斥了我們的視野。實際上，人們的"愛心"是被"冷漠"緊緊地包住了，新聞媒體的作用就是生溫加熱，從而使"愛心"能夠突破冷漠的重重包圍而釋放出來。

　　無處不在的職業冷漠說明，"幫助別人是自己生存價值的體現"這種觀念還沒有融入到人們的日常生活和職業工作之中。我曾經看過一個美國的紀錄片，主題是"職業"，由一些各行各業的人來談自己的職業，有油田工人、航空小姐、小學教師、旅行社導遊、商店售貨員等等。令我印象最深的是，這些普通的美國人無論從事什麼職業都有着強烈的職業自豪感，他們都因自己的工作能對別人有所幫助而獲得精神快樂和生活價值。相比較，我們國人難得有職業自豪感，倒是有普遍的職業等級感，也不大從職業的社會意義角度來熱愛本職工作以及建立與職業相應的責任心。

　　職業的冷漠無疑是社會風尚的產物，而對社會風尚我們似乎是無可奈何的，但對於職業道德，我們卻完全可以通過制定職業規範來加以限定。其實，我國的各行各業都提倡員工的敬業精神，要求本行業的職工能人人恪盡職守，遺憾的是，我們沒有將這類要求真正體現在嚴格執行的規章制度上。譬如前述二例中的醫務人員和銀行職員，都應以未恪盡職守而追究其相應的責任。道理是不言自明的，任何職業都有其基本的職責範圍，見死不救的行爲無疑是嚴重违背了醫務人員"救死扶傷"的職業準則；而保護儲戶的經濟利益也無疑是銀行職員應盡的工作義務。

提倡遵守職業道德不僅僅是有利於營造良好的社會風氣，而且也是保證整個社會系統正常運行的基本前提。我們每個人都是在爲別人提供服務的同時，又享受着別人提供的服務，因而，人人都恪盡職守的結果必然會帶來整個社會服務質量的提高，這就意味着我們每個人的生活質量都因此而得到了提高。

職業道德的規範化管理在我國的各行各業都是十分缺乏的，而這無疑是一個至關重要的社會問題。特別是像醫院、急救中心等人命關天的醫療系統，職業道德的淪喪都必將導致各種慘痛的悲劇。

當然，對於提高職業道德來說，職業道德的規範化管理只是一種外在的強制性手段，但是對於提高各行業的服務質量、保證大衆的基本利益來說則是極爲必要的管理措施。尤爲重要的是，當各行各業的職業道德都因規範化管理而有了大幅度提高之後，必然會導致整個社會風尚的全面改善和人們生活質量的全面提高。

自律與他律

一位久居美國的老同學回國探親，我問他重返故里的第一感受是什麼，本以爲他會說，國內的變化太大了，簡直不認得了。卻不料他只說了五個字："北京太髒了！"我當時聽了心裡就很不是滋味，他是土生土長的北京人，在北京生活了整整30年，去美國不過十年居然就已經看不慣北京了，何況北京在國內還算是比較乾淨的。

平靜下來想一想，又不得不承認我們的公共衛生的確很差，大街上到處是被人們隨手丟棄的各種垃圾，最令人無法忍受的就是人人都可隨口吐出體內的廢物。中國人是不是沒有衛生習慣？顯然不是，走進人們的家裡，戶戶都乾淨得很，人們在自己的家裡是既不隨地吐也不隨地扔，看來，我們國人不是不講衛生，只是不講公共衛生。

當年，北京王府井大街曾實行衛生罰款制，對隨地吐隨地扔者實施經濟制裁，立刻王府井大街便成了北京最乾淨的街道。遺憾的是，認真了一陣子後就沒人管了，於是一切又都回到了原樣。前不久，曾有高校試行衛生罰款制，結果有人提出反對，認為應以教育為主，於是這新制度試行了幾日就不了了之了。

罰款的效力如何，看看鄰國即可知。人口同樣是以華人為主的新加坡當年也並非今日的花園城市，只因堅持採取重罰之重典，使國民先有了不敢不衛生，繼而在因有了花園城市之美稱後產生了自豪感，久而久之便形成了自覺自願的公共衛生習慣。新加坡的經驗是值得我們學習的，毫無疑問，經濟制裁對於迫使人們講究公共衛生是行之有效的。

罰款之所以有效是因其將公共衛生與個人的經濟生活聯繫在一起，我們國人不講公共衛生主要還是由於沒把公共環境的整潔當成自己的事。當然，罰款明顯地帶有強制性，這是一種外在控制的手段，反對者由此認為罰款起不到教育作用而不宜提倡。然而，維護公共環境的衛生是每一個公民應盡的職責，這一顯而易見的道理是人人都易於明瞭的，明知故犯則猶如有意破壞，故理應受到懲罰。

有不少國家對亂扔垃圾者要處以比罰款更重的刑罰。據報載，美國一飛行員因駕機從空中往下扔手紙，被堪薩斯州獨立鎮法官以"亂扔垃圾罪"判處60天監禁。一個國家的公共環境衛生顯然要有相應的法律保護措施，文明是人類進化的產物也是人類必備的尊嚴，褻瀆文明的人無疑是一種犯罪。

必須承認，我們國人有很明顯的"外控"、"他律"習性，即必須採取諸如罰款、監督之類的外在控制和他人制約的手段才能制止一些不文明行為。譬如，上公交車不排隊，若有專人負責管理和維持秩序，大家還有所收斂，但只要沒人管，車一來便出現一片混亂，人們總是一擁而上，拚命向車上擠，不僅擠傷人的事件時有發生，而且擠死人的命案也不少見。儘管各公交車站如今都設有護欄，可沒人站在裡面排隊。說實在的，咱們中國人根本沒有排隊的習慣。

由於人們太缺乏自律，一些文明舉措往往出台沒幾日便被自行取消，如"無人售報"因人們只拿報不交錢而很快又變回到"有人售報"，"無人售票車"則因不自覺的人太多而總也離不開售票員。全自動電話亭不僅損壞率極高，而且還充分激發了人們佔便宜的想像力，有的人向裡扔與硬幣等大的鐵片，有的人則在硬幣上拴上線繩，打完電話後再將錢順線繩拉出。由此，許多地方的自動電話亭已變成有專人看管的收費電話亭。當北京的"文明傘"活動因市民的文明程度不高、還傘率太低而終告失敗後，哈爾濱市推出"公益傘"活動，即舉辦者向借傘人收取15元的押金，結果"公益傘"的回收率將近90%。總之，在我國，一些以要求人們自律、自控為始的事項往往是以他律、外控的舉措而告終。

作為一個有著悠久歷史的文明古國，我們國人現有的文明程度遠不如一些歷史不長的西方國家。譬如丹麥，公共意識已成為良好而廣泛的社會意識，沒有任何明文規定，人們講文明、重公德的行為完全是靠公眾嚴於律己的文明心理積澱而成。在此，僅舉一例：丹麥人在節日裡總要舉行大型的廣場聚會，每逢此時，飲食公司就運來一車又一車的啤酒、可樂、熱狗、漢堡、玉米花等各類飲料、食品，而人們則躺在草地上邊吃邊喝，享受著節日的快樂。然而，一旦聚會散盡，廣場依舊綠草如茵、潔淨如初，看不到任何被丟棄的廢物。

聯想到我國，一到節日，公園裡便滿地是人們扔下的果皮、紙屑等各種垃圾，用"鋪天蓋地"來形容一點兒都不過分。瀋陽市的中央廣場剛建成時既漂亮又整潔，但只要沒有管理人員在場，人們就隨意扔各種廢棄物，每日要清掃出三大車垃圾，廣場原有的風采即刻全無。福建省三明市爲慶祝香港回歸，在市區各主幹道以"滿天星"繞樹來裝點夜景。然而，半個月內竟有60%的"滿天星"被盜被毀，有的是被人盜用於裝飾自己的店舖或居室，有的是被人用棍子打得七零八落。同時，約3000米長的電源線被竊。

據北京最近的統計，北京的公共廁所一年中換燈泡1800餘隻，其中1248隻燈泡是人爲破壞。同時，公共廁所的門、窗損壞率極高且多屬人爲破壞，公廁的窗紗則經常被盜走。

諸如愛惜公共財物、維護公共衛生之類的外在文明是由人的內在文明來保證的，其基本點是尊重他人的勞動，因爲每個人在公共領域裡的享受與消費行爲，完全是建立在別人的辛勤勞動和服務的基礎上。我們的社會的確缺乏一種尊重和珍惜他人勞動的良好風氣。

美國人在深夜沒有看到其它車輛時，仍舊等在紅燈信號下直至綠燈亮了才繼續前行，中國人則因此笑話美國人太傻，機械刻板，沒有靈活性。相比較，中國人在遵守交通規則方面可謂機智靈活，不要說夜深無人時，就是白天人多時，只要看着沒車、不存在危險，亮紅燈也照樣前行。有記者現場採訪在紅燈下穿過馬路的行人，被探訪者對自己違反交通規則的行爲都不以爲然。看來，西方人刻意遵守規則的行爲是一種文化的積澱，所體現的是一種內在文明、自制自律的功底。

其實，有關講文明的大道理人人都懂，人們不自覺遵守社會公德主要還是由於缺乏文明自律的習慣。深究而論，這種缺乏自律、缺乏內在控制力的現象源於我們注重他律和外在控制效果的兒童早期的社會化訓練。中國的每一代孩子都經歷過服從"規矩"即道德規範的訓練,這一社會化過程不是以自律為基礎的,而是通過外界輿論對非規範行為造成的羞恥感來維繫的。我們的孩子從很小起就懂得做人、做事不要讓人笑話,"畏人言"可以說是中國人遵守道德規範的最重要的動力,結果道德行為便成了做給別人看的他律行為而非自我制約的自律行為。成人注重於讓孩子畏懼並服從於"規矩"的限定以克己,而不是讓他們將"規矩"的內容內化為自身的價值觀以律己。因此,中國人從小控制行為的主要約束力是外在的標準、既定的規範、來自權威的懲罰,而不是內在的標準、自律的規範、來自良心的懲罰。於是,在有人管、有人監督的情況下,我們就守規範、講文明,而一旦沒有任何外在控制的限制時,我們就坦然地、毫無自責地展現一些不文明的行為。

由於年齡越小受到的制約越多,而年齡越長越遠離他律的範圍,所以隨着年齡的增長,隨着外在監督機制的減弱,人們的不文明行為便越來越多起來,於是我們只好對小學生進行共產主義教育,對中學生進行社會主義教育,對大學生進行社會公德教育。結果就形成了一種怪現象:年齡越大、文化水平越高,道德文明水平反而越低。也就是說,人們的道德文明水平不是隨着年齡的增長和文化水平的提高而提高,而是隨着周圍環境的外控、他律程度的降低而降低。

記者在公交車站採訪一市民,問為什麼不排隊?他的回答是:"我個人也願意按秩序排隊,但是大家都不排隊,我不跟着擠就永遠也上不去車。"這個市民的話很實在,同時也反映了一個事實,即當多數人都不講文明時,少數人想文明就不能保證基本的生存,試想,當別人都一擁而上地擠車時,就你一個人禮貌讓人、文明排隊,注定是上班天天遲到,豈不飯碗難保,影響生存。所以,從目前來看,靠說教或靠個人律己來解決上車排隊之類的問題肯定是難以奏效的，也許唯一可行的辦法就是設置專人來管理，我們國人現在還離不開外在力量的強制性管轄。

有學者認為，中國人的不排隊是一種短缺經濟行為，是資源有限造成心理恐慌而導致的必然行為。可是，看到俄國人的資源比我們更為短缺，而他們卻能在連餬口的食品都供不應求時還一絲不苟地認真排隊，令人不由地思索，在中國人的習性中是否存在着與"排隊文明"不相容的內容。

從目前來看，我們所能做的似乎只有，培養新的一代幼小的孩子自律、內控的習性，讓孩子先明理，再在道德規範內化的基礎上來規範行為，最後形成完整的自律習慣。至於那些自小缺乏自律、內控訓練，且外控、他律習性已定的成人，只好也只能用外控、他律的方式來處理，依靠罰款、依靠制定強制性的法律條文、規章制度並伴以切實可行的監督機制，以矯正人們不維護公共衛生、不講究社會公德的不文明的惡習。

承諾面對的回應

在商業部門的一片承諾聲中，哈爾濱某藥店向顧客承諾，一旦出現缺斤少兩、賬目有誤等差錯，賣方向買方賠款兩萬元。剛宣佈承諾不久，藥店職工就發生了一個小小的失誤，即一位新手因工作疏忽而多收了某顧客三毛錢，為此藥店遵守承諾賠了該顧客兩萬元人民幣，其中有五千元是由當事人自掏腰包，另外是部門主管兩千、部門領導三千、藥店一萬。此事一經公開報道，該藥店客流量頓時猛增。然而，有很多人來到藥店只開票據不拿藥，然後到相應的地方去查核藥店開的票據有無差錯。原來，這些人來這兒不是為了賣藥而是為了鑽空子，以便佔個索賠的大便宜。結果是，該藥店整日忙於應付專來找茬兒的顧客,而店裡的職工則是緊張度日、人人自危,最後藥店不得不在萬般無奈中取消了這一承諾制。對此,商業人員大歎民眾的素質太低,空費了商界的一片好心。

　　前不久,上海62家國營書店向社會、向讀者作出了多項規範服務的承諾,其中包括一條是,三天之內可無條件退書。原本是為了方便買錯書、買重書的顧客,但卻成了某些顧客佔便宜的大好機會。有的人買書後,將自己所需的內容摘抄或複印後再到書店來退掉;有的人則是在聽夠了、看足了之後要求退換CD、VCD盤。對此,書店的營業員提出了疑問:"我們的文明服務有規章制度來管,不講文明的讀者由誰來管呢?"

　　服務業是在顧客的抱怨聲中大規模開展了文明承諾活動,然而卻在商家的一系列善意承諾面前,展現了顧客的各種不文明行為。譬如,一些公交車的司售人員開展優質服務,自己花錢、自己動手製作了許多坐墊,以期讓乘客們坐得舒服些,可是某些人享受了這般服務之後還嫌不夠,下車時還要將坐墊偷偷拿走。

　　浙江省公路客運系統不少車站,由職工捐款設立了"旅客救困基金"。然而,紹興汽車站在不到一年的時間裡所救助的七位旅客中僅有兩人還欠款。同樣,杭州汽車東站積留有借錢者的各種證件一百餘張,而借了錢來還的人極少。

　　尤其令人感歎的是,頭兩年,有些商場搞了"文明傘"活動,下雨的時候為沒有雨具的顧客無償提供"文明傘"。然而,使商店職工極為失望的是,每次下雨都有六七百把傘被拿走,可送回來的傘最多只有六七十把,而送回率最低的只有5%左右。"百分比"已毫不留情地展示了一個不容否認的事實,即不講文明的人佔了大多數,而講文明的人只是極少數。無疑,這個事實很令人對中國人的素質感到悲哀。

　　近來,長沙的百年醫藥老店"四怡堂"恢復了一項傳統服務

——"老2分"，即出售2分錢一杯的涼茶而且無零錢者可免費。結果，市民們展示了各種各樣的"喝法"，有的人連喝了15杯卻分文未付；有的人喝完了茶不僅不付款而且連杯子都順手牽走；有的人則提着大壺小壺來打水，使藥店成了"開水站"。2分錢的茶水猶如一面明鏡，把市民們的公德心照得一清二楚。

5月17日是世界電信日，1997年世界電信日的主題是"電信與人道主義援助"，西安市電信局特此推出一項為殘疾人獻愛心的讓利優惠特別行動，即每部電話在原先的優惠基礎上再行優惠1000元，購BP機者優惠50%並免收半年服務費。消息一傳出，個別殘疾人便開始將自己有權享受的這份優惠轉賣給別人，轉來賣去竟形成了市場，不僅賣證件的人越來越多，而且價格也直線上升，買傳呼機的證件賣到了100～150元，裝電話的證件則賣到了300～400元。一些殘疾人堂而皇之地舉着殘疾人證與購買者討價還價。誰也沒料到，電信部門的這一體現人道主義的義行善舉換來的卻是令人遺憾的回應。

我們不難發現，在我國，每一種文明舉措的推出都會伴隨着一些人鑽空子的不文明行為。在善於鑽空子這方面，我們中國人的確是特別的精明。不僅在國內，出了國的中國人在較為"單純"的西方人中間則顯得尤其精明。譬如，在美國，某家商店規定，同樣的商品若同時買兩個則其平均單價比只買一個要便宜。於是，咱們中國人就先買倆，然後再退一個，當然是按只買一個的單價退，佔完了便宜還笑話美國人太傻，連這麼簡單的賬都不會算。

記得一位曾費了很大勁兒去美國的朋友告訴我，本來中國人赴美挺容易的，因為有很多法律空子可鑽，可是隨着精明的中國人鑽各種空子，耍各種小心眼，把本來挺"傻"的美國人一點一點地教聰明了，結果老美不斷修改和完善有關的法規，使可鑽的空子越來越少，於是中國人赴美就越來越難了。

其實，中國人不僅把美國人教聰明了，也把俄國人教聰明了。當年中國人去俄羅斯做生意特別容易發財，因爲俄國人比美國人還容易上當，可如今卻是一日難於一日了，因爲俄國人在與中國人的多年交往中已學徒出師了，他們終於把中國人的精明學會了幾分，並因此而不再易於受蒙騙了。

有位留德的學者告訴我，以"死板"著稱於世界的德國人，一旦學了漢學就變得特別精明、善算計，這種本領不知是從"漢學"裡學來的，還是從搞漢學的中國同行那裡學來的。看來，中國人把世界各國的人，包括那些比較"木訥"的人種都教得比以往精明了。

在世界各色人種中，我們中國人的聰明智慧的確是有目共睹的，而在動心眼、佔便宜方面的本領更是技高一籌。但是，在我們沾沾自喜之餘，我們也實在有必要進行反思，不文明的人鑽文明的空子確實有着天然的優勢，但是當不文明逐漸吞噬了文明之後，世界將會倒退成怎樣一幅畫面將是令人不寒而慄的。

從商家的笑臉談起

想當年滿街國營商店時，看着橫眉立目的女售貨員，總禁不住羨慕日本商家的"微笑服務"。到如今，私營、民營、合資的各類商店已吞沒了國營商店，而"微笑服務"也早已從國外進口到了國內，但我突然發現，包裝化的微笑服務似乎更令人生畏。

一進店門就有漂亮的小姐不停地問，買什麼？不停地說，這東西如何好，同時也不停地笑。可你只不過是隨便看看，而在享受了微笑服務後，要想什麼東西都不買就走人便失去了坦然，因爲那微笑服務給你的感覺好像是有價的，你若無償享用了，就如同買了東西不給錢似的理虧。另外，售貨員小姐的微笑是"單程"的，只送給進來的顧客，對於出去的顧客，這項服務就省略了。

在位G老兄難得逛商店，某日在京城鬧市西單大街上行走，待至一"精品屋"前，隔窗望見一襯衫很有吸引力，於是信步入內。立刻有"精品"裝束的小姐微笑迎上，轉眼間那掛着的精品襯衫已套在他身上，遺憾的是，衣服可心卻不可身，G老兄生得短小精瘦，大褂一般的襯衫穿上後沒增出什麼光彩卻平添了幾分滑稽感。他想撤退，卻經不住熱情備至的售貨員小姐的周到服務，於是又連試幾件，雖仍無改觀，卻聽得售貨員小姐一串妙語："不大，一點兒都不大；今夏流行寬鬆式，衣大顯時髦；實在嫌大，改改也不難……"G老兄深感欲罷不能，暈暈乎乎之中將剛領的工資掏出一半。

出店門沒走多遠，G老兄即被小風吹醒，花半月工資買件不合身的衣服，回家豈不讓老婆罵個半死，於是轉身回店要求退貨。還是那位小姐，模樣並沒變，只是"微笑"已換成了"橫眉立目"。開始她說不退貨，又自覺沒道理，於是改口可以退，只是要扣下款項的百分之十以補償她剛才的服務。一向斯文講道理的G老兄不反對補償，僅覺比率太高，於是理論到經理處，不料男經理很大度，一聲令下全款退貨，不等G老兄喜上眉梢，那剛才還在小罵的售貨員小姐已開始破口大罵了，可憐這老兄在罵聲中取了退款，在罵聲中出了這家"精品屋"，走出老遠那罵聲還在耳邊繚繞。他後來告訴我，從此以後他就沒再進過任何服裝店，還逢人就講，賣精品的小姐人格太不精品。

G老兄的故事並不新鮮，即使我們沒遭遇得像他那樣全面，也見識過商家笑臉相迎、惡語相送的場面。其實，對於微笑服務本身，我倒是挺同情售貨員的，站一天櫃台還要同時笑一天，豈不是太累，更何況，這微笑是作出來的，肯定是累上加累，所以我看微笑服務大可不必，神態自然即可，只是千萬不要人家不買你的東西就把人家罵出去。

買者與賣者之間也是一種人際交往，儘管雙方不相識，儘管交往的內容僅僅是錢與物的交換，這種交往的不良結果同樣會影響到當事人的心理健康。相比較，與顧客吵架對於售貨員來說更是件不划算的事，因為顧客可以一氣之下不再進商店，售貨員卻不能因此而不再上班，吵架不僅有損商店形象，降低商店聲譽，而且長期不良的心態還在直接影響心理健康的同時也間接影響家庭關係，因為，很多售貨員會把在顧客身上沒出完的氣接着出到家庭成員身上。

我們中國人注重人際關係和社會交往，但僅注重熟人間的關係和熟人間的交往，如同學、同事、鄰里、親友等等，我們也很注意自己的形象，但僅注意在熟人之中的自我形象和自我表現。總之，我們習慣於把自己最完美的品行展現給相識的人，在不相識的陌生人面前則更多的是自然本性的流露。

聯想到，很多青年男女都很渴望能擁有那種在國外並不少見的邂逅相遇、一見鍾情的浪漫愛情，然而在中國這種浪漫卻難得出現，因為我們難得將自己心靈的善與美展示在公共場合的社會交往之中，所以中國人的"鍾情"難於在"一見"之中產生。

最近，聽得有些商店規定，不經顧客要求，售貨員不得強行向顧客介紹商品或推銷商品。顯然，比較明智的商家已開始意識到，以促銷為目的而搭配的微笑服務不但沒有吸引顧客，反而把顧客給嚇跑了。客觀地說，售貨員向顧客極力推銷明顯不適用的商品，實際上是一種欺騙行為，這是有背於職業道德的。從商業形象角度來看，這種欺騙行為無疑是一種急功近利的短視行為。

隨着城市化的發展，人們的社會交往形式更多地趨向於陌生人之間的交往，這種交往涉及到我們日常生活的各個方面，如購物、看病、問路、就餐、乘車等等，並發生在各種公共場合之中，如商店、醫院、大街、飯店、火車、公共汽車等等，由於這些公共場合都是人多衆廣之處，所以人際糾紛產生的不良影響將遠遠超出當事人的範圍。實際上，這種公衆性社會交往的質量已越來越直接地影響了我們社會生活的質量，而作爲商業、服務業的工作人員，其形象也絕不限於職業領域。因此改變一下我們以往對社會交往中不相識者的冷漠態度，注重一下我們在公共場合下的自我形象，無疑會有利於整個社會精神文明的提高。

購物環境的軟件

　　離家不遠處新立起一座商廈，聽說裡面很趕時髦地闢出一角，開架售書，於是在雙休日，不愛逛商店卻愛逛書店的我帶着兒子去逛商廈。

　　把兒子置於兒童書的開架處，我就去選購成人書，可沒看一會兒，兒子就跑過來硬拉着我要走，說售貨員阿姨不讓他看。原來售貨員問他"買不買"，他老老實實地回答，"不買，只看"，於是，售貨員就毫不客氣地下逐客令："不買就不要看！"

　　聽着兒子的敘述，我覺得挺好笑，當時只有6歲的憨兒子還沒有弄懂"不買就不要看"的商業道理，所以他能那樣坦然、一點彎兒都不拐地說出"不買，只看"的豪言壯語，換個機靈點兒的孩子也許會說"先看後買"。

　　被兒子纏住的我已不可能安心選購自己的書，只好折回兒童書開架處替孩子選書，令我頗感彆扭的是，在我們購書之前的整個選書過程中，那位曾對兒子下逐客令的女售貨員始終如一地積極"參與"着，她不厭其煩地從兒子手中將正翻看的書及時回歸原位，使我大惑於商家若如此不信任顧客又何必要開架售書?

兒子很快就沉浸到新買的書中,那剛才的不快似乎已經忘掉,我卻在琢磨,以後他還會不會再來這裡?購物環境直接影響到人們的購物情緒,而售貨員的態度則是購物環境中的一個重要的"軟件"。

有一家規模中等的書店離家很近,對我們來說購書其實很方便,可是兒子卻堅決不肯去,因為他在那裡選書每次都受到阻止,"別翻壞了!""別看那麼仔細!""不要再看了!"售貨員的厲聲斥責令他望而生畏。於是,兒子逛書店總是捨近求遠,他總是讓我帶他去離家足有兩站地的大百科書店,在那裡他可以自由翻看自己想看的書,其結果不僅他的書都是在那裡買的,連我的書也多是購於此店。

目前,一些國營書店的確顯得不大氣,擺出開架的場面,卻生怕顧客多翻多看,還不如個體書販有氣魄,每種書拿出一本做樣子,任顧客隨便翻、隨便看。其實,開架的氣魄不僅在於不怕顧客翻看,而且在於擁有廣而遠的商業眼光,其"廣"在於能意識到,大人帶孩子來購書,孩子即便只看不買,大人卻有機會安心選購,錢還是落在商家自己的口袋裡;其"遠"則在於方便顧客以贏得顧客之心,從而贏得盡可能多的回頭客。

如今,大街上的商店越建越多了,多得讓你逛不過來。遺憾的是,有商業眼光和良好素質的商業人員卻始終很有限。從外表來看,時髦而高檔的裝潢使人們購物的物質環境是越來越好了,然而,顧客在整個購物過程中的心理感受卻常常是很不舒服的。譬如,北京某倉儲式商場在貨架的醒目位置懸掛著尺五見方的幅幅"敬告":

"守法與犯罪僅一念之差,敬告諸位潔身自愛,您的每一舉動都在大眾的監督之下";"您的前程由您自己把握,錯誤的判斷將使

八·失落的精神家園 | 321

您失去美好的理想和未來"；"商城具有嚴密的保安措施和舉證手段，但仍需您的配合……"

從字面上看，這幾條"敬告"寫得相當精彩，字字句句都直插偷竊者的內心，頗具攻心戰的戰略技巧。可惜的是，偷竊者終究是少數，絕大多數人畢竟是來購物而不是來竊物的。於是，從心理角度來看，這些針對少數竊賊的條幅就構成了對多數真正購物者的不良購物環境。也就是說，良好的購物環境既包括愉悅感官的物質裝潢，同時也包括愉悅心靈的精神享受。

客觀而論，中國的消費者對目前的商業風氣是不滿意的，人們在購物場所感受到的商業氛圍也並非是舒暢的。國營商店主要還是服務態度問題，商店管理者對購物環境之"硬件"的注意總是超過"軟件"，消費者總難免被視做搞破壞、佔便宜、偷摸的嫌疑犯。私營、民營商店則是另一個極端，即採取超級微笑、強力推銷的營銷手段，結果顧客總是感到被強迫着買東西。

最近，很多商店實施新政，商品不許看，想看先交錢，說是看着不合適再退錢。可真到了顧客不滿意決定不買時，商家卻或是不退錢或是扣下一筆調試費，有曰磨損費，有曰手續費。譬如，在雲南昆明，有對老夫婦到某商店欲選購電動手套編織機，按店內要求先付款才能試機，於是先交了3900元錢，試機一個多小時後，因調式效果不佳而失去買意，並以噪音高、振動大及本人心臟不好為由當場提出不買了，結果遭拒。經過苦苦哀求，才得以"破例退貨"，但必須付"培訓費"200元，"機器磨損費"450元，這對老人無端被勒索了650元。

中國有句俗語是"無商不奸"表達了中國人對商人的普遍不信任乃至偏見，但這與中國商人喜歡用欺、瞞、騙等不正當手段做生意不無關係。在中國，買賣雙方的關係的確是不正常的，這裡包括了買方對賣方的不信任，也包括了賣方在欺騙和侵佔買方利益的基礎上賺錢。

西方人做生意在小的地方似乎不如中國人那麼精明,甚至還顯得挺傻,但考慮問題往往很長遠,尤其是在樹立企業形象、商店信譽及吸引回頭客等大的方面肯下功夫。在美國的商店裡,衣服的標籤上都印着這樣的說明:注意保存標籤,如不合適,可以在一年之內退貨。這麼長的退換期,難怪有不少美國人在參加盛會之前買套高級時裝,穿過之後再退掉。美國的顧客是名副其實的上帝,售貨員若與顧客發生爭執,有理的總是顧客。譬如,在美國的某商場,某顧客拿着一條破了個大口子的牛仔褲要求退貨,售貨員小姐本來有點猶豫,但聽該顧客說,新褲子穿一下就破說明不結實,馬上就原價退貨。毫無疑問,咱們中國的商人是絕對不會讓顧客佔這麼大的便宜。至於西方的商家爲何如此肯吃虧,主要是因其生財之道是建立在獲取顧客信任的經營手段上。

都說中國人善於算計,而中國的商人更是精明至極。但是,無論是"算計"還是"精明",咱們中國的商人都只是從小處着眼,缺乏從長而計的眼光。在中國的商界到處都體現着急功近利的價值觀,商人們熱衷於通過欺瞞手段把手頭的低價貨高價賣出,把次品、假貨充好賣出,結果對於消費者來說,買東西容易、退東西難;買假貨容易、索賠難等等現象便屢見不鮮。在此,買方與賣方的關係不是互惠而是對立。說中國的商人缺乏眼光,主要是在於中國的商人似乎不太會在互惠、互利的基礎上正大光明地掙錢和發展生意。

其實,良好的買賣關係主要取決於良好的買賣心態,而良好的購物環境則主要取決於良好的服務質量。

偷書不算偷？

　　坐落在北京西單的北京圖書大廈，開業才兩個多月就已抓獲竊書者 70 餘人，其中半數以上是幹部或知識份子，被偷盜、丟失的圖書總價值達 3 萬餘元。

　　當 1996 年舉行的北京國際圖書展上展出了盛況空前的精美圖書時，也出現了盛況空前的偷書現象。被防竊裝置抓住的偷書的人，從小學生到大學生，從中年人到老年人，從男人到女人，真是各類人應有盡有。而且，毫無疑問，偷書人個個都是"讀書"人並個個都是對書"愛不釋手"的人。

　　即使不在書展、書市，就在平時，各個書店也都存在着因書被偷而帶來的經濟損失，譬如，有家書店在半年內就抓獲了 125 人次，所偷的書價值 6000 多元，偷書的人以學生為主。另外秋冬季因穿着多易於隱藏書，故被偷書人視作"偷書季節"。為此，很多書店在秋冬季經濟損失高達上萬元。

　　偷書的人多是有文化的人，並以高校學生最為多見。某大學中文系的學生，其書架上的書 70％ 都是從書店裡偷來的。當他在某書店偷書被當場抓住時，他對自己行為的辯護詞是："我太喜歡書了，書就是我的一切。可這書太貴了，對於一個從山區考入京城的我確實沒有這筆支出。"

　　一般的中國人對偷書的看法是不同於其它偷竊行為的，相當多的人都持有與孔乙己相近的觀點，即"偷書不算偷"。人們往往認為，偷書雖然不好，但因偷了書是為了求知便情有可原。說實在的，我過去也這樣認為。想當年曾有個同學在書店偷書被抓住，我還挺同情他的，因為他父母雙亡，家境十分困難，知道他讀書實在不易。不過，後來在北京圖書館借書，多次遇到所要借的書被聲稱已丟失，也常看到一些急需的書被撕去了幾頁甚至幾十頁，這使我重新看待偷書問題。一個人在書店裡偷書無疑是損害了書店的利益，而一個人在圖書館裡偷書則顯然是損害了眾多讀者的利益。因而，偷書實際上是一種損人利己的公害行為。

北京圖書館每年平均有1000冊書被偷盜、切割、撕頁，僅某高校一研究生就先後偷竊北圖的外文書90餘本，其中很多書本身已是孤本。各高校圖書館、地方圖書館也都面臨着同樣的問題，即眾多的讀書人都在想方設法地把"公"書變為私有，可謂防不勝防。

偷書可以算是知識份子的一大專項不軌行為，其中一個潛在而流行的觀念就是求知可以抵消"偷"的罪過，在此，書被視作一種有別於其它物品的特殊商品。其實，買書用於閱讀是一種個人的消費行為，這與買別的東西進行個人享受沒什麼本質區別，其最終目的都是為了滿足個人的需要。只是國人一般都認為閱讀是一種高雅的需要，至少比吃、穿等類的慾求要高雅得多，於是對偷書的罪過就看得很輕，似乎"書"本身的高雅性，抵消了"偷書"行為的一部份罪過。從懲罰來看，對偷書也只是罰款這一種懲戒方式，有時則僅僅是寫份檢查而已，所以，人們對偷書行為還是不以為然。

從中國人對待偷書的態度，不難發現，中國人的思維方式是重情理而不重法規的，人們不是以"偷"來作為罪過的判斷標準，而是以"偷什麼"來進行具體的劃分，即以"偷"的內容來判定偷盜罪過的大小程度。由於"書"是被人們另眼相看的物品，而偷書人也隨之成了被另眼對待的竊賊，於是，偷書便成為一種被中國人所寬容的偷竊行為。

中國人在判斷事物時，感情的成份佔的比例較大，由此，對於本屬同一類別的諸多事物，會因投入的感情程度不等而劃分出不

八・失落的精神家園

同的層次。感情的作用無疑是冲淡了法理的概念，使人們對法律的含義抱有相對化的理解。

過度表揚的負作用

　　從一本外文雜誌上看了一則報道，有記者在亞洲做了一項誠實測驗，測驗的內容是在一些亞洲國家的某些城市或地區，故意扔下裝有錢、證件、地址、電話號碼等內容的十個錢包，然後統計歸還率，測驗的地區包括日本、新加坡、韓國、菲律賓、馬來西亞、印度、泰國以及中國的台灣和香港。最終的結果是，歸還率最高的是新加坡，扔下的十個錢包有九個被拾者送回。最差的是香港，只有三個錢包被送回，其餘七個錢包均被拾者揣進了自己的腰包。台灣在排序中位於中下，十個錢包有五個被送回。我看到這個結果後感覺並不太好，中國人在弘揚"拾金不昧"方面的努力是有目共睹的，無論在大陸、香港還是在台灣，"拾金不昧"都是被作為傳統美德而從小向孩子們灌輸，其宣傳的聲勢相當大，但教育的效果卻令人失望，這恐怕需要我們對所實施的方式方法進行反思。

　　儘管上述測驗並沒有涉及中國大陸，但是從我國現行德育工作的某些缺陷來看，確實存在着值得擔憂的方面。

　　在我國的各級學校裡，都設有學生廣播站，中小學的廣播站所播的內容則多以表揚好人好事為主。孩子們特別是小學低年級的學生都以自己的名字能出現在學校廣播的表揚稿裡為榮，為了能達到這個目的，於是孩子們便各顯神通地開展了他們的努力。

　　有的孩子走路不抬頭，滿地找錢或其它物品，以期充當拾金不昧故事的主人公，尋至失望時，便把自己的文具或班裡其他同學的文具拿去邀功，有的甚至從家裡拿錢，謊稱是自己揀的以換取表揚。有的孩子則看到別的同學受了表揚非常羨慕,又深感於自己贏得表揚的能力有限,無計可施時便回家向家長討教,其主題是:我怎麼才能獲得表揚?

某日,兒子沮喪地告訴我,他放學後在學校附近和其他幾個同學原地不動地逗留了一會兒,書包就放在腳旁卻一轉身不見了。我去學校傳達室詢問,門衛說,孩子們揀了東西從來不送到傳達室而是送到設在廣播站的少先隊大隊部,以便得到表揚。於是,我立刻就明白了,兒子的書包是被什麼樣的學生揀去又充當了什麼樣的功用。果然不出所料,那在校外不翼而飛的書包第二天又從校內突然冒了出來,而在此期間,我和兒子不僅一直忙於多方尋找書包,而且一直處於丟失書本、文具的焦慮之中。

過去早就聽說過,有的孩子爲受表揚才做好事且爲做好事先做壞事的例子,如冬天在路邊潑盆水,結了冰後致行走的老人摔倒再上前去攙扶。還有的孩子先偷偷地破壞公共設施,再當眾大張旗鼓地修復。這類孩子的行爲可以說是既可笑又可氣,而孩子們這種不良行爲的背後則體現的是不良的心理品質以及我們成人教育者的誤導。

首先,我們成人在對孩子實施表揚時往往是重形式而不重內容、重結果而不重過程,沒有把注意力放在道德價值觀的確立上,沒有讓孩子們明白,做好事值得表揚的是幫助別人解決困難和體諒別人難處的利他思想和利他行爲。結果,孩子們只對做了好事就能受表揚這一榮譽概念印象特別深刻,而內心中根本沒有建立利他意識,更沒有眞正形成助人爲樂的道德價值觀。

其次,我們實施的表揚在頻率上往往過度,一些本屬於每個人都理應具備的道德品質,在成人過度強調的表揚下卻變成了孩子們贏得獎賞的工具,同時,在實際效果上也成爲訓練孩子虛榮的工具。我們不難發現,如今的孩子在學校裡都搶着做好事,回到家裡卻原形畢露。追求學校的表揚已成爲孩子們做好事的最終目的，同時也因此而構成了性格中的兩面性與虛僞性。

"表揚"本來是教育者爲實施助人、利他公德教育而採取的一種強化手段，一種促進方式，然而，過度的表揚卻使強化和促進的內容發生了質變。因爲"表揚"的過度實際上是強化了表揚所具有的榮譽性，這使被"表揚"所肯定的助人、利他等內容黯然失色，而"表揚"這種形式本身卻喧賓奪主，遂成爲孩子們最終的追求目標。一旦追求表揚成爲目的，利他行爲則不再是做好事的目的而變成了獲取表揚的一種手段，由此出現名爲助人實爲損人的行爲也就不足爲怪了。毫無疑問，這樣的結果是與教育者灌輸利他意識的初衷相去甚遠的。

表揚的目的無疑是爲了鼓勵孩子多做好事，但實際效果如何卻視表揚的恰當性而定。僅以"拾金不昧"而論，如果孩子們揀到東西，首先想到的不是失主多着急，而是自己有無可能因此受到表揚，或者不惜偷拿他人錢物去換取表揚，則說明我們的教育是失敗的，至少說明我們所採取的教育手段是有問題的。必須強調指出的是，表揚得當可以促使孩子們多做好事，而表揚不當則也可以誘使孩子們去做壞事。正是表揚的道德導向性乃至性格導向性，使我們應當愼重地運用表揚這個工具，並充分考慮到有可能產生的不良作用。

從過度表揚所起到的負作用這種現象引申來看，學校的道德教育應如何講究方式方法，對學生的德育工作應如何選取強化形式並如何掌握強化程度，都是今天的教育者必須思考的問題。

初生牛犢也怕虎

電視台不久前曾報道，有一武警戰士看到某歹徒向一女青年行兇時挺身而出，並在赤手空拳與持刀歹徒搏鬥中身負重傷，而歹徒逃跑後至今未被緝拿歸案。那被救女青年當時即已溜走，事後也沒去公安部門提供證據以協助破案，更沒去探望躺在醫院裡的英雄。

此事引起了媒體的關注，危難中，人們呼喚英雄，現在英雄出現了，我們又是怎樣對待英雄的？按照我們中國人傳統的報恩觀，滴水之恩當以湧泉相報，而面對救命之恩卻連作證都不敢，這的確是有負英雄那流淌的鮮血。

記者就此事隨機探訪了街頭的市民，成年人都一致認為那女青年做得不對，她理所應當站出來為自己的救命恩人作證。只有一個上初中的男孩很坦誠地說："要是我，可能也沒膽量站出來。"看來，那女青年的做法還是有代表性的，何況類似的現象媒體也多有報道。

都說初生牛犢不怕虎，但那十來歲的男孩第一想到的就是"怕"字，這不能不說是我們德育工作的失敗。從幼兒園時代起，我們的孩子就開始接受了成套的道德教育，大到愛祖國、愛人民、愛共產黨；中到學董存瑞、黃繼光、邱少雲；小到學龍梅、玉容、賴寧。在孩子們還理解不了這些內容的年齡，我們就在幼兒讀物、小學課本中全力灌輸了抽象的革命詞彙並建樹了高大的英雄形象，指望他們能從小受到熏陶而以英雄為榜樣。遺憾的是，實際效果並不佳。由此，我們有必要思考一下，以往的德育缺了什麼？

在高層次的道德教育之外，我們缺了中、低層次的教育，即德育工作要分層次，要由低向高的提要求。我們要求下一代應首先做到不害人，即遵紀守法，不危害他人的利益；其次是要懂得崇尚和感恩於英雄的救人行為，要講人道、講良知；第三是協助英雄抓壞人，竭盡自己微薄之力；第四是挺身而出，做勇鬥歹徒的英雄。我們的教育不能指望每個普通人都能達到第四個層次，英雄畢竟永遠是少數，但教育的結果應當使更多的人能達到前三個層次。

我們以往的宣傳教育注重了這四個層次的兩頭而忽略了中間的兩個層次，這是由於我們忽略了一個基本的事實，即絕大多數人達不到第四個層次，但卻有可能達到第二、第三層次。那個女青年顯然是出於害怕，在當今的治安條件下，她的害怕也不是沒有道理的。

人們都在指責她的害怕，卻沒人告訴她一個既能指證罪犯又能保證自己人身安全的兩全之策。作為公安部門、執法部門，也應當有系統而正規的保護證人之人身安全的措施並公佈於眾，以便讓每個普通的百姓在有安全感的前提下敢於指證罪犯、協助公安部門破案。

我們的德育在指點人們如何做英雄這方面下了很大的功夫，但是卻缺乏對普通人如何在膽小怕事的心態下仍能盡力做個好公民這方面加以指點。於是，高調的德育對於大多數人來說成了空洞的說教，其效果等於沒受教育。因而，儘管我國的道德教育比哪國都開始得早，佔用的課時比哪國都多，但收效卻與投入不成比例。長期以來，我國的道德教育流於形式，缺乏符合普通人心理特點的基本德育內容，譬如，培養孩子對弱者的扶助之心，對身處困境者的同情之心，對面臨危難者的援救之心等等，同時也缺乏站在普通人的角度來傳授助人、救人乃至自救的相應知識、方法和策略，也就是說，使人們在掌握了必要的救人本領的基礎上，做到又能救助他人，又不至於自己壯烈犧牲。

從客觀實際出發，我們現在首先要做的不是呼喚英雄輩出，而是呼喚人人爭做恪盡職守的好公民；不是要求每個人都能挺身而出做英雄，而是要求人人都能站在英雄背後助英雄一把。這需要我們的德育工作把空洞的大道理換成切合實際的、具體的人生指導，也需要我們的各種宣傳工具、大眾媒體在頌揚英雄的同時，不要忽略了頌揚普通人在戰勝邪惡時的生存智慧，更不要忽略了頌揚那些閃現在人性中的善與美。

學雷鋒學出一場官司

某12歲的小學生在回家的路上，看到一位老奶奶摔倒在地，就主動上前攙扶，並在大人的協助下，把老人送進醫院，孩子的母親得知後，當晚去醫院探視並幫老人墊付了520元醫藥費。不料，老人的家屬不但不感恩，反誣該小學生撞倒了老人，並向法院起訴，要求小學生家人承擔老人傷後的一切費用。儘管法院明斷，駁回原告，但作為被告，這位小學生的心理大受損害。他在日記中寫到：老師說雷鋒幫別人做好事，遇到困難從不流淚。我幫助別人，他們卻要到法院告我，我好害怕、好想哭，不知有人去法院告過雷鋒沒有，他也會哭嗎？

看到這樣的報道，面對熱心助人的善良孩子，作為成人，不免生出強烈的悲哀感。這位小學生很自覺地去做好事，這無疑是家庭和學校道德教育的成果。可沒想到好心未得好報，惹來的卻是一場橫遭誣陷的官司。我們不難發現，社會的實際生活也在給孩子們上德育課，其內容顯然是與學校的教育大為不同的，而在社會教育的對比下，學校的德育便顯得十分空洞和軟弱無力。

令人感到無奈的是，上述事例在當今社會已是屢見不鮮，事實在告訴我們，時代變了，社會變複雜了，現在的人也不像以前的人那樣單純了,因此,學雷鋒也能學出麻煩來。不難推斷,雷鋒若是活在現在,體驗被告的經歷是極有可能的。面對這樣的社會現實,青少年的德育工作則因其遠遠超出了學校和家庭的範圍而顯示出其相當的廣度與難度。

在我國,對下一代的道德教育內容、道德倫理標準以及德育工作方式幾十年來都沒有多少本質變化,可以說是始終如一的,即以說教式的、脫離實際生活的理想化教育為主。以前,有關德育的一切都被包括在思想政治工作的範疇裡,而且至少在五六十年代甚至70年代都是行之有效的。相比較,那個年代的人比較單純,當時的社會風尚同理想的道德標準也很接近,所以實施理想化的道德教育就比較容易達到預期效果。然而,現在的社會展現了人性中的更多的側面,而其中的許多側面與理想化的道德價值觀相去甚遠。不言而喻,對於青少年來說,當已經接受的理想化的價值觀與具體的社會現實產生矛盾、衝突時,他們必然會出現心理上的困惑感、思維上的混亂感以及價值觀上的分裂感,他們也必然對理想化的學校教育產生強烈的懷疑。

學校不是世外桃源,不可能不受社會的影響,而我們的道德教育相對於整個社會背景來說必然是理想化的教育,如何看待這之間的矛盾與差距是當今德育工作的一大難題。試想,當我們把理想化的美德傳輸給年輕一代時,他們所看到的現實卻是作為教育者的成年人們並不具備這些美德,那麼德育的效果就可想而知了。從本文所舉的案例不難發現,一段小小的社會親身經歷,一個來自社會的反向教育實例,其本身具有的由事實的真實性、喻意的深刻性以及對心靈深處的震撼性所組合成的力量足以將長達十幾年的來自家庭、學校的理想化教育徹底推翻。

要想獲得實效,道德教育就不能像以往那樣僅僅停留在灌輸和宣傳規範的道德價值觀的水平上,而必須與實際生活相結合。顯然，空泛的說教必然是缺乏力度的，更何況我們已很難迴避各種負性的社會現實。因此，在今天，要進行有實效的德育工作就不可能不涉及到對社會缺陷的看法以及對年長一代行為缺陷的批判。而幫助年輕一代客觀地認識現實社會、正確地理解各種社會現象則應成為當今家庭和學校道德教育的重要內容。

德育工作的現實性對今天的教育者提出了新要求，即要具備一定的理論水平，要能解答孩子們來自社會生活中的各種困惑，這一工作的成效如何直接決定了我們向下一代灌輸的道德價值觀在面臨社會負性影響的衝擊下還能不能為他們所接受。另外，對於教育者來說也必須意識到，下一代的道德水準是與我們成年人和整個社會的道德水準緊密相關的，青少年的道德完善程度取決於整個社會道德文明水平的高度。

編一個世界給你看

我曾經很愛看各種各樣雜刊小報上的紀實故事，以為這是瞭解世界的一個好方法。直到一家挺有身份的刊物約我寫紀實故事並要求加工潤色到"可讀"的程度時，我這才知道那些或催人淚下或震人心絃的"紀實"故事是如何被"人造"出來的。多了一個心眼之後，再看那些冠以"真實"的動人故事便看出了不少破綻。實際上，確有相當多的報刊為了吸引讀者，都在"編"上狠下功夫，像編小說一樣充分發揮着人類那無邊無際的想像力。想來真是不幸，在今日商品充滿假貨的同時，我們在文化閱讀消費方面所不得不依賴的媒體，居然也程度不等地參與着造假活動，最終為我們造出了一個既精彩而又亂真的虛假世界。

我也一直很喜歡翻譯國外的小散文，只是由於難覓精品而影響了譯作的數量。每每看到報刊上大量湧現的精萃譯作，便遺憾自己接觸的外文原著太少，無緣與精品相遇。同時也感歎，外國人的散文高手居然遍地都是，外國人的實際生活中居然有那麼多閃現人性美的感人片段。直到我把某些原文找來與譯文一對照才有了重大發現：有些以"散文"面世的譯文，其實原文只是小說，即那些美到令人難以至信的故事原本就是虛構的故事。而一些確屬散文的譯文則多屬"編譯"，或是由譯者"編"，或是由編輯"編"，譬如，若原文只記載了"一雙眼睛"這四個字，譯文則能演變出"一雙眼睛大而美麗、充滿憂鬱和傷感的目光"這一串字。一番編譯之後，樸實的文體被包裝上艷麗的外衣，平淡的故事生發出曲折的情節，普通的主人公渾身都散發出超人般耀眼的光輝。

我發現，如今的編輯，尤其是不懂外文的編輯，特別敢於刪改譯作。每當我的譯文被編輯隨意刪改之後，我總不免為那些外國的作者們感到由衷的悲哀與不平。他們要是知道自己的作品是經過扭曲、閹割、編造之後才被介紹給中國讀者的，肯定會氣得怒髮衝冠並把官司打上門來。

造假現象如今在我們的國土上已遍及了各行各業，大家都注意到了假貨、假酒、假藥，可是以"眞實"的形象出現的假新聞、假信息，卻不大容易被識破，而以"科學"形象出現的假數據則有着更大的欺騙性。

在1997年結束的全國統計執法大檢查中，共查出弄虛作假案6萬多起，各種統計數據都存在着嚴重的浮誇虛報。統計數據原本是作為正確決策的科學依據，造假則使數據不僅失去了意義，而且還會因決策失誤而帶來各種嚴重的後果。

造假行為同樣發生在大學裡，有的學生做實驗，當實驗數據與預想結果不合時，就改動實驗數據。造假能盛行，也是因為有着培植"假苗"的適宜土壤。老師只要求學生從實驗中得出理想的數據，對實驗過程中的各種異常情況都不關心，促使學生們為求成績過關而造假數據。上級領導部門只根據下屬部門彙報的統計數據進行工作的評定和獎懲，對數據的真實性並不核實，促使很多人以假數據來騙取工作嘉獎和職務提升。

在中國，"假"之所以能高成功率地亂真，也是因為國人思維中的理性成份有限，由此難以從動人的新聞故事中看出不合邏輯的情節；難以從實驗數據與結論的高度一致中看出人工合成的痕跡；難以從輝煌的統計數據中看出與實際情況不符的矛盾之處。我們國人考慮問題似乎缺乏一種質疑精神，即對某事件發生的可行性、邏輯性、合理性進行質疑。假貨能暢銷，必定是因為民眾的識假能力差，而人們不辨真偽，也使得造假者有着無限大的造假空間和無限多的空子可鑽。

當境內域外的世界都被編得面目全非時，當我們被一個編出來的世界所籠罩時，我們還能正確地評判現實中的人間社會嗎？

小議人權意識

某次上廣州出差，下榻於一家旅店。奇怪的是，白天總有旅店的服務員突然闖入，也不敲門，進來後既不說話也沒別的事，只是俯身向牀底下張望，令我大為困惑，不知是什麼意思，心想那空空蕩蕩的牀下看一次足以一目瞭然，何故多次探尋？待到晚間，正值夜深夢酣時，忽被混亂嘈雜的人聲驚醒，在睡意矇矓中，發現房間裡進來一大羣人，除了該旅店的服務員外還有很多不明身份者，只見他們如入無人之境一般大聲地說話，似全然不知這屋裡正睡着就寢的旅客。由於他們說的是粵語，所以我無法搞清這夜闖客房是怎麼回事。直到第二天早晨，聽到眾旅客聚集在服務台前抗議，方知夜裡經歷的是一場"掃黃"行動，同時也明白了服務員為何對牀下境況異常關注。

"掃黃"是正事，這是無可非議的，但是把所有旅客都視做嫌疑對象而進行毫無根據的突擊搜查，這無疑屬於一種侵權行為，即侵犯了公民正當的人身權益。在我國類似的現象其實還很多，如商店的保安人員對顧客隨意搜身、超級市場張貼對所有顧客一視同"賊"的警句等等。當然，從治安角度來看，要做到既不冤枉好人又不放過壞人的確是挺不容易的，致使執法部門和有關的管理部門在具體的行動中難免會側重兩個方面中的其中一個方面。從掌握的分寸上看，我們的治安原則實際上是：寧願冤枉眾多好人，也不能放走一個壞人。相比較，西方國家則多是：寧願放走壞人，也不能冤枉好人。這種在執法"度"上的東西方差異與東西方人在人權意識上的認識差異有着一定的關聯。

客觀地說，中國人的人權意識是比較薄弱的，因而致使無視人權、侵犯人權的現象屢見不鮮，這一問題不僅存在於涉及治安保衛的管理部門之中，也同樣存在於日常生活裡的普通人之間。某天，有位不相識的某刊編輯一個電話打到我的家中，說是約稿，出於很自然的好奇，我問他，我的電話號碼他是從哪裡得到的，不料他拒絕回答，同時反問一句："這個問題很重要嗎？"倒像是我提的問題不正常。其實，我原本對自家的電話號碼以何種途徑在流傳並不很在意，但這位不相識編輯的反客為主的態度卻令我十分反感，按道理說，自家的電話號碼屬私人擁有物，我完全有權不讓外人知道，也同樣有權過問外人得到的途徑，這純屬個人正當的權益，而無視這一人權的態度應當說是不正常的。中國人由於人權意識淡薄，所以在侵犯了別人的正當權益之後還渾然不覺。

人權意識的缺乏在中國的確是個很普遍的現象，這不僅發生在我們作為父母打罵孩子、作為老師訓斥學生、作為城裡人蔑視鄉下人、作爲醫務人員漠視病人、作爲服務員怠慢旅客之時，此時的我們對自己不尊重他人的行爲常常是不以爲然的；而且也發生在我們作爲孩子、作爲學生、作爲鄉下人、作爲病人、作爲旅客而受到不平等待遇、個人正當權益受到侵犯之時，此時的我們則往往是以忍耐、以自認倒霉而默然接受這已發生的有損人格的現實。於是整個社會似乎是達成了一種默契，從而導致了人與人之間缺乏相互尊重的不良社會風氣。

仔細分析，導致我們人權意識淡薄的主要因素還是等級意識強烈，其根源是我們中國人在與他人交往時很難把對方看做是一個獨立的個體，而總是注重於相互間的某種關聯，如父母與子女、老師與學生、城裡人與鄉下人、醫務人員與病人、服務員與旅客等等，由這種關聯引申出來的人際關係往往是不平等的等級關係，即我們總是根據相互間的相對差異而有差別地對待他人，而不是在尊重個人權益的基礎上平等待人。

社會上對人們的各種職業、身份已形成了一整套約定俗成的等級概念，因而在實際的社會交往中，"人"就很難是獨立的、沒有修飾的、沒有定語的"人"，而總要冠以一定的限定，這一限定就把每個人都分門別類地劃入了不同的等級範圍之內。因此，平等待人的意識在我們的社會幾乎無從產生。

建立尊重他人權益、平等待人的人權意識，對個人來說是有利於完善自我，對社會來說則有利人際間的互相尊重、和睦相處和社會的穩定，實際上，這是衡量社會公德、社會文明程度的一個重要尺度。

孩子的權利誰保護？

在中國的小學校裡，經常發生小學生在課堂上或會場上尿褲子的現象，問孩子爲什麼想上廁所不跟老師說，回答居然都是"不敢"。我那上小學低年級的兒子由於缺水而嘴唇乾裂，問他在學校裡爲什麼不喝水，他答，上課不讓喝水，下課老師安排了很多事情沒時間喝水。我很奇怪地問他，既然口渴爲什麼不能先喝水再幹其它事情，他的回答同樣是兩個字："不敢。"對此，我十分感慨，我們中國的孩子們居然沒有主宰自己的身體、滿足生理上的基本生存需要的自主能力。當然，我相信，學校的老師不至於有意地忽視學生的生理需要，但是強調紀律高於生理需要，從不向學生講明滿足個人基本生理需要的合法性卻是我國學校普遍存在的問題。

維護個人的基本權益始終是西方中小學人格教育的重要內容，西方的孩子很小就懂得爲個人合法的權益爭得公平待遇。然而，中國的學校教育強調紀律與服從，個人的權益是沒有地位的，因而孩子們沒有個人權利意識，即人權意識。與此同時，教師們也難得意識到未成年的小孩子有權維護自己的自身權益，不僅僅包括喝水、上廁所之類的生存權利，而且包括尊重人格、公平待遇等人身權利。

未成年人由於幼小無助而常常受到成年人的忽視，教師侵犯學生人權常常是無意識的，但卻是極爲普遍的。譬如，隨意懲罰學生，包括罰站、罰停課、罰加倍作業等等；又譬如，把學生分成三六九等，對自己不喜歡的學生惡語相傷，將學習成績不好的學生以"差生"相稱。

兒子上一年級的時候，某日在街上遇到自己班上的一個女同學,他興高采烈地上前打招呼並很熱情地向我介紹這位同學的名字,他還嫌介紹得不詳細、不具體,又補充了一句:"她是我們班學習最差的差生。"聽得我又吃驚又生氣,厲聲喝斥兒子:"你怎麼能這麼說呢!"兒子不以為恥反以為榮道:"老師在班上就是這麼說的!"我轉眼看這位小女孩,面部沒什麼表情,顯然已經習慣了"差生"的待遇。再看小女孩身旁的母親,卻是滿臉的尷尬。我替這個小女孩感到難過,剛剛步入校門就被老師蓋上了"差生"的烙印,她是否還有信心走完今後那漫長的學習之路是值得懷疑的。

在西方,如果教師公開稱學生為"差生",家長可以指控教師歧視學生;可是在中國的學校裡,"差生"是教師語言中的常見詞彙,而教師的語言會被學生直接引用,特別是對於小學中、低年級的孩子,因而使教師對"差生"的歧視擴展到學生之間的歧視,這對被歧視的孩子來說無疑是構成了惡劣的生存環境。作為教育者,我們應該懂得,每個孩子在學校裡都不僅有受教育的權利,而且有受人尊重的權利,學習能力差不能成為受歧視的理由。

其實,無論是《教育法》、《教師法》,還是《未成年人保護法》都對保護兒童的基本權益做出了明文規定,而且認定教師對兒童實施體罰、變相體罰或其他污辱人格尊嚴的行為屬非法。然而,遺憾的是,無論是教師、家長,還是學生本人對這些法律條文都近乎不知,孩子們根本不知道自己可以依法拒絕完成老師佈置的懲罰性作業,老師也不知道對學生實施罰站、加罰作業是違法行為。至於家長,即使瞭解這些法,不到惡性事件發生也不敢利用法律來保護自己的孩子。結果,在教育孩子懂法、守法的學校裡,卻是一個無"法"無"天"的獨立王國。顯然,我們的孩子缺乏維護自己合法權益的意識,關鍵還是教育者缺乏尊重兒童人權的意識。

只有懂得了個人的權益範圍,才能懂得不侵犯別人的人權以及尊重別人的人權。因此,培養人權意識應當成為我們學校教育的基本教育內容，而首當其衝的是強化教師的人權意識。

圍觀現象探源

　　中國人是個愛看熱鬧的民族，大街上甭管發生什麼事，總能圍上裡三層外三層的人。圍觀的人往往是看得認眞耐心，但絕不參與。吵得多兇，不會有人去勸架，打得多兇，不會有人去報警。只"觀"不"動"是中國圍觀者的特點。

　　曾問一圍觀愛好者爲何喜歡圍觀，答曰是出於好奇，又問圍觀有何益處，答曰可調劑單調枯燥的生活，猶如看電視、看電影、看小說。由此恍然大悟，圍觀是中國人的一種娛樂活動。與國外相比，中國人的業餘生活相對單一，圍觀無疑成了獵奇、消遣的一種方式。

　　北京西郊不久前曾發生了一起車禍，一輛出租車被撞後着火，車內的司機和一小女孩被困在其中，小孩之母在身上着火的同時被甩出車外，當時圍觀者達數百人，聽着車內的呼救聲、望着車外掙扎自救的燒傷者，人羣中卻無一人出來相救，最後的結果是兩死一重傷。

　　回想幾年前，《科技日報》記者沈楠被一兇手打死在街頭，當時圍觀者眾多，面對年幼孩子的求救，竟無人站出來相助。此時兇手已經跑掉，並不存在危險，圍觀者的見死不救顯然不是出於膽小害怕，爲何如此無動於衷，其原因很值得探討。

　　見死不救的圍觀現象在中國屢屢發生，說明這不是個別人的問題，而是一個包含有國民性的問題。有人認爲這是社會道德淪喪的標誌，但這種現象涉及的人極廣，故必然存在着更深的社會文化根源。

首先，從文化背景來看，我們很少像西方人那樣頌揚孤膽英雄，這些英雄都是普通的百姓，諸如七旬老嫗鬥歹徒、8歲男童救嬰兒等類事跡總能出現在西方的各新聞媒體之中。而我們總是強調集體的智慧與力量，並避免宣傳個人英雄主義，被頌成英雄者往往已成了高不可及的偶像。所以，中國人從小就缺乏英雄崇拜意識，同時也缺乏易於模仿的榜樣。

其次，從國民性格來看，我們中國人注重安身立命，對勇敢行為和冒險活動都盡力避免，所以，中國人平均而論是比較膽小的。從氣質上講，面對需要膽量的事情，我們國人往往缺乏去做的情感衝動。

第三，從行為方式來看，中國人從小就學會"槍打出頭鳥"的道理，並被灌輸從衆意識。在這種社會背景下，人們不斷加深着"在人羣中最安全"的生活感受。所以，在衆人只"觀"不"動"的情況下，個人挺身而出對普通的百姓來說的確是件不容易的事。

最後一點，是從德育內容來看，我們的道德教育集中在友愛於夥件、孝敬於父母、尊重於長輩，至於怎樣幫助陌生人擺脫困境、脫離危險，從來就沒有包括在道德教育之列，也就是說，我們從小就沒有接受過超出親友範圍的、具有普遍人性的人道主義教育。

見義勇為的行為需要兩個基本的條件，其一是樂於助人的熱情，其二是勇於助人的膽識，前者的基礎是人道主義，後者的基礎是個人英雄主義，而我們中國人在這兩個方面都是較為缺乏的。中國人當然有熱情，但都是送給相識的人，按照我們"少管閒事"、"明哲保身"的傳統處世準則，對於不相識者的境遇，我們的態度必然是冷漠的，我們的生活方式和行為方式都不利於接受"冒險救助陌生人"的人道意識。

見義勇為的行為是一種英雄主義的行為，需要不顧一切去救人的內在動力，需要不畏艱險的強悍性格。然而，我們中國人欣賞的性格是謹慎穩重、少衝動、三思而行,我們的文化不欣賞冒險、不崇尚勇敢、不頌揚個人的力量,這使我們的性格缺乏力度、行為缺乏主動性,而這些特徵都是與英雄主義背道而馳的。

社會成員所選擇的社會行為都有着相應的社會文化前提,見死不救的圍觀現象對我們以往的道德教育提出了質疑,在集體主義和共產主義道德教育的空洞口號下,我們缺乏的卻是個人英雄主義和人道主義教育,看來我們有必要補上這一課,有必要把人性中的利他、助人等美好內容突出頌揚出來。

有人提出,應建立法律條文以便對見死不救的圍觀者予以法律制裁。我認為,這是不合適的,因為我們不能要求普普通通的老百姓個個都是勇鬥歹徒的英雄或共產主義的戰士,尤其是當我們的文化背景、社會環境、道德教育都沒有起到應有的作用時,這種制裁方式更是沒有道理。但是,對於那些身為共產黨員、軍人、警察等人,若是見死不救則應給予黨紀國法的制裁,因為他們對於保證人民的生命安全有着組織上的義務和工作上的職責。

從法制建設來看,急需立法的倒是對見義勇為者的獎勵制度,這一立法的實施與否不僅直接關係到見義勇為者的切身利益,而且也反映了社會對見義勇為行為的實際認可程度。

黃開悅是一名剛剛回鄉的退伍軍人,他在外出打工的途中,見有流氓偷竊團夥在公共汽車上做案,便挺身而出進行阻止,結果被歹徒用刀刺傷。由於沒錢上醫院,延誤了治療,最後因交叉感染和其它並發症而不幸去世,年僅22歲。黃開悅的父親因病早已喪失了勞動能力,弟、妹還小,家庭生活一直很困難,黃是這個家庭的頂樑柱,也是全家致富的希望,他的突然離世,使這個家庭一下子陷入難以為繼的困境。

一位60多歲的退休老工人,某日在街頭當聽到有女青年呼救時,不顧自己年老體衰,衝上前去與歹徒搏鬥,結果腿部受傷後骨折。治療費需要 3 萬元，老人和其老伴每月退休金合起來才 800 元，在萬般無奈之中，老人只得流着眼淚給所在的廣州市市長寫信求援，由市長直接過問後才得以解決了手術治療費，儘管如此，老人還是因此而造成了腿部殘廢，給晚年的生活帶來了極大的困難。

安徽省農民聯防隊員郭鐵牛在與攔路搶劫的歹徒英勇搏鬥中身受重傷，經醫院救治雖保住了性命，但落下了終生殘疾，失去了勞動能力。其妻既要忙於田間地頭，還要照顧他和兩個孩子，因積勞成疾而患上了胃腫瘤，一直無錢診治。家中的農田無力耕種，年年歉收，一家人的口糧都無法保證，兩個女兒由於營養不良，一個患有肝病，一個患脊髓灰質炎，右腿殘疾。爲解決郭鐵牛家的生活困難，鄉派出所每月給了一定的經濟補助，市、縣見義勇爲基金會也曾給予一定的物質獎勵，但都未能從根本上解決郭家的實際困難。於是，郭鐵牛申請報殘，縣裡也多次報省民政部門，但民政部門卻表示愛莫能助，因爲按國家有關規定，農民不能評殘。此事後來經媒體大肆宣傳，驚動了政府有關部門，甚至中央領導，這才得到了較爲妥善的解決。

見義勇爲行爲雖屬個人的行爲，但其結果卻是公益性的，即見義勇爲行爲維護的是社會的公共秩序，保障的是大衆的利益與安全，這些工作原本是由國家和政府的專職部門來完成的。也就是說，見義勇爲者實際上是以個人微薄的力量承擔着社會公益、社會安全的重任。由此，政府從經濟上給予見義勇爲者獎勵、補償或救助都是理所應當的。

顯而易見，見義勇爲是要冒風險的，而缺乏法律上的保障，則使見義勇爲者在施善舉後常陷入到個人和家庭的極大困境之中。看到英雄流血之後又流淚，我們不能不提出疑問：英雄保護了我們，誰去保護他們？社會在提倡見義勇爲的英雄主義道德觀時，應當從法律上爲因見義勇爲而致殘、受傷、犧牲的英雄提供妥善安置。否則，周圍的人不僅不會以英雄爲榜樣，反而會以此爲反面教材，從而使見死不救的圍觀現象繼續存在下去。

　　客觀地說，見死不救的圍觀現象在相當長的時間內是不會杜絕的，因爲這不僅僅是少數圍觀者道德水準不高的個人道德缺陷問題，而是涉及到中國人的性格缺陷、道德教育的缺陷、社會風尙的缺陷、文化環境的缺陷、法制建設的缺陷等等諸多社會文化缺陷問題，這些問題是無法靠在短時間內宣傳社會道德風尙所能解決的。

後　記

　　這本書是寫完了，然而"中國人"是個永遠也說不完的話題，不僅是廣度上難以說盡，更是深度上永無止境。何況，對於評價中國人，現實生活在不斷地提供一些更富有啓發力、更引人深思的實例，我們自己也在不斷地產生出更新穎的觀點、更深入的思考以及比以前更恰當、更全面的解釋。由此，我對這本書就注定要永遠抱憾。

　　在《中國青年報》開辦專欄的三年多時間裡，有很多讀者給我寫信，其中有不少是針對一些具體的社會問題提出自己的不同見解，對此，首先我爲自己的觀點能引起大家的思考和討論乃至爭論而感到十分高興，專欄辦得有反響畢竟是一件值得欣慰的事情；其次，我認爲，不同的人從不同的角度分析問題而得出不同的結論是很正常的現象。

　　其實，在實際生活中，我們每個人都會以不同的方式來思考有關中國人的問題，無論是學問精深的專家學者還是文化水平有限的普通百姓，大家都會從自己的生活經歷出發而形成自己特有的想法和說法。我相信，在每個人的說法中都包含着合情合理的成份。

　　在此，謹向《中國青年報》的編輯們表示感謝，特別是"青春熱線"專刊的編輯陸小婭和李玲，她們在整個專欄的開辦過程中都給予我多方面的支持與幫助，並突出地體現在給予我充分的寫作自由，以及對我所發表的各種觀點的高度容納。可以說，沒有當初的專欄就沒有現在的這本書。

作　者

1999年2月於北京